GIUSEPPE ARCIMBOLDO

ARMELLE FÉMELAT

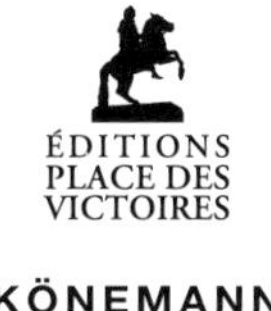

KÖNEMANN

p. 2

Autumn **(detail)**

L'Automne **(détail)**

Herbst **(Detail)**

Otoño **(detalle)**

Outono **(particolare)**

Herfst **(detail)**

1573, Oil on canvas/Huile sur toile, 76 × 63,5 cm,
Musée du Louvre, Paris

KÖNEMANN

www.koenemann.com

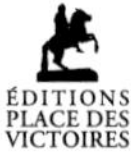

6, rue du Mail – 75002 Paris
www.victoires.com
ISBN: 978-2-8099-1979-0

Dépôt légal : 1er trimestre 2025

Concept, project management: koenemann.com GmbH
Text: Armelle Fémelat
Translations into English: Barbara Mellor
Translations into German, Spanish, Portuguese and Dutch by koenemann.com GmbH
Layout: Michelle Aflalo

Picture credits:
akg images gmbh: pp. 7-10, 14-19, 22, 37-39, 41-47, 55-64, 67, 70, 72-73, 78-80, 94, 102-109, 112-113, 115, 117-135, 138-141, 144-145, 147, 157
Bayerische Staatsgemäldesammlungen - Alte Pinakothek München/CC BY-SA 4.0: pp. 33-35
Bridgeman images: pp. 11, 40, 48-53, 65, 66, 68-69, 71, 74-77, 81, 91-93, 95-99, 110-111, 114, 116, 136-137, 146, 148-149, 150-153, 154
Image from the collections of the Biblioteca Nacional de España: p. 23
Internet Archive: pp. 24, 26, 155, 156
National Gallery of Art, Washington: pp. 84-89
The Picture Art Collection/Alamy/Hemis: pp. 12-13, 25, 27-31, 83, 101; RealyEasyStar/Claudio Pagliarani/Alamy/Hemis: pp. 20-21; ARTGEN/Alamy/Hemis: pp. 142-143

Colour separation: Fotimprim, Paris

ISBN: 978-3-7419-3010-2 (international)

Printed in China by Anhui Xinde International Printing Co., Ltd

Contents Sommaire Inhalt Índice Indice Inhoud

À propos

Amusement, astonishment, irritation, even indignation: the composite heads of Giuseppe Arcimboldo (1526/7–1593) may prompt a whole range of emotions, but no one can remain indifferent to them. Combining the impact of surprise with the aesthetics of the bizarre, his art – reflecting the religious and political upheavals that shook Europe in the second half of the sixteenth century – invites ambivalent responses. For Arcimboldo, aesthetics took precedence over reality, and *invenzione* was more important than being true to life. A master in the art of sensory deception and an artist of virtuoso technical and conceptual skills, he created an oeuvre whose fascination is as much visual as intellectual.

Amusement, étonnement, agacement, voire ressentiment : telle est la palette d'émotions suscitées par les têtes composées de Giuseppe Arcimboldo (1526/1527-1593), qui ne laissent personne indifférent. Combinant l'effet de surprise et l'esthétique du bizarre, l'art arcimboldien – qui reflète les bouleversements religieux et politiques agitant l'Europe dans la seconde moitié du XVIe siècle – génère des sentiments ambivalents. Chez Arcimboldo, l'esthétique prime sur la réalité et l'*invenzione* l'emporte sur le vraisemblable. Passé maître dans l'art de déjouer les sens, virtuose de la technique et du concept, il s'adresse autant à l'œil qu'à l'esprit.

Belustigung, Erstaunen, Irritation, sogar Empörung: Die zusammengesetzten Köpfe von Giuseppe Arcimboldo (1526/7–1593) können eine ganze Reihe von Emotionen hervorrufen, aber niemand kann ihnen gegenüber gleichgültig bleiben. Seine Kunst, die die religiösen und politischen Umwälzungen, die Europa in der zweiten Hälfte des 16. Jahrhunderts erschütterten, widerspiegelt, verbindet die Wirkung der Überraschung mit der Ästhetik des Bizarren und ruft ambivalente Reaktionen hervor. Für Arcimboldo hatte die Ästhetik Vorrang vor der Realität, und die *invenzione* war wichtiger als die Wirklichkeitstreue. Als Meister der Sinnestäuschung und Künstler mit virtuosen technischen und konzeptionellen Fähigkeiten schuf er ein Werk, dessen Faszination ebenso visuell wie intellektuell ist.

Self Portrait
Autoportrait
Selbstporträt
Autorretrato
Autorretrato
Zelfportret

c. 1570-76, Pen, ink and blue wash on paper/Plume et lavis bleu sur papier, 23,1 × 15,7 cm, Národní galerie, Praha

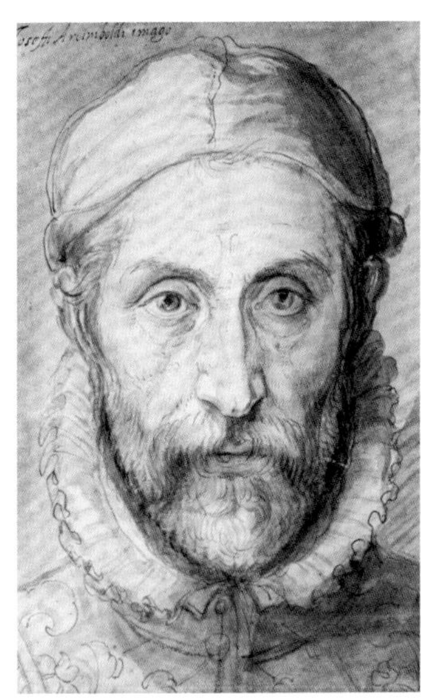

Diversión, asombro, irritación, incluso indignación: las cabezas compuestas de Giuseppe Arcimboldo (1526/7–1593) pueden suscitar todo un abanico de emociones, pero nadie puede permanecer indiferente ante ellas. Combinando el impacto de la sorpresa con la estética de lo extraño, su arte –reflejo de las convulsiones religiosas y políticas que sacudieron Europa en la segunda mitad del siglo XVI– invita a respuestas ambivalentes. Para Arcimboldo, la estética primaba sobre la realidad, y *la invenzione* era más importante que la fidelidad a la vida. Maestro en el arte del engaño sensorial y artista de virtuosas habilidades técnicas y conceptuales, creó una obra cuya fascinación es tanto visual como intelectual.

Diversão, espanto, irritação, ou mesmo indignação: as Cabeças Compostas de Giuseppe Arcimboldo (1526/7–1593) podem desencadear toda uma série de emoções, mas ninguém pode ficar indiferente a elas. Combinando o impacto da surpresa com a estética do bizarro, a sua arte – reflectindo as mudanças religiosas e políticas que abalaram a Europa na segunda metade do século XVI – convida a respostas ambivalentes. Para Arcimboldo, a estética tinha mais importância do que a realidade e *a invenção* era mais importante do que ser fiel à vida. Mestre na arte do engano sensorial e artista de habilidades técnicas e conceituais virtuosas, ele criou uma obra cujo fascínio é tanto visual como intelectual.

Vermaak, verbazing, irritatie, zelfs verontwaardiging: de samengestelde hoofden van Giuseppe Arcimboldo (1526/7–1593) kunnen een hele reeks emoties oproepen, maar niemand kan er onverschillig onder blijven. Door de impact van verbazing te combineren met de esthetiek van het bizarre, nodigt zijn kunst – een weerspiegeling van de religieuze en politieke omwentelingen die Europa in de tweede helft van de zestiende eeuw in beroering brachten – uit tot ambivalente reacties. Voor Arcimboldo ging esthetiek boven realiteit en was *invenzione* belangrijker dan levensechtheid. Hij was een meester in de kunst van zintuiglijke misleiding en een kunstenaar met virtuoze technische en conceptuele vaardigheden en creëerde een oeuvre waarvan de fascinatie zowel visueel als intellectueel is.

Milan: versatile artistic beginnings (1526/7–1562)

Giuseppe Arcimboldo was born in Milan in April 1526 or 1527 to Chiara Parisi and Biagio Arcimboldo. As was traditional, he trained in his father's workshop, producing altarpieces, large-scale compositions on canvas and cartoons for stained glass windows for Milan Cathedral. His father initiated him into the various techniques required for the decorative work that made up the bulk of his work in Milan, from models for stained glass windows, organ cases and tapestries to coats of arms and banners. Before 1545, father and son worked together on the wall decorations of the chapel of St John the Baptist in the church of San Maurizio al Monastero Maggiore. In 1549, Giuseppe designed models for six stained glass windows illustrating the life

À Milan, le flou artistique des débuts (1526/7-1562)

Fils de Chiara Parisi et de Biagio Arcimboldo, Giuseppe naît à Milan en avril 1526 ou 1527. Comme le veut la tradition, il se forme dans l'atelier de son père, employé par la fabrique de la cathédrale de Milan pour laquelle il réalise retables, vastes compositions sur toile et cartons de vitrail. Celui-ci initie son fils aux différentes techniques requises dans la production de décors, modèles de vitrail, vantaux d'orgue, tapisseries, armoiries ou bannières, qui constitueront l'essentiel de son œuvre milanaise.

Avant 1545, père et fils ornent ensemble les parois de la chapelle dédiée à saint Jean-Baptiste en l'église San Maurizio al Monastero Maggiore. En 1549, Giuseppe compose 6 modèles de vitrail illustrant

Mailand: vielseitige künstlerische Anfänge (1526/7–1562)

Giuseppe Arcimboldo wurde im April 1526 oder 1527 als Sohn von Chiara Parisi und Biagio Arcimboldo in Mailand geboren. Wie es üblich war, wurde er in der Werkstatt seines Vaters ausgebildet und schuf Altarbilder, großformatige Kompositionen auf Leinwand und Karikaturen für die Glasfenster des Mailänder Doms. Sein Vater weihte ihn in die verschiedenen Techniken ein, die für die dekorativen Arbeiten erforderlich waren, die den Großteil seiner Arbeit in Mailand ausmachten, von Modellen für Glasfenster, Orgelgehäusen und Wandteppichen bis hin zu Wappen und Bannern.

Vor 1545 arbeiteten Vater und Sohn gemeinsam an der Wanddekoration der Kapelle des Heiligen Johannes des Täufers in der Kirche San Maurizio al Monastero

Flemish Manufactures after cartoons by Giuseppe Arcimboldo

Tapestry depicting Scenes from the Life of St John the Baptist (detail)

Tapisserie avec des épisodes de la vie de saint Jean-Baptiste (détail)

Wandteppich mit Szenen aus dem Leben von Johannes dem Täufer (Detail)

Tapiz con escenas de la vida de San Juan Bautista (detalle)

Tapeçaria representando cenas da vida de São João Batista (detalhe)

Wandtapijt met taferelen uit het leven van Johannes de Doper (detail)

1566-81, Tapestry/Tapisserie, Duomo di Monza

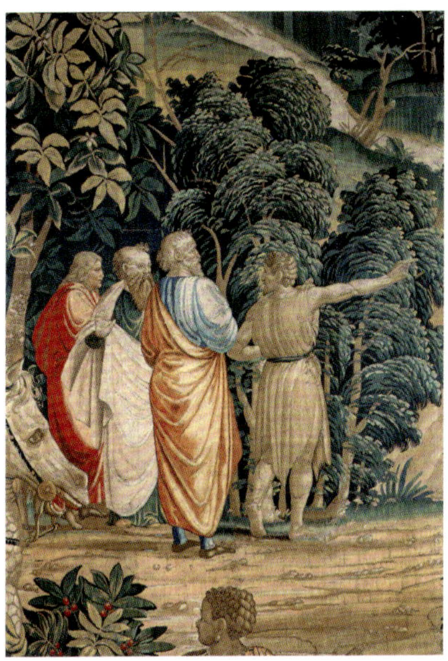

Milán: comienzos artísticos polifacéticos (1526/7–1562)
Giuseppe Arcimboldo nació en Milán en abril de 1526 o 1527, hijo de Chiara Parisi y Biagio Arcimboldo. Siguiendo la tradición, se formó en el taller de su padre, realizando retablos, grandes composiciones sobre lienzo y bocetos para las vidrieras de la catedral de Milán. Su padre le inició en las diversas técnicas necesarias para los trabajos decorativos que constituyeron la mayor parte de su obra en Milán, desde modelos para vidrieras, cajas de órganos y tapices hasta escudos de armas y estandartes.
Antes de 1545, padre e hijo trabajaron juntos en la decoración mural de la capilla de San Juan Bautista en la iglesia de San Maurizio al Monastero Maggiore. En 1549, Giuseppe diseñó los modelos de seis vidrieras que ilustraban la vida de

Milão: início artístico versátil (1526/7–1562)
Giuseppe Arcimboldo nasceu em Milão, em abril de 1526 ou 1527, filho de Chiara Parisi e Biagio Arcimboldo. Como de costume, formou-se na oficina do pai, realizando retábulos, composições em grande escala sobre tela e desenhos para vitrais da Catedral de Milão. O seu pai o iniciou nas diversas técnicas necessárias para os trabalhos decorativos que constituiu a maior parte de seu trabalho em Milão, desde modelos para vitrais, caixas de órgãos e tapeçarias até brasões e estandartes.
Antes de 1545, pai e filho trabalharam juntos na decoração das paredes da capela de São João Batista na igreja de San Maurizio al Monastero Maggiore. Em 1549, Giuseppe concebeu os modelos para seis vitrais ilustrando a vida de

Milaan: veelzijdig artistiek begin (1526/7–1562)
Giuseppe Arcimboldo werd in april 1526 of 1527 in Milaan geboren als zoon van Chiara Parisi en Biagio Arcimboldo. Zoals gebruikelijk werd hij opgeleid in het atelier van zijn vader, waar hij altaarstukken, grootschalige composities op doek en cartoons voor glas-in-loodramen voor de kathedraal van Milaan maakte. Zijn vader wijdde hem in in de verschillende technieken die nodig waren voor het decoratieve werk dat het grootste deel van zijn werk in Milaan uitmaakte, van modellen voor glas-in-loodramen, orgelkasten en wandtapijten tot wapenschilden en banieren.
Vóór 1545 werkten vader en zoon samen aan de wanddecoraties van de kapel van Johannes de Doper in de kerk van San Maurizio al Monastero Maggiore. In 1549

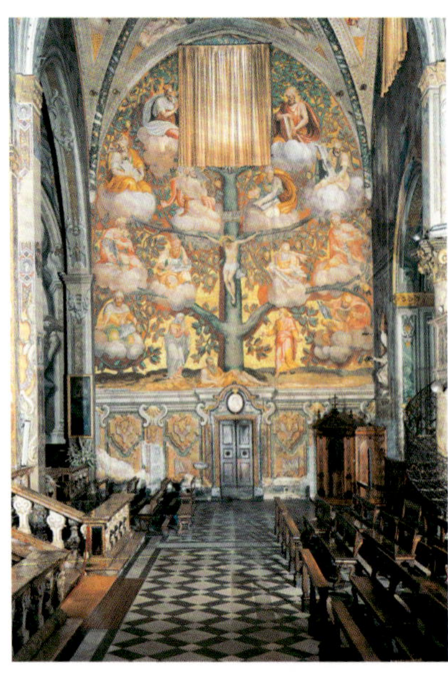

Giuseppe Arcimboldo and Giuseppe Meda (c. 1534-1599)

***The Tree of Jesse*, fresco in the Duomo of Monza, right transept**

***L'Arbre de Jessé*, fresque de la cathédrale de Monza, transept de droite**

***Der Baum von Jesse*, Fresko im Dom von Monza, rechtes Querschiff**

***El Árbol de Jesé*, fresco del Duomo de Monza, crucero derecho**

***A Árvore de Jessé*, fresco no Duomo de Monza, transepto direito**

***De Boom van Jesse*, fresco in de kathedraal van Monza, rechter transept**

1556

of St Catherine of Alexandria, which were later executed by the German master glass artist Corrado de Mochis (1525–1569), while also continuing to work with his father on a range of commissions for the cathedral. Two years later, he took over his father's position in the cathedral workshop on a permanent basis. There he created 158 models for stained glass windows, gilding for frames, paintings of coats-of-arms, processional banners and poles, tabourets and candelabras. Also at this time, he was asked to organize the triumphal entries of the governors into Milan. And during a visit to Milan in 1551 by Ferdinand of Habsburg, King of Hungary and Bohemia (1503–1564) – who as Ferdinand I became Holy Roman Emperor following the abdication of his elder brother Charles V in 1556 – he painted five coats of arms for him.

la vie de sainte Catherine d'Alexandrie, ensuite exécutés par le maître verrier allemand Corrado de Mochis (1525-1569), tout en continuant à collaborer avec son père à différentes commandes pour la cathédrale. Deux ans plus tard, il l'a définitivement remplacé auprès de la fabrique, pour laquelle il crée 158 modèles de vitrail, des dorures de cadre, des peintures d'armoiries, des bannières et hampes de procession, des tabourets et autres candélabres. Au même moment, il est mis à contribution pour organiser les entrées triomphales des gouverneurs à Milan. En 1551, il peint 5 blasons pour le roi de Hongrie et de Bohême, Ferdinand de Habsbourg (1503-1564) – Ferdinand Ier, devenu empereur du Saint-Empire romain germanique après l'abdication

Maggiore. Im Jahr 1549 entwirft Giuseppe Modelle für sechs Glasfenster, die das Leben der Heiligen Katharina von Alexandria darstellen und später von dem deutschen Glasmeister Corrado de Mochis (1525–1569) ausgeführt werden. Gleichzeitig arbeitete er gemeinsam mit seinem Vater an verschiedenen Aufträgen für den Mailänder Dom. Zwei Jahre später übernahm er die Stelle des Vaters in der Werkstatt des Doms auf permanenter Basis. Dort schuf er 158 Modelle für Glasfenster, Vergoldungen für Rahmen, Wappenbilder, Prozessionsbanner und -stangen, Tabourets und Kandelaber. Zu dieser Zeit wurde er auch gebeten, die triumphalen Einzüge der Statthalter in Mailand zu organisieren. Als Ferdinand von Habsburg, König von Ungarn und Böhmen (1503–1564) – der als Ferdinand I. nach der Abdankung seines älteren

After Giuseppe Meda (c. 1534-1599) and Giuseppe Arcimboldo

Banner with the figure of St Ambrose, Milan

Bannière de Milan à l'effigie de saint Ambroise

Banner mit der Figur des heiligen Ambrosius, Mailand

Estandarte con la figura de San Ambrosio, Milán

Estandarte com a figura de Santo Ambrósio, Milão

Banier met de figuur van de heilige Ambrosius, Milaan

1565/66, Tempera and embroidery on fabric/ Tempera et broderie sur tissu, Castello Sforzesco, Milano

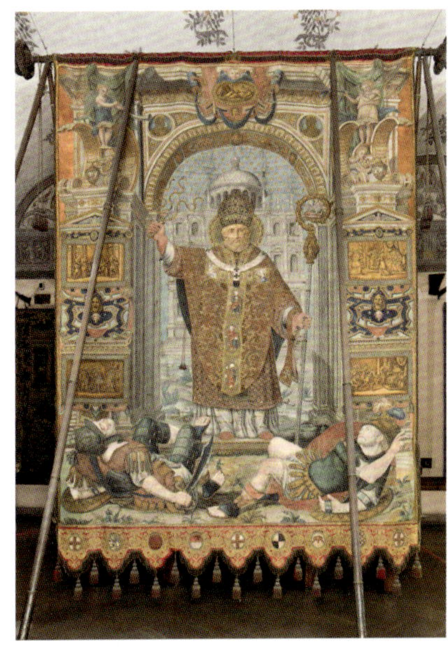

Santa Catalina de Alejandría, ejecutadas posteriormente por el maestro vidriero alemán Corrado de Mochis (1525–1569), al tiempo que seguía trabajando con su padre en diversos encargos para la catedral. Dos años más tarde, ocupó el puesto de su padre en el taller de la catedral de forma permanente. Allí crearía 158 modelos para vidrieras, dorados para marcos, pinturas de escudos, estandartes y varales procesionales, taburetes y candelabros. También en esta época se le encargó la organización de las entradas triunfales de los gobernantes en Milán. Y durante una visita a Milán en 1551 de Fernando de Habsburgo, rey de Hungría y Bohemia (1503–1564) –que como Fernando I se convirtió en emperador del Sacro Imperio Romano Germánico tras la abdicación

Santa Catarina de Alexandria, mais tarde executados pelo mestre vidreiro alemão Corrado de Mochis (1525–1569), continuando também a trabalhar com o seu pai numa série de encomendas para a catedral. Dois anos depois, ele assumiu de forma permanente o lugar do pai na oficina da catedral. Lá criou 158 modelos para vitrais, douramento de molduras, pinturas de brasões, estandartes e mastros de procissões, bancos e candelabros. Também nesta época, foi-lhe pedido que organizasse as entradas triunfais dos governadores em Milão. Em 1551 ele pintou cinco brasões para o Rei da Hungria e da Boêmia durante sua visita a Milão, Fernando de Habsburgo (1503–1564) – que, como Fernando I, tornou-se Sacro Imperador Romano-Germânico após a abdicação do seu irmão mais velho, Carlos V, em 1556.

ontwierp Giuseppe modellen voor zes gebrandschilderde ramen die het leven van de heilige Catharina van Alexandrië illustreren, later uitgevoerd door de Duitse meester-glasartiest Corrado de Mochis (1525–1569), terwijl hij ook bleef samenwerken met zijn vader aan een reeks opdrachten voor de kathedraal. Twee jaar later nam hij de positie van zijn vader in de werkplaats van de kathedraal permanent over. Daar maakte hij 158 modellen voor glas-in-loodramen, verguldsel voor lijsten, schilderijen van wapenschilden, processievaandels en -stokken, tabourets en kandelaars. In deze tijd werd hij ook gevraagd om de triomfantelijke intochten van de gouverneurs in Milaan te organiseren. En tijdens een bezoek aan Milaan in 1551 van Ferdinand van Habsburg, koning van Hongarije en Bohemen (1503–1564) – die

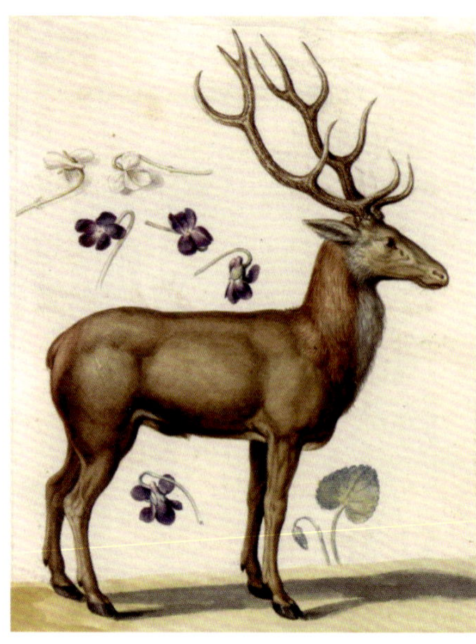

***Red Deer* (Cervus elaphus) *and Violets,* from *Nature Studies,* various artists**

Cerf élaphe* (Cervus elaphus) *et violettes* dans Collectif, *Études d'après nature

Rothirsch* (Cervus elaphus) *und Veilchen, aus Naturstudien, verschiedene Künstler

***Ciervo rojo* (Cervus elaphus) *y violetas,* de estudios de la naturaleza, varios artistas**

Veado-vermelho* (Cervus elaphus) *e violetas,* em Coletivo, *Estudos da Natureza

***Edelhert* (Cervus elaphus) *en viooltjes,* uit *Natuurstudies,* diverse kunstenaars**

c. 1550-60, Watercolour on paper or parchment/Aquarelle sur papier ou parchemin, Osterreichische Nationalbibliotek, Wien

By 1558, Giuseppe had stopped working for Milan Cathedral and was engaged in designing the cartoons for a series of eight tapestries on Old and New Testament themes commissioned by Como Cathedral. At the same time, working alongside the young Giuseppe Meda (*c.*1534–1599), he decorated the transept of Monza Cathedral with frescoes, including a magnificent Tree of Jesse. In late 1562, Arcimboldo left Milan for Vienna, and four years later Meda completed work on the gonfalon embroidered with the figure of St Ambrose for Milan for which he had designed the model.

de son frère aîné Charles Quint en 1556 –, de passage dans la capitale lombarde.
En 1558, Giuseppe a cessé de travailler pour la cathédrale milanaise et s'active autour des 8 cartons de tapisserie inspirés de l'Ancien et du Nouveau Testament que lui a commandés la cathédrale de Côme. Au même moment, il décore à fresque, notamment d'un somptueux arbre de Jessé, le transept de la cathédrale de Monza, en collaboration avec le jeune Giuseppe Meda (vers 1534-1599). Celui-ci achèvera le gonfalon brodé de Milan à l'effigie de saint Ambroise, d'après le modèle d'Arcimboldo, quatre ans après que ce dernier a quitté la capitale lombarde pour rejoindre Vienne à la fin de l'an 1562.

Bruders Karl V. im Jahr 1556 Kaiser des Heiligen Römischen Reiches wurde –, im Jahr 1551 Mailand besuchte, malte er fünf Wappen für ihn.
1558 beendete Giuseppe seine Tätigkeit für den Mailänder Dom und entwarf die Zeichnungen für eine Reihe von acht Wandteppichen zu Themen des Alten und Neuen Testaments, die vom Dom zu Como in Auftrag gegeben worden waren. Gleichzeitig arbeitete er zusammen mit dem jungen Giuseppe Meda (ca. 1534–1599) an der Ausschmückung des Querschiffs des Doms von Monza mit Fresken, darunter ein prächtiger Baum von Jesse. Ende 1562 verließ Arcimboldo Mailand in Richtung Wien, und vier Jahre später vollendete Meda die Arbeit an dem mit der Figur des Heiligen Ambrosius bestickten Gonfanon für Mailand, für den er das Modell entworfen hatte.

Composition with Animals

Composition avec des animaux

Komposition mit Tieren

Composición con animales

Composição com animais

Compositie met dieren

Second half of the 16th century, Watercolour on paper or parchment/ Aquarelle et gouache sur papier ou parchemin, Osterreichische Nationalbibliotek, Wien

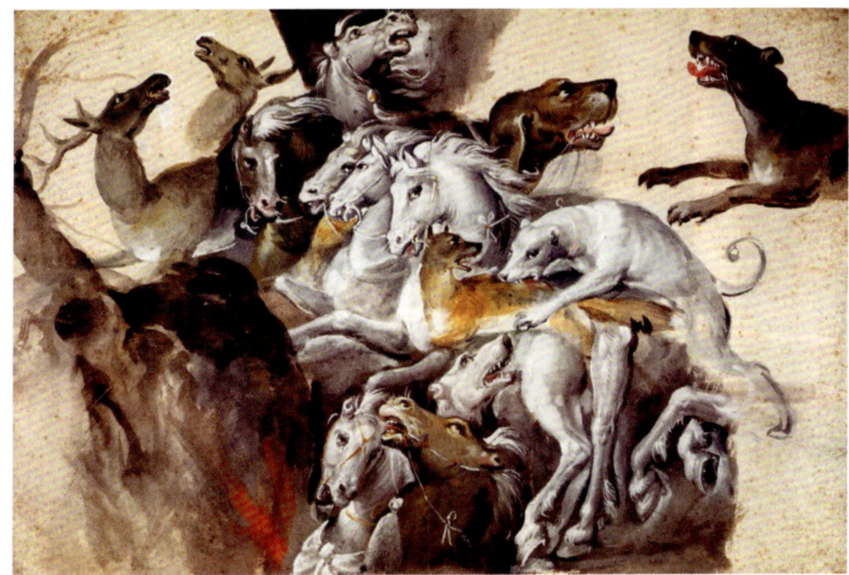

de su hermano mayor Carlos V en 1556–, pintó para él cinco escudos de armas. En 1558, Giuseppe había dejado de trabajar para la catedral de Milán y se dedicaba a diseñar los bocetosde una serie de ocho tapices sobre temas del Antiguo y el Nuevo Testamento encargados por la catedral de Como. Al mismo tiempo, junto con el joven Giuseppe Meda (*hacia* 1534–1599), decoró el crucero de la catedral de Monza con frescos, entre ellos un magnífico Árbol de Jesé. A finales de 1562, Arcimboldo se marchó de Milán a Viena, y cuatro años más tarde Meda terminó el confalón bordado con la figura de San Ambrosio para Milán, para el que había diseñado el modelo.

Em 1558, Giuseppe parou de trabalhar para a Catedral de Milão e se dedicou à concepção dos desenhos para uma série de oito tapeçarias sobre temas do Antigo e do Novo Testamento, encomendadas pela Catedral de Como. Ao mesmo tempo, trabalhando com o jovem Giuseppe Meda (*c.*1534–1599), decorou o transepto da Catedral de Monza com frescos, incluindo uma magnífica Árvore de Jessé. No final de 1562, Arcimboldo trocou Milão por Viena e, quatro anos mais tarde, Meda conclui a execução do gonfalão bordado com a figura de Santo Ambrósio para Milão, para o qual tinha desenhado o modelo.

als Ferdinand I Heilig Rooms keizer werd na de troonsafstand van zijn oudere broer Karel V in 1556 – schilderde hij vijf wapenschilden voor hem.
In 1558 stopte Giuseppe met zijn werk voor de kathedraal van Milaan en was hij bezig met het ontwerpen van de cartoons voor een serie van acht wandtapijten over thema's uit het Oude en Nieuwe Testament in opdracht van de kathedraal van Como. Tegelijkertijd versierde hij samen met de jonge Giuseppe Meda (*ca.* 1534–1599) het dwarsschip van de kathedraal van Monza met fresco's, waaronder een prachtige Boom van Jesse. Eind 1562 vertrok Arcimboldo uit Milaan naar Wenen en vier jaar later voltooide Meda het werk aan de gonfalon met de figuur van de heilige Ambrosius voor Milaan, waarvoor hij het model had ontworpen.

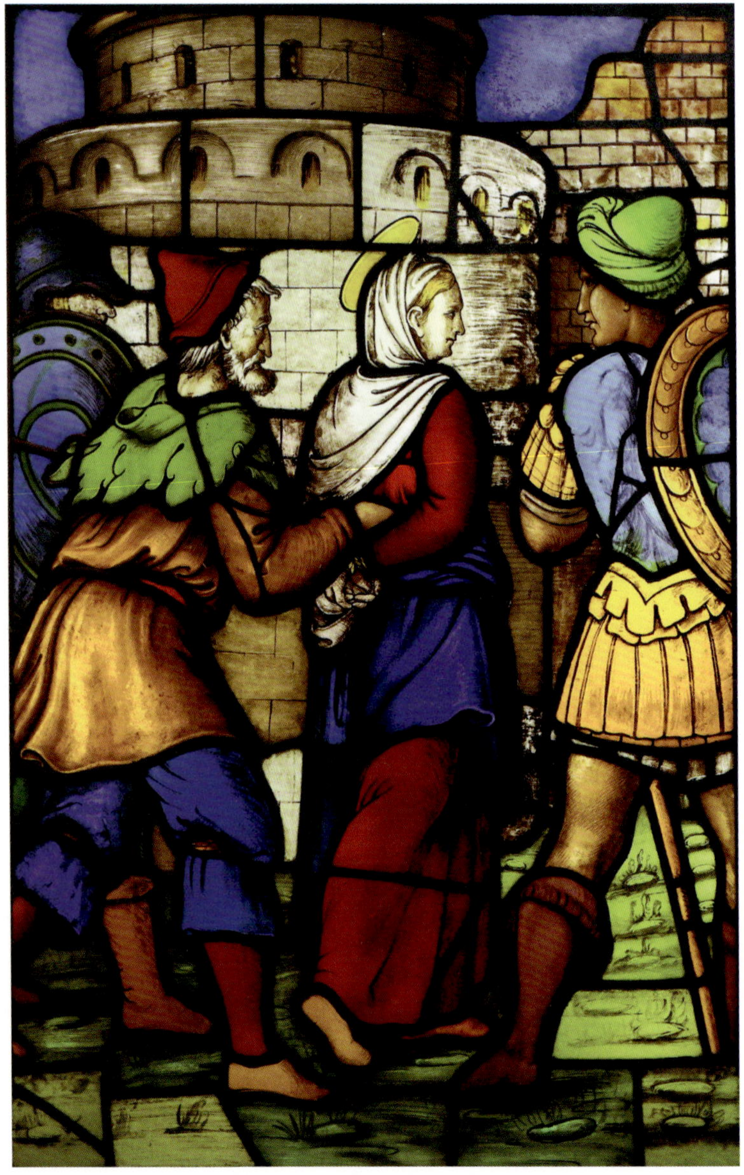

After cartoons by Biagio and Giuseppe Arcimboldo

St Catherine Being Taken to Prison

Sainte Catherine conduite en prison

Die heilige Katharina wird ins Gefängnis gebracht

Santa Catalina en la cárcel

Santa Catarina sendo levada para a prisão

De heilige Catharina in de gevangenis

Mid-16th century, Stained-glass window/Vitrail, Duomo di Milano

After cartoons by Biagio and Giuseppe Arcimboldo

The Execution of St Catherine

La Décapitation de sainte Catherine

Die Hinrichtung der heiligen Katharina

La ejecución de Santa Catalina

A decapitação de Santa Catarina

De terechtstelling van de heilige Catharina

Mid-16th century, Stained-glass window/ Vitrail, Duomo di Milano

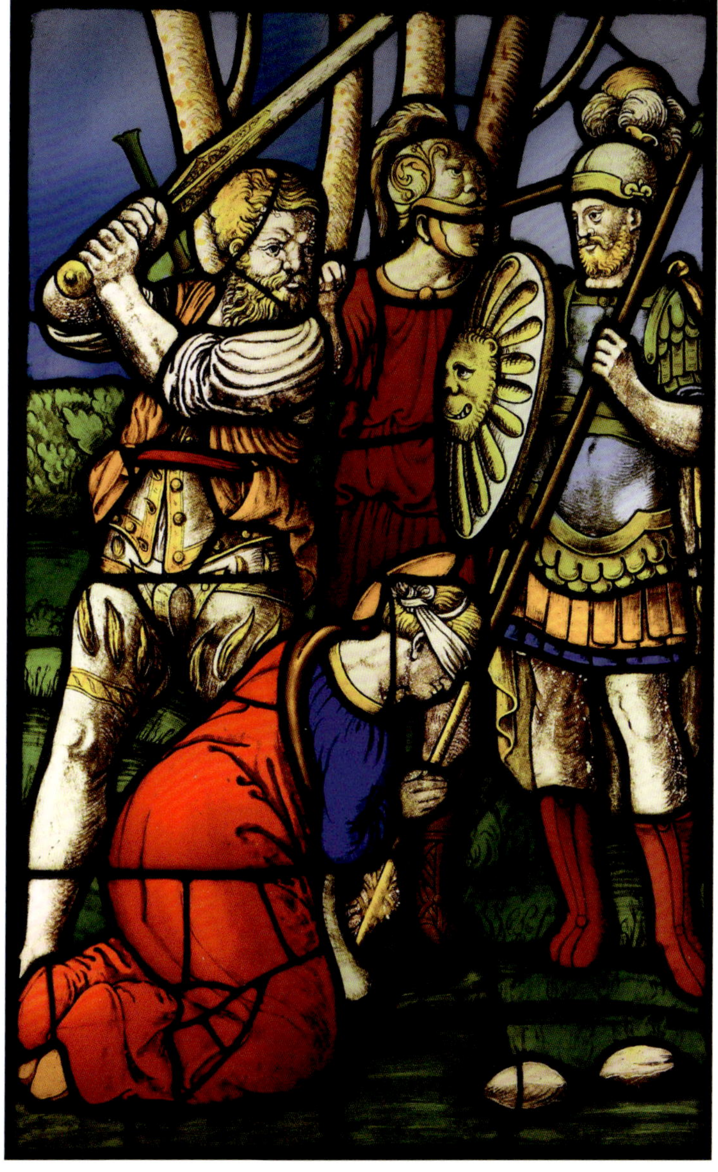

In 1558, Giuseppe Arcimboldo was commissioned by the workshop of the Duomo of Monza to create designs for tapestries, to be transposed and woven in silk and wool in Ferrara in 1561 by the Flemish weaver Giovanni Karcher (active 1517-62). With their draperies in classical style, the figures are reminiscent of those on the Tree of Jesse that Arcimboldo painted in the duomo a few years earlier, and contrast with the exuberant motifs of the borders.

En 1558, el taller del Duomo de Monza encargó a Giuseppe Arcimboldo diseños para tapices, que serían transpuestos y tejidos en seda y lana en Ferrara en 1561 por el tejedor flamenco Giovanni Karcher (activo entre 1517 y 1562). Con sus drapeados de estilo clásico, las figuras recuerdan a las del Árbol de Jesé que Arcimboldo pintó en el duomo unos años antes, y contrastan con los exuberantes motivos de las cenefas.

En 1558, la fabrique de la cathédrale de Monza commande à Giuseppe Arcimboldo des modèles de tapisserie, qui seront transposés puis tissés en soie et laine par le Flamand Giovanni Karcher (actif entre 1517 et 1562), à Ferrare, en 1561. Les personnages au drapé classicisant rappellent les figures de l'arbre de Jessé peintes quelques années avant dans la même cathédrale, et tranchent avec l'exubérance des motifs de la bordure.

Em 1558, Giuseppe Arcimboldo foi contratado pela unidade de construção da Catedral de Monza para criar modelos para tapeçarias, a serem transpostos e depois tecidos em seda e lã em Ferrara em 1561 pelo tecelão flamengo Giovanni Karcher (ativo entre 1517 e 1562). As suas figuras em estilo clássico drapeadas, lembram as figuras da Árvore de Jessé, que Arcimboldo pintou na mesma Catedral alguns anos antes, e contrastam com os motivos exuberantes das bordas.

1558 wurde Giuseppe Arcimboldo von der Werkstatt des Doms von Monza mit Entwürfen für Wandteppiche beauftragt, die 1561 in Ferrara von dem flämischen Weber Giovanni Karcher (tätig 1517–62) in Seide und Wolle umgesetzt und gewebt wurden. Mit ihren klassizistischen Faltenwürfen erinnern die Figuren an die des Baums von Jesse, den Arcimboldo einige Jahre zuvor im Dom gemalt hatte, und kontrastieren mit den üppigen Motiven der Bordüren.

In 1558 kreeg Giuseppe Arcimboldo de opdracht van de werkplaats van de kathedraal van Monza om ontwerpen te maken voor wandtapijten. Deze werden in 1561 in Ferrara door de Vlaamse wever Giovanni Karcher (actief 1517-62) omgezet en geweven in zijde en wol. Met hun draperieën in klassieke stijl doen de figuren denken aan die op de Boom van Jesse die Arcimboldo een paar jaar eerder in de kathedraal schilderde, en contrasteren ze met de uitbundige motieven van de randen.

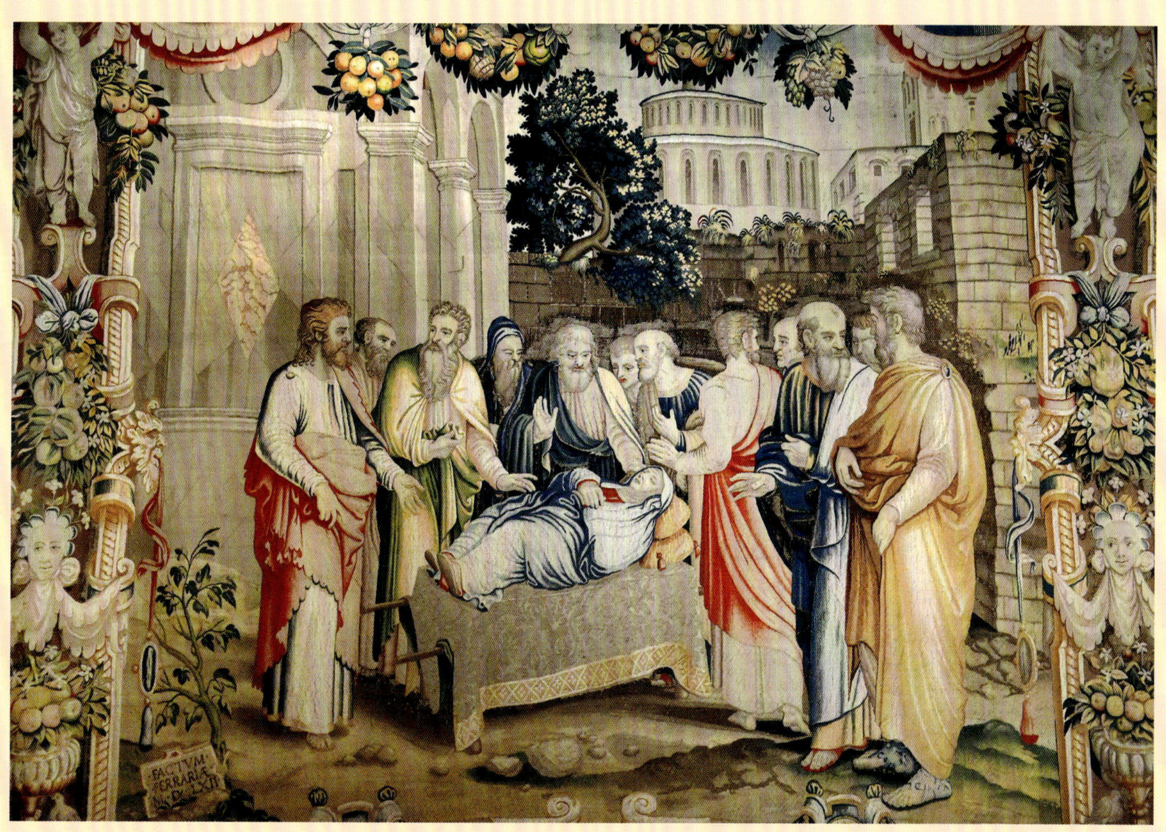

Manufacture of Ferrara, workshop of Giovanni Karcher

Death of the Virgin

La Dormition de la Vierge

Tod der Jungfrau

La muerte de la Virgen

Morte da Virgem

Dood van de Maagd

1562, Tapestry/Tapisserie, 423 × 470 cm, Duomo di Como

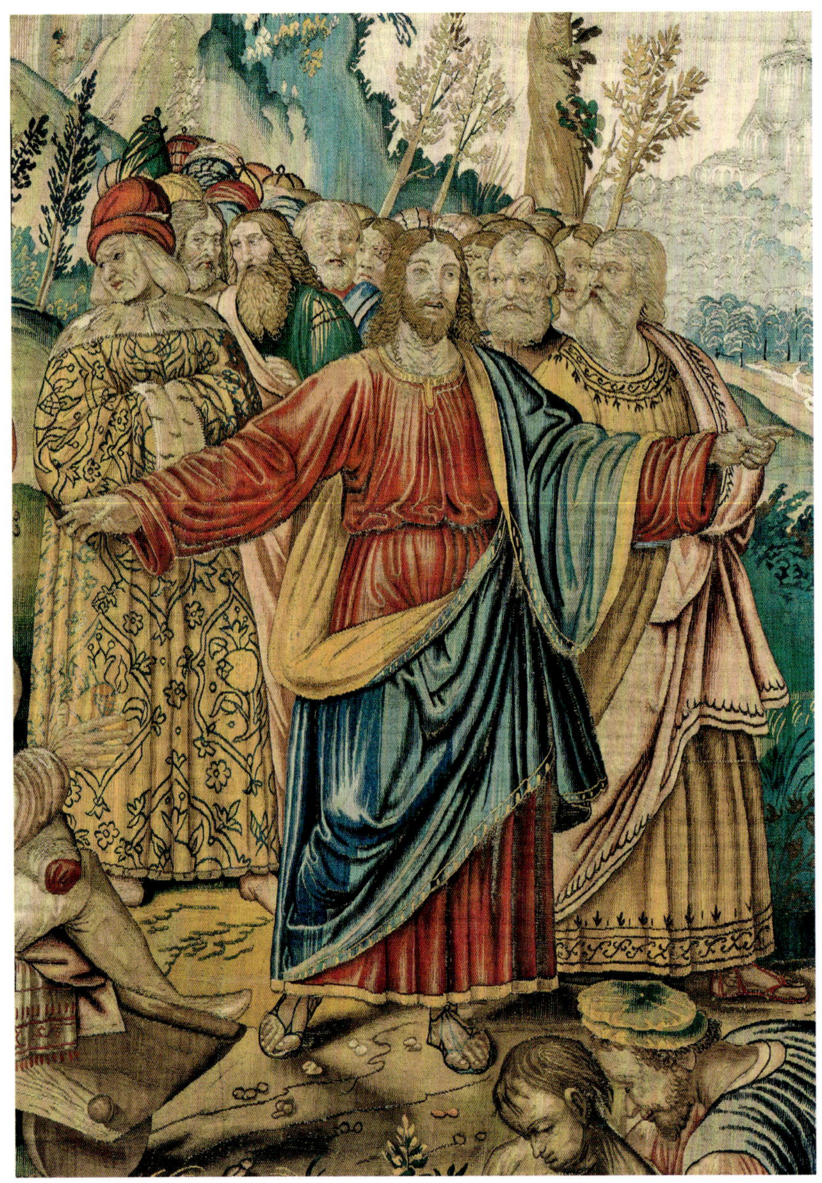

Flemish Manufactures after cartoons by Giuseppe Arcimboldo

Tapestry depicting Scenes from the Life of St John the Baptist: Jesus Among the Apostles

Tapisserie ave des épisodes de la vie de saint Jean-Baptiste : Jésus parmi les apôtres

Wandteppich mit Szenen aus dem Leben von Johannes dem Täufer: Jesus unter den Aposteln

Tapiz con escenas de la vida de San Juan Bautista: Jesús entre los Apóstoles

Tapeçaria representando cenas da vida de São João Batista: Jesus entre os apóstolos

Wandtapijt met taferelen uit het leven van Johannes de Doper: Jezus onder de apostelen

1566-81, Tapestry/Tapisserie, Duomo di Monza

Flemish Manufactures after cartoons by Giuseppe Arcimboldo

Tapestry depicting Scenes from the Life of St John the Baptist: Salome Receiving the Head of St John the Baptist

Tapisserie avec des épisodes de la vie de saint Jean-Baptiste : Salomé recevant la tête de saint Jean-Baptiste

Wandteppich mit Szenen aus dem Leben Johannes des Täufers: Salome empfängt das Haupt Johannes des Täufers

Tapiz con escenas de la vida de San Juan Bautista: Salomé recibe la cabeza de San Juan Bautista

Tapeçaria representando cenas da vida de São João Batista: Salomé recebendo a cabeça de São João Batista

Wandtapijt met taferelen uit het leven van Johannes de Doper: Salome ontvangt het hoofd van Johannes de Doper

1566-81, Tapestry/Tapisserie, Duomo di Monza

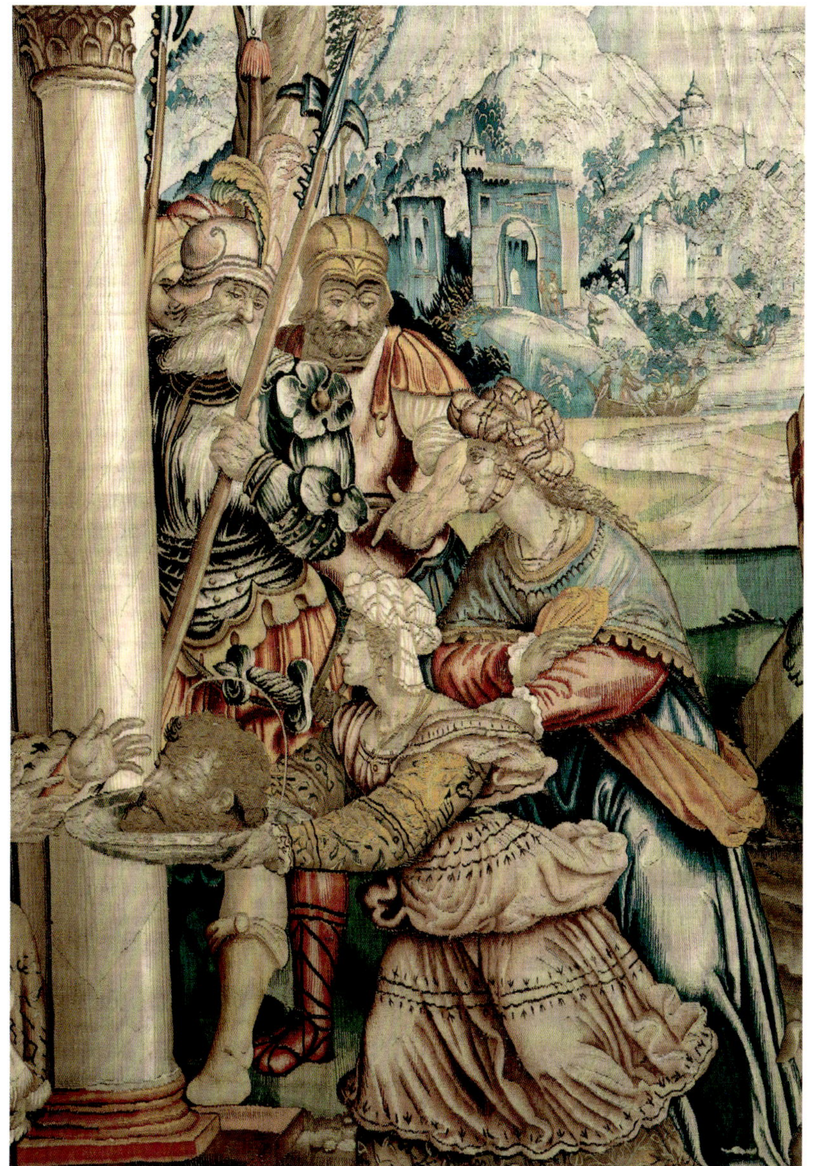

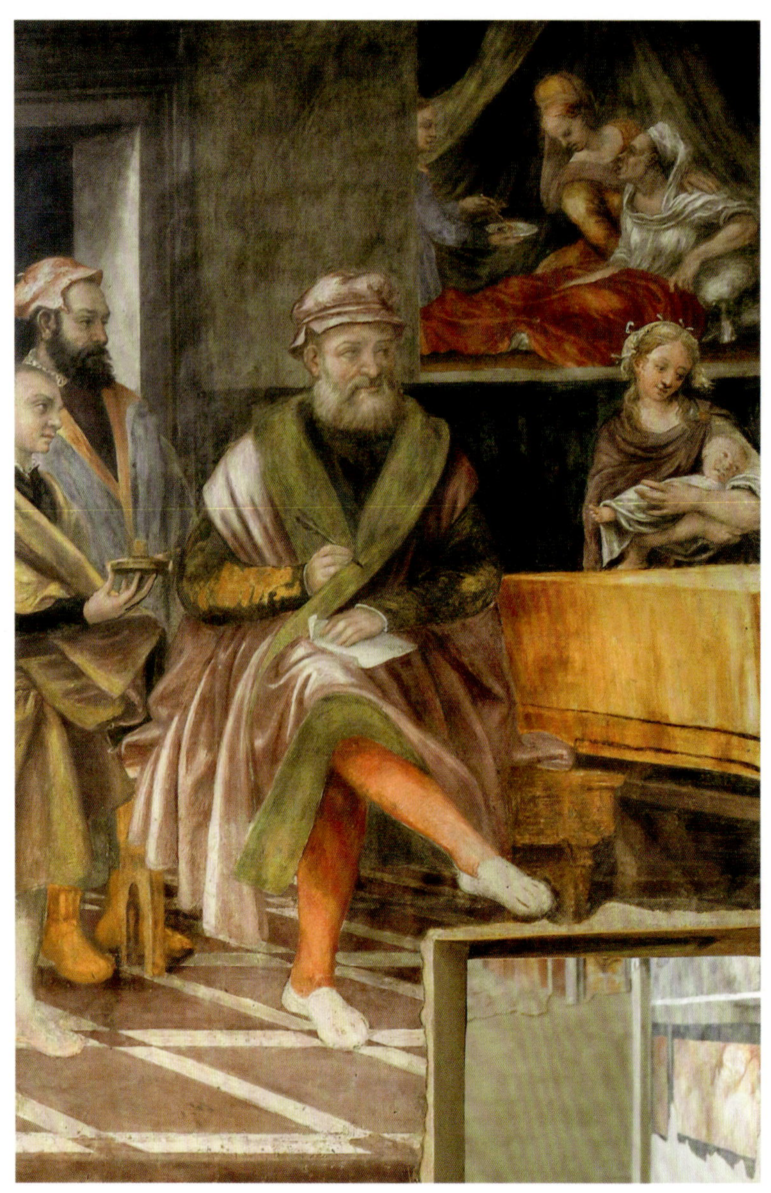

Attributed to Biagio and Giuseppe Arcimboldo

The Naming of the Baptist

Imposition du nom à saint Jean-Baptiste

Die Namensgebung Johannes des Täufers

El nombramiento de San Juan Bautista

Imposição do nome a São João Batista

Naamgeving van Johannes de Doper

b. 1545, Fresco/Fresque, San Maurizio al Monastero Maggiore, Milano

Attributed to Biagio and Giuseppe Arcimboldo

Salome Receving the Head of the Baptist

Salomé recevant la tête de saint Jean-Baptiste

Salome empfängt das Haupt Johannes des Täufers

Salomé recibe la cabeza de San Juan Bautista

Salomé recebendo a cabeça de São João Batista

Salome ontvangt het hoofd van Johannes de Doper

b. 1545, Fresco/Fresque, San Maurizio al Monastero Maggiore, Milano

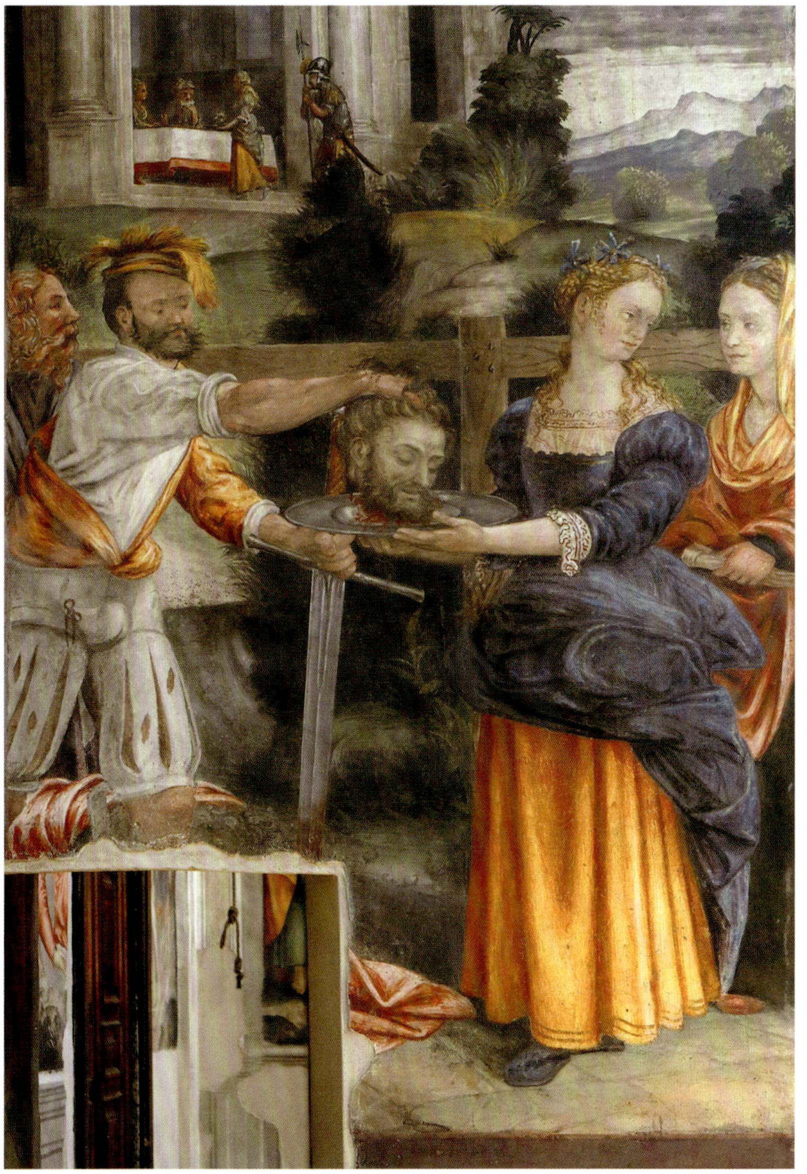

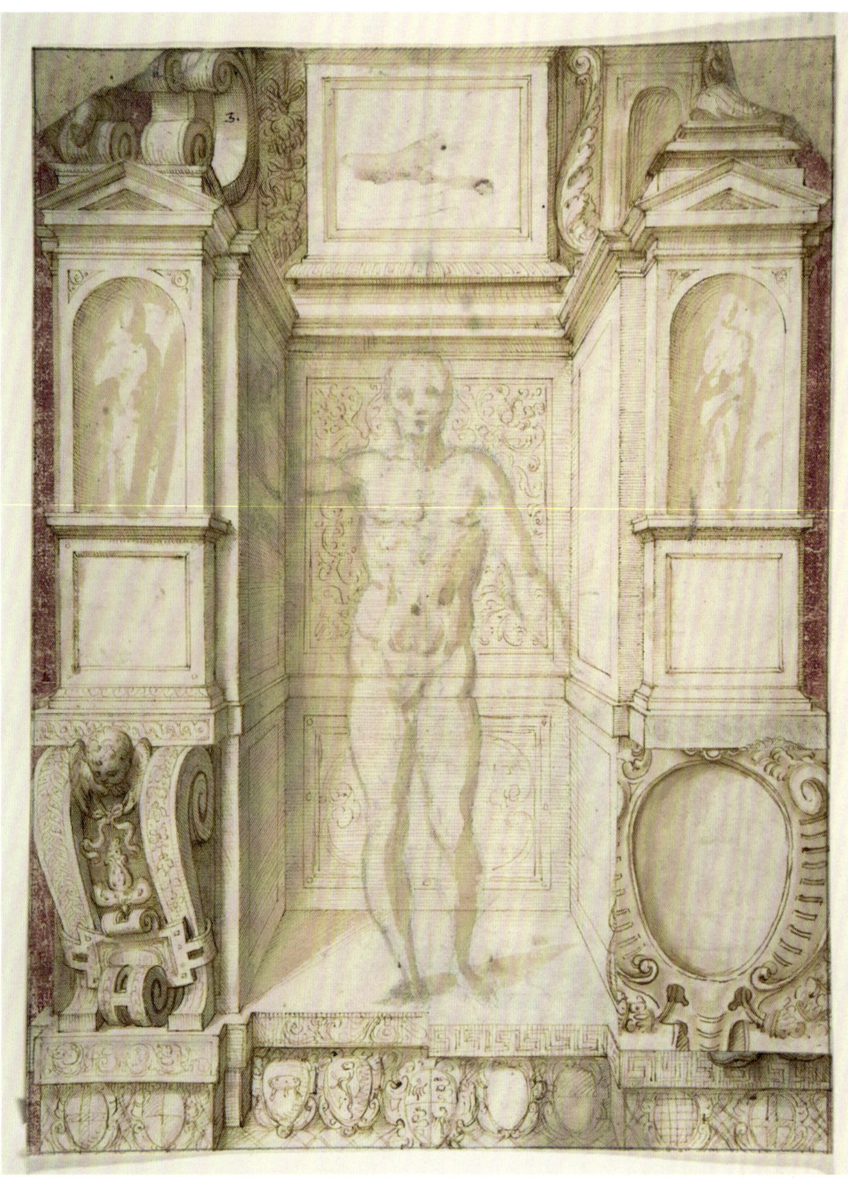

Study for a Figure in a Niche

Étude pour une figure dans une niche

Studie für eine Figur in einer Nische

Estudio para una figura en un nicho

Estudo para uma figura em um nicho

Studie voor een figuur in een nis

c. 1560-67, Pen, brown ink and wash on paper/Plume, encre brune et lavis sur papier, 35,1 × 26,3 cm, Metropolitan Museum of Art, New York

Peasant Woman Going to Market

Paysanne se rendant au marché

Bäuerin auf dem Weg zum Markt

Campesina yendo al mercado

Mulher camponesa a caminho do mercado

Vrouw op weg naar de markt

c. 1560, Pen, ink and wash on paper/Plume, encre et lavis sur papier, 25,1 × 18,1 cm, Biblioteca Nacional de España, Madrid

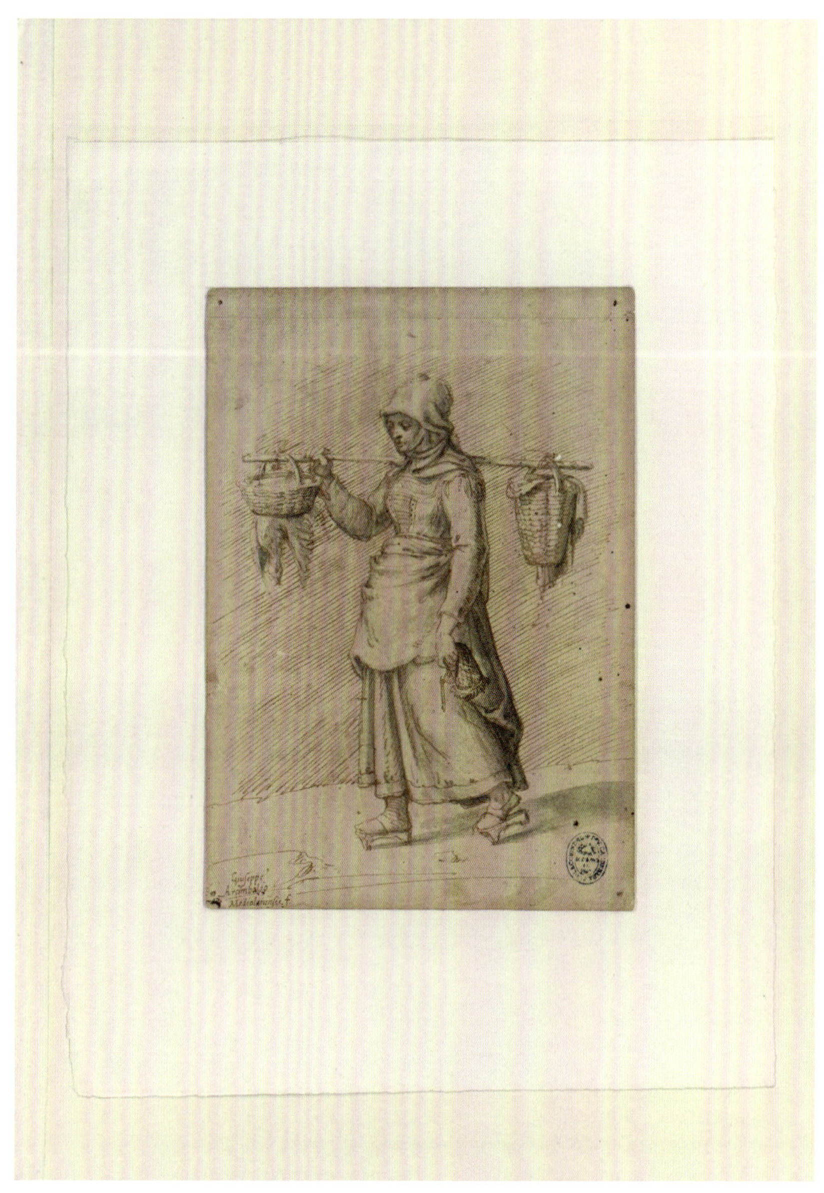

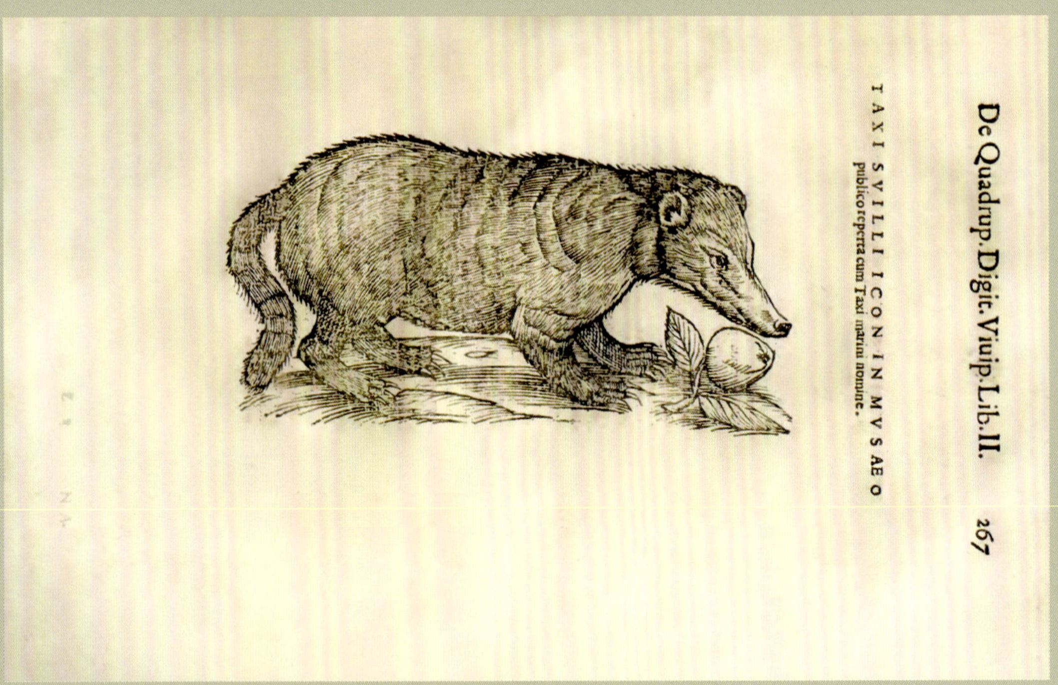

The scientific study of animals
Having inherited the Lombard tradition of the naturalistic representation of animals drawn from life, which had originated in the late fourteenth century, Giuseppe Arcimboldo depicted animals throughout his career. Between the 1550s and the 1580s, he depicted hundreds of birds and mammals, in sketches and detailed portraits, in whole and in part. In the spareness of their style and their watercolour shading in blue-grey tones they display the restraint and elegance that are characteristic of his style.
The natural sciences, based on the classification and cataloguing of the plant, animal and mineral worlds, flourished

La science des animaux
Héritier de la tradition lombarde des représentations animales naturalistes réalisées d'après modèle vivant, née à la fin du XIVe siècle, Giuseppe Arcimboldo dessine des animaux tout au long de sa carrière. Entre les années 1550 et 1580, il figure tout ou partie de centaines d'oiseaux et de mammifères, juste esquissés ou plus détaillés. Réalisés avec une grande économie de moyens, ils affichent la même élégance enlevée, avec leurs ombres aquarellées aux tonalités gris bleuté, caractéristiques de sa manière.
Basées sur la classification des végétaux, des animaux et des minéraux,

Das wissenschaftliche Studium der Tiere
Giuseppe Arcimboldo übernahm die im späten 14. Jahrhundert entstandene lombardische Tradition der naturalistischen, nach dem Leben gezeichneten Tierdarstellung. Er stellte während seiner gesamten Laufbahn Tiere dar. Zwischen den 1550er- und den 1580er-Jahren stellte er Hunderte von Vögeln und Säugetieren in Skizzen und detaillierten Porträts dar, ganz oder teilweise. In der Sparsamkeit ihres Stils und ihrer aquarellierten Schattierung in blaugrauen Tönen zeigen sie die Zurückhaltung und Eleganz, die für seinen Stil charakteristisch sind.

Mountain Coati*, from Aldrovandi, *Quadrupedum Omnium Bisulcorum Historia

Coati des montagnes*, dans Aldrovandi, *Quadrupedum Omnium Bisulcorum Historia

Nasenbär*, aus Aldrovandi: *Quadrupedum Omnium Bisulcorum Historia

El coatí de montaña*, de Aldrovandi, *Quadrupedum Omnium Bisulcorum Historia

Quati da montanha*, em Aldrovandi, *Quadrupedum Omnium Bisulcorum Historia

Berg Coati*, uit Aldrovandi, *Quadrupedum omnium bisulcorum historia

1621, Xylography on paper/Xylographie sur papier

Peters' Duiker and Coati*, from Aldrovandi, *Tavole di Animale

Céphalophe et coati*, dans Aldrovandi, *Tavole di Animale

Ducker-Antilope und Nasenbär*, aus: Aldrovandi, *Tavole di Animale

Duiker y coatí de Peters*, de Aldrovandi, *Tavole di Animale

Cabrito e quati de Peters*, da Sra. Aldrovandi, *Tavole di Animale

Peters duiker en Coati*, uit Aldrovandi, *Tavole di Animale

c. 1580?, Tempera and watercolour on paper/Tempera et aquarelle sur papier, 42 × 28 cm, Biblioteca Universitaria, Bologna

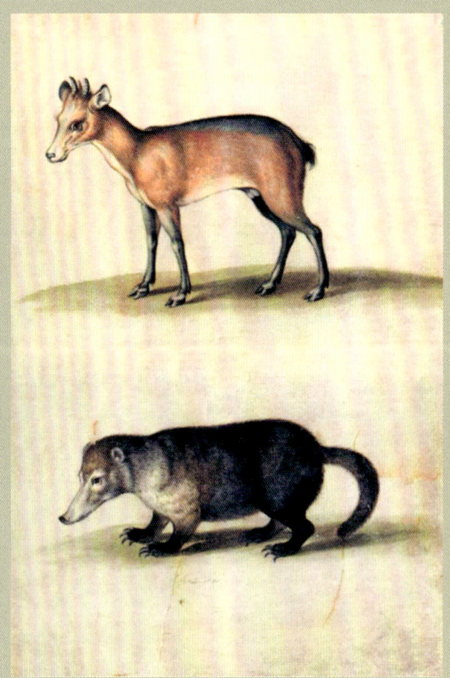

El estudio científico de los animales
Heredero de la tradición lombarda de la representación naturalista de animalesvivos en su habitat natural, que se había originado a finales del siglo XIV, Giuseppe Arcimboldo representó animales a lo largo de toda su carrera. Entre las décadas de 1550 y 1580, representó cientos de aves y mamíferos, en bocetos y retratos detallados, en su totalidad o en parte. Una forma austera y un sombreado de la acuarela en tonos azul-grisáceos, muestran la sobriedad y la elegancia características de su estilo. Las ciencias naturales, basadas en la clasificación y catalogación del mundo vegetal, animal y mineral, florecieron

O estudo científico dos animais
Herdeiro da tradição lombarda da representação naturalista de animais desenhados com base na observação da natureza, originária do final do século XIV, Giuseppe Arcimboldo retratou animais ao longo de toda a sua carreira. Entre as décadas de 1550 e 1580, retratou centenas de aves e mamíferos, em esboços e retratos detalhados, na íntegra ou em parte. A simplicidade de seu estilo e o sombreado das aquarelas em tons de azul-acinzentado, revelam a contenção e a elegância características do seu estilo. As ciências naturais, baseadas na classificação e catalogação dos mundos vegetal, animal e mineral,

De wetenschappelijke studie van dieren
Giuseppe Arcimboldo erfde de Lombardische traditie van de naturalistische weergave van naar het leven getekende dieren, die aan het eind van de veertiende eeuw was ontstaan, en heeft gedurende zijn hele carrière dieren afgebeeld. Tussen de jaren 1550 en 1580 beeldde hij honderden vogels en zoogdieren af, in schetsen en gedetailleerde portretten, geheel of gedeeltelijk. In de soberheid van hun stijl en hun aquarelschaduw in blauwgrijze tinten tonen ze de terughoudendheid en elegantie die kenmerkend zijn voor zijn stijl.

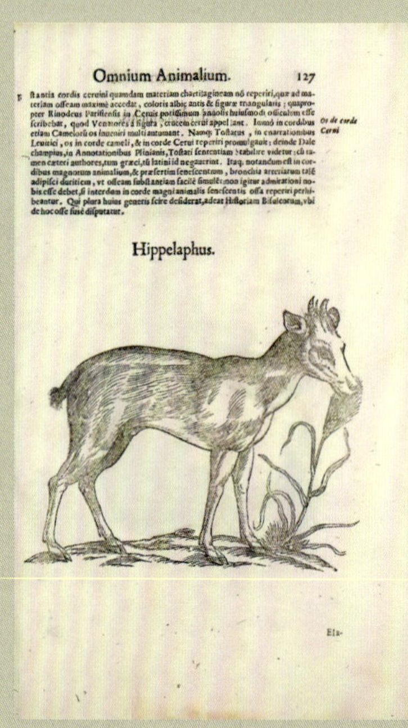

Omnium Animalium. 127

stantia cordis ceruini quamdam materiam chartilagineam nō reperiri, quæ ad materiam osseam maximè accedat, coloris albicantis & figuræ triangularis; quapropter Rinodeus Parisiensis in Ceruis potissimum huiusmodi ossiculum esse scribebat, quod Venatores à figura, crucem cerui appellant. Immò in cordibus etiam Camelorū os inueniri multi autumant. Namq; Tostatus, in enarrationibus Leuitici, os in corde cameli, & in corde Cerui reperiri promulgauit; deinde Dalechampius, in Annotationibus Plinianis, Tostati sententiam stabilire videtur; cū tamen cæteri authores, tum græci, tū latini id negauerint. Itaq; notandum est in cordibus magnorum animalium, & præsertim senescentium, bronchia arteriarum talē adipisci duritiem, vt osseam substantiam facilè simulēt: non igitur admirationi nobis esse debet, si interdum in corde magni animalis senescentis ossa reperiri perhibeantur. Qui plura huius generis scire desiderat, adeat Historiam Bisulcorum, vbi de hoc osse fusè disputatur. Os de corde Cerui

Hippelaphus.

Ela-

Red-flanked Duiker*, from Aldrovandi, *Quadrupedum Omnium Bisulcorum Historia

Céphalophe à flancs roux*, dans Aldrovandi, *Quadrupedum Omnium Bisulcorum Historia

Rotflankige Ducker-Antilope*, aus: Aldrovandi, *Quadrupedum Omnium Bisulcorum Historia

Duiker de flanco rojo*, de Aldrovandi, *Quadrupedum Omnium Bisulcorum Historia

Cabra-do-mato-vermelha*, em Aldrovandi, *Quadrupedum Omnium Bisulcorum Historia

Roodflankduiker*, uit Aldrovandi, *Quadrupedum Omnium Bisulcorum Historia

1621, Xylography on paper/ Xylographie sur papier

during the Cinquecento. Artists played a key role in this scientific odyssey, under the impetus of sovereigns beginning with the Habsburgs, who set the agenda and were to remain unsurpassed in this field. At the command of Maximilian II and after him Rudolf II, Arcimboldo drew a wide variety of rare animals, some of them imported from Africa, Asia and the New World and kept in the zoological gardens of Kaiserebersdorf and Neugebäude Palace in Vienna, and later in the imperial menageries in Prague.

les sciences naturelles se développent au Cinquecento, notamment sous forme de répertoires. Les artistes sont partie prenante de cette odyssée scientifique impulsée par les souverains de l'époque, à commencer par les Habsbourg qui donnent le ton et resteront insurpassés en la matière. À la demande de Maximilien II puis de Rodolphe II, Arcimboldo fixe les silhouettes de divers spécimens rares, dont certains, importés d'Afrique, d'Asie et du Nouveau Monde, sont conservés dans les parcs zoologiques de Kaiserebersdorf et du Neugebäude, à Vienne, puis dans les ménageries impériales de Prague.

Die Naturwissenschaften, die sich auf die Klassifizierung und Katalogisierung der Pflanzen-, Tier- und Mineralwelt stützen, erlebten im Cinquecento eine Blütezeit. Die Künstler spielten bei dieser wissenschaftlichen Odyssee eine Schlüsselrolle, und zwar auf Betreiben der Herrscher, angefangen bei den Habsburgern, die die Richtung vorgaben und auf diesem Gebiet unübertroffen bleiben sollten. Für Maximilian II. und nach ihm Rudolf II. zeichnete Arcimboldo eine Vielzahl seltener Tiere, von denen einige aus Afrika, Asien und der Neuen Welt importiert und in den zoologischen Gärten von Kaiserebersdorf und Schloss Neugebäude in Wien sowie später in den kaiserlichen Menagerien in Prag gehalten wurden.

***Red-flanked Duiker*, from *Nature Studies*, various artists**

Céphalophe à flancs roux*, dans Collectif, *Études d'après nature

Rotflankige Ducker-Antilope*, aus: *Naturstudien, verschiedene Künstler

***Duiker de flanco rojo*, de *Nature Studies*, varios artistas**

Cabra-do-mato-vermelha*, em Coletivo, *Estudos da Natureza

***Roodflankduiker*, uit *Natuurstudies*, diverse kunstenaars**

c. 1550-60, Watercolour on paper or parchment/ Aquarelle sur papier ou parchemin, Osterreichische Nationalbibliotek, Wien

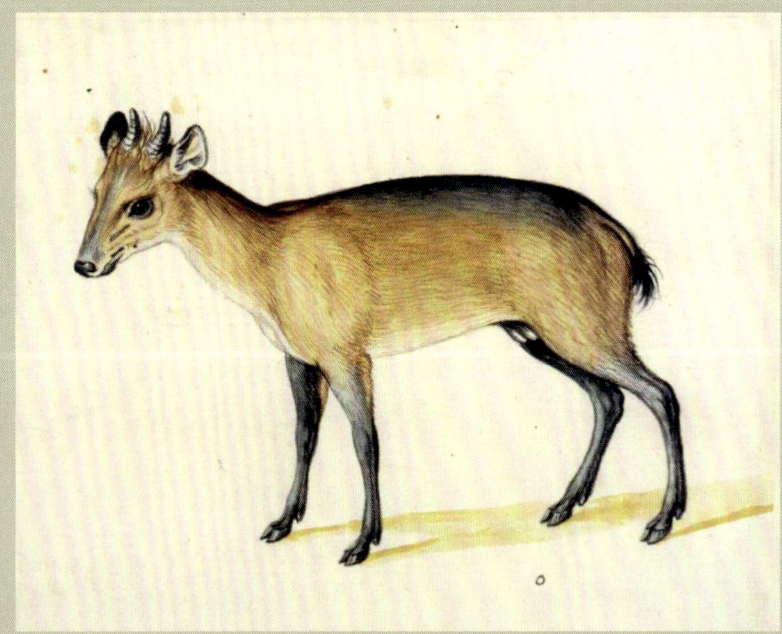

durante el Cinquecento. Los artistas desempeñaron un papel clave en esta odisea científica, bajo el impulso de los soberanos, empezando por los Habsburgo, que marcaron la pauta y seguirían siendo insuperables en este campo. A las órdenes de Maximiliano II y, después de él, de Rodolfo II, Arcimboldo dibujó una gran variedad de animales raros, algunos de ellos importados de África, Asia y el Nuevo Mundo y conservados en los jardines zoológicos de Kaiserebersdorf y el palacio Neugebäude de Viena, y más tarde en los menagerios imperiales de Praga.

floresceram durante o Cinquecento. Os artistas desempenharam um papel fundamental nesta odisseia científica, sob o impulso dos soberanos, a começar pelos Habsburgos, que estabeleciam a ordem dos trabalhos e continuariam insuperáveis neste domínio. Sob o comando de Maximiliano II e, depois dele, de Rodolfo II, Arcimboldo desenhou uma grande variedade de animais raros, alguns deles importados da África, Ásia e do Novo Mundo e mantidos nos jardins zoológicos de Kaiserebersdorf e do Palácio Neugebäude, em Viena, e, mais tarde, nos viveiros imperiais em Praga.

De natuurwetenschappen, gebaseerd op de classificatie en catalogisering van de planten-, dieren- en mineralenwereld, bloeiden tijdens het Cinquecento. Kunstenaars speelden een sleutelrol in deze wetenschappelijke odyssee, onder impuls van vorsten, te beginnen met de Habsburgers, die de agenda bepaalden en onovertroffen zouden blijven op dit gebied. In opdracht van Maximiliaan II en na hem Rudolf II tekende Arcimboldo een grote verscheidenheid aan zeldzame dieren, waarvan sommige geïmporteerd werden uit Afrika, Azië en de Nieuwe Wereld en bewaard werden in de zoölogische tuinen van Kaiserebersdorf en het Neugebäude Paleis in Wenen, en later in de keizerlijke menagerieën in Praag.

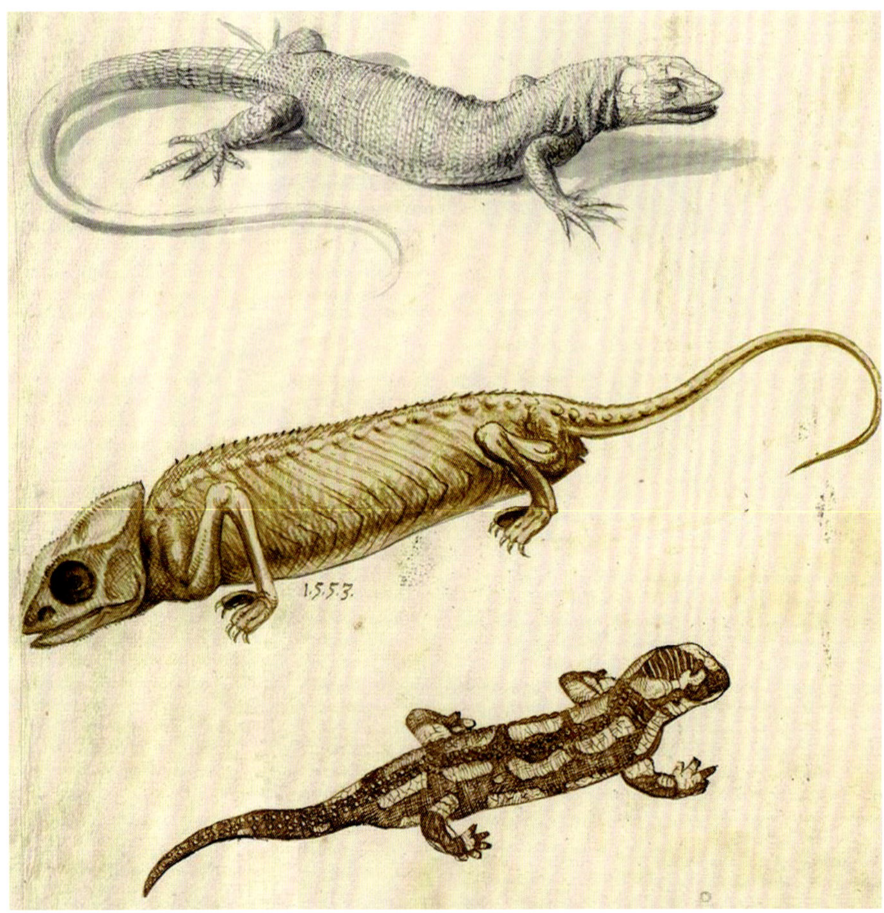

Study of a Lizard, a Chameleon and a Salamander

Saurien, caméléon et salamandre terrestre

Studie einer Eidechse, eines Chamäleons und eines Salamanders

Estudio de un lagarto, un camaleón y una salamandra

Lagarto, camaleão e salamandra terrestre

Studie van een hagedis, een kameleon en een salamander

1553, Watercolour on paper or parchment/Aquarelle sur papier ou parchemin, Osterreichische Nationalbibliotek, Wien

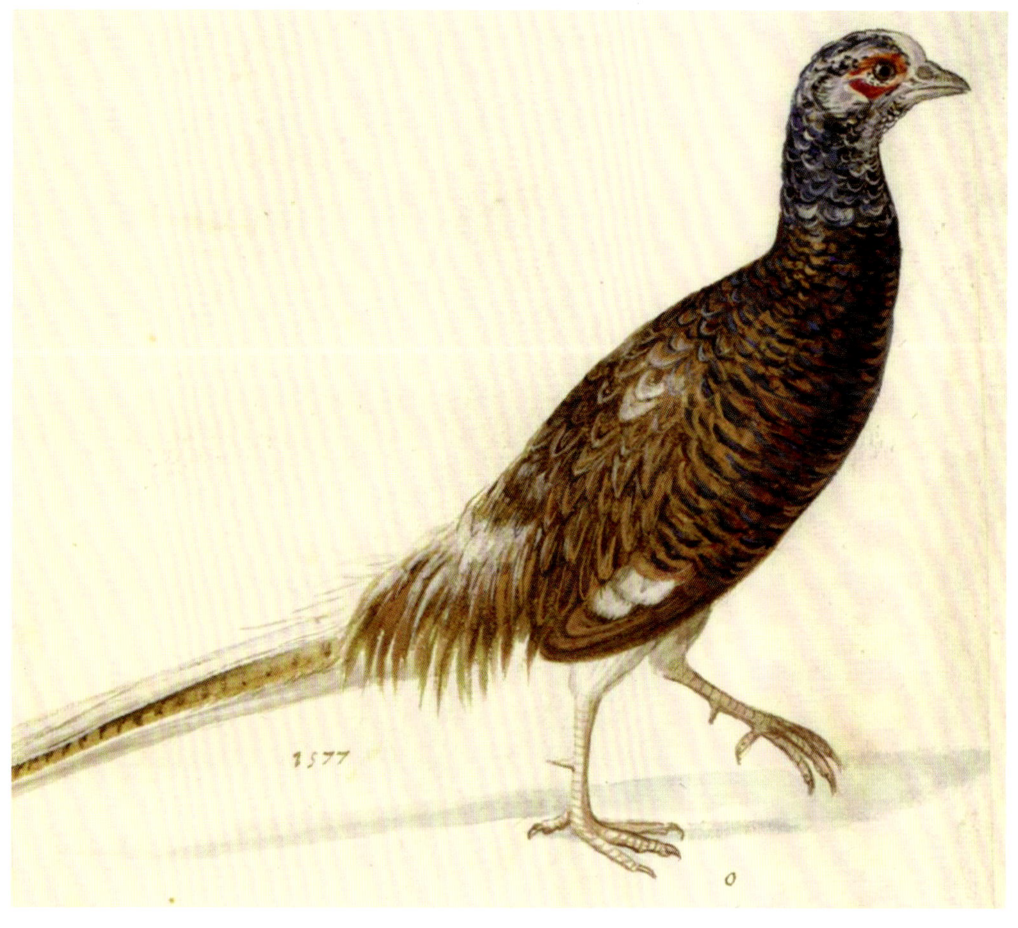

Ring-necked Pheasant ***Ringhalsfasan*** ***Faisão de pescoço anelado***

Faisan de Colchide ***Faisán de cuello anillado*** ***Fazant***

1577, Watercolour on paper or parchment/Aquarelle sur papier ou parchemin, Osterreichische Nationalbibliotek, Wien

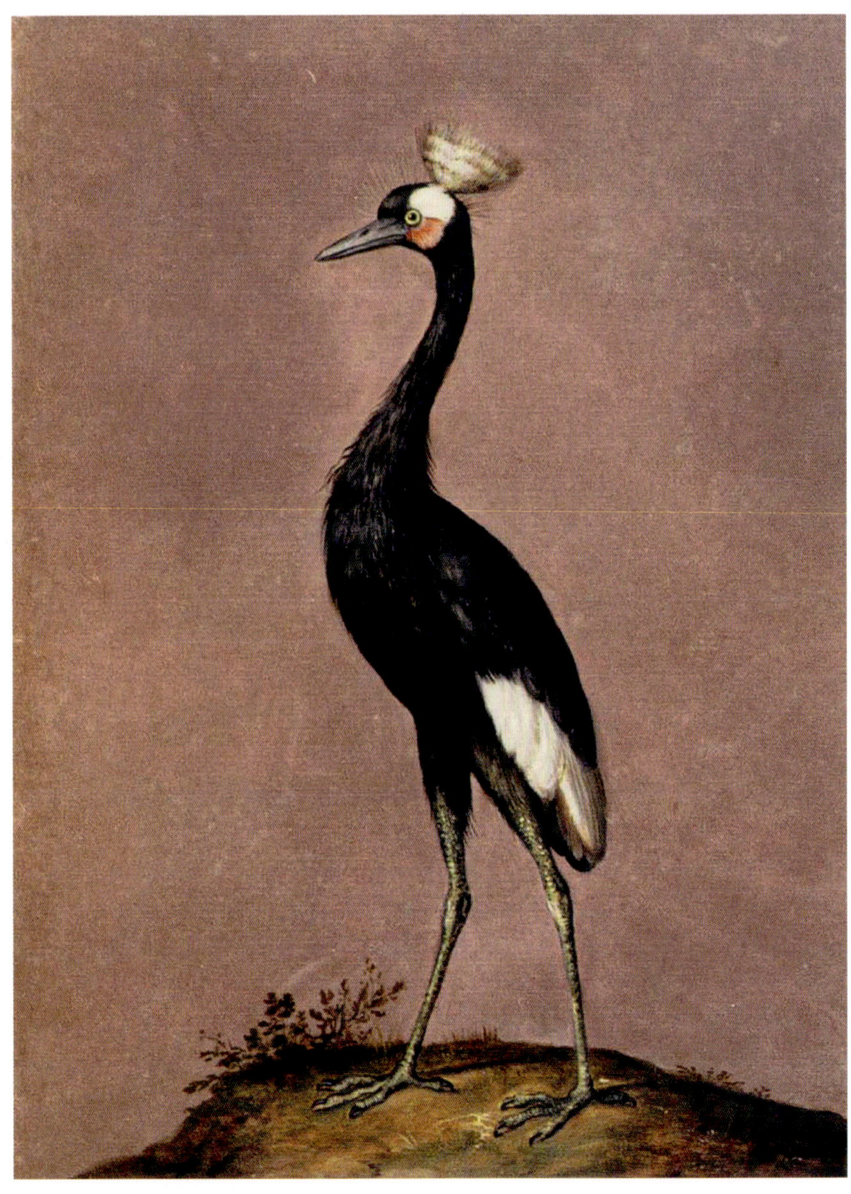

Black Crowned Crane

Grue couronnée

Schwarzkronenkranich

Grulla coroninegra

Grou-coroado-preto

Zwarte kroonkraanvogel

c. 1550-60, Gouache on parchment/Gouache sur parchemin, Osterreichische Nationalbibliotek, Wien

Gyrfalcon

Faucon gerfaut

Turmfalke

Halcón gerifalte

Falcão-gerifalte

Giervalk

c. 1550-60, Gouache on parchment/Gouache sur parchemin, Osterreichische Nationalbibliotek, Wien

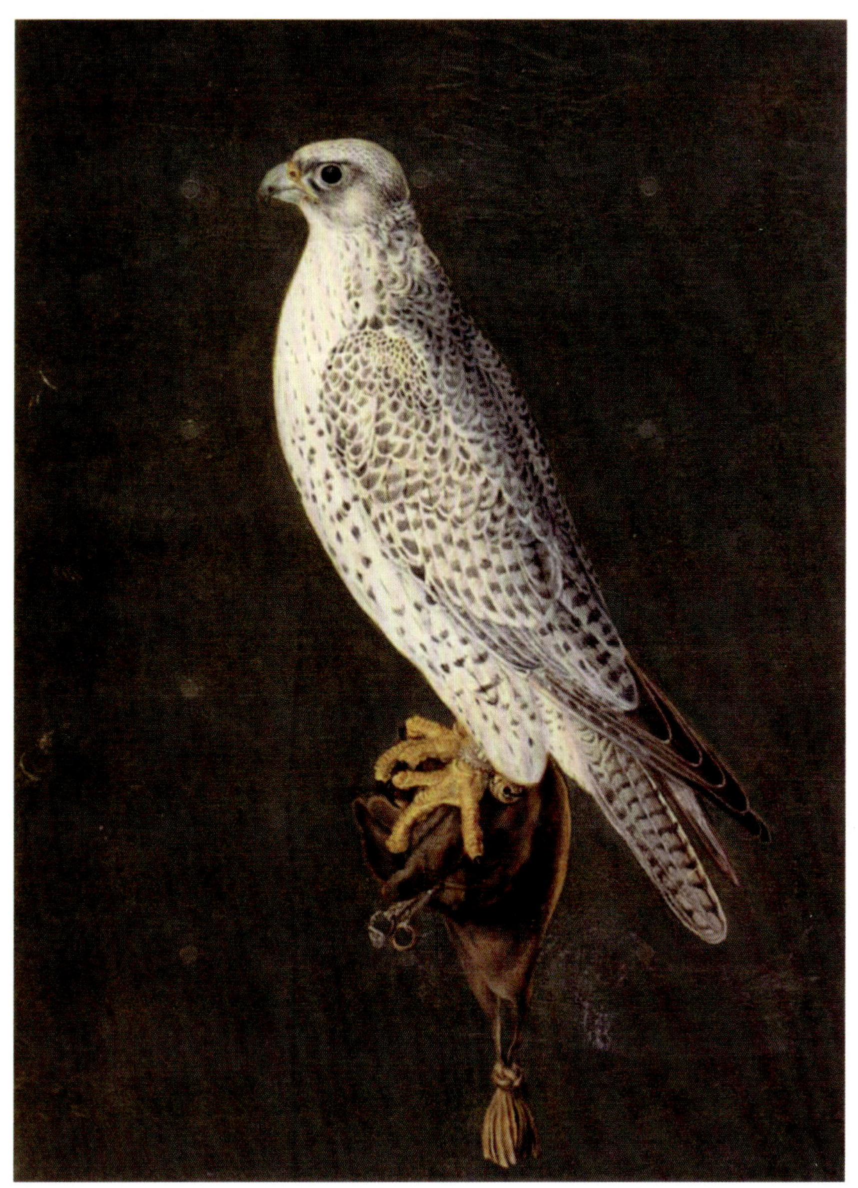

Each of the summer fruits that make up this head viewed in profile was depicted in meticulous detail by Giuseppe Arcimboldo and his workshop as they assembled them to form an allegory of summer, playing on the abundance of nature. Arcimboldo painted early versions of the four seasons before he left for Vienna, where he was to perfect the iconography and style of this cycle of paintings. It was to prove so successful that Emperor Maximilian II commissioned him to make several copies.

Giuseppe Arcimboldo et son atelier ont restitué avec soin chacun des fruits d'été constitutifs de ce buste de profil et les ont assemblés en une allégorie estivale, jouant de la profusion de la nature. L'artiste milanais peint les prototypes des quatre saisons avant son départ pour Vienne, où il perfectionnera l'iconographie et le style de ce cycle à succès, dont il réalisera plusieurs répliques à la demande de l'empereur Maximilien II.

Jede der Sommerfrüchte, aus denen dieser Kopf im Profil besteht, wurde von Giuseppe Arcimboldo und seiner Werkstatt in akribischer Detailarbeit zu einer Allegorie des Sommers zusammengesetzt, die mit der Fülle der Natur spielt. Arcimboldo malte frühe Versionen der vier Jahreszeiten, bevor er nach Wien ging, wo er die Ikonografie und den Stil dieses Gemäldezyklus perfektionieren sollte. Der Zyklus war so erfolgreich, dass Kaiser Maximilian II. ihn mit der Anfertigung mehrerer Kopien beauftragte.

Cada uno de los frutos estivales que componen esta cabeza vista de perfil fue representado con minucioso detalle por Giuseppe Arcimboldo y su taller al ensamblarlos para formar una alegoría del verano, jugando con la abundancia de la naturaleza. Arcimboldo pintó las primeras versiones de las cuatro estaciones antes de marcharse a Viena, donde perfeccionaría la iconografía y el estilo de este ciclo de pinturas. Su éxito fue tal que el emperador Maximiliano II le encargó varias copias.

Cada uma das frutas de verão que compõem essa cabeça vista de perfil foi retratada em detalhes meticulosos por Giuseppe Arcimboldo e seu ateliê enquanto as montavam para formar uma alegoria do verão, brincando com a abundância da natureza. Arcimboldo pintou as primeiras versões das quatro estações antes de partir para Viena, onde aperfeiçoaria a iconografia e o estilo desse ciclo de pinturas. O sucesso foi tão grande que o imperador Maximiliano II o encarregou de fazer várias cópias.

Giuseppe Arcimboldo en zijn atelier hebben elk van de zomervruchten waaruit dit hoofd in profiel is opgebouwd met minutieus detail afgebeeld toen ze de vruchten samenvoegden om een allegorie van de zomer te vormen, spelend met de overvloed van de natuur. Arcimboldo schilderde vroege versies van de vier seizoenen voordat hij naar Wenen vertrok, waar hij de iconografie en stijl van deze schilderijencyclus zou perfectioneren. Het zou zo'n succes worden dat keizer Maximiliaan II hem opdracht gaf om verschillende kopieën te maken.

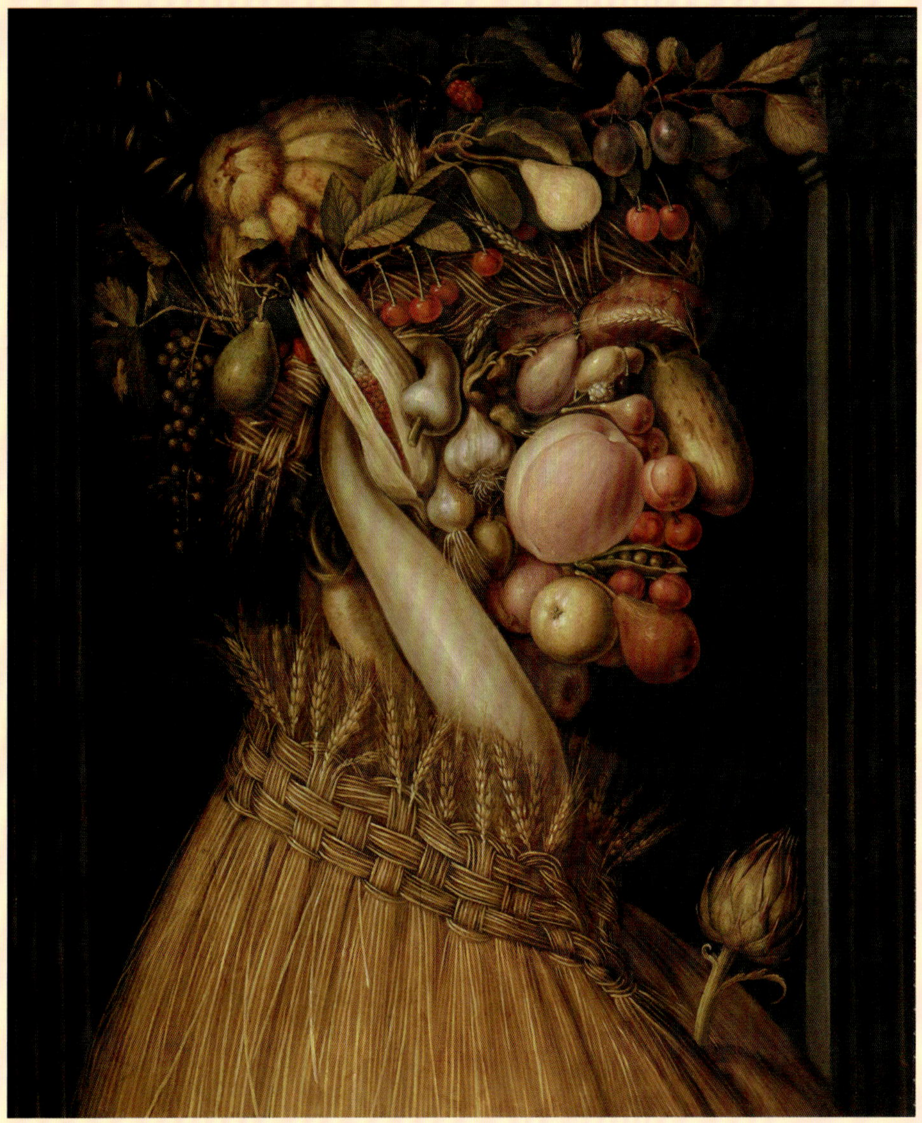

Allegory of Summer

Allégorie de l'été

Allegorie des Sommers

Alegoría del verano

Alegoria do verão

Allegorie op de zomer

c. 1555-60, Oil on panel/
Huile sur bois,
84 × 57 cm, Bayerische
Staatsgemäldesammlungen
- Alte Pinakothek München

Allegory of Spring

Allégorie du printemps

Allegorie des Frühlings

Alegoría de la primavera

Alegoria da primavera

Allegorie op de lente

c. 1555-60, Oil on panel/ Huile sur bois, 84 × 57 cm, Bayerische Staatsgemäldesammlungen - Alte Pinakothek München

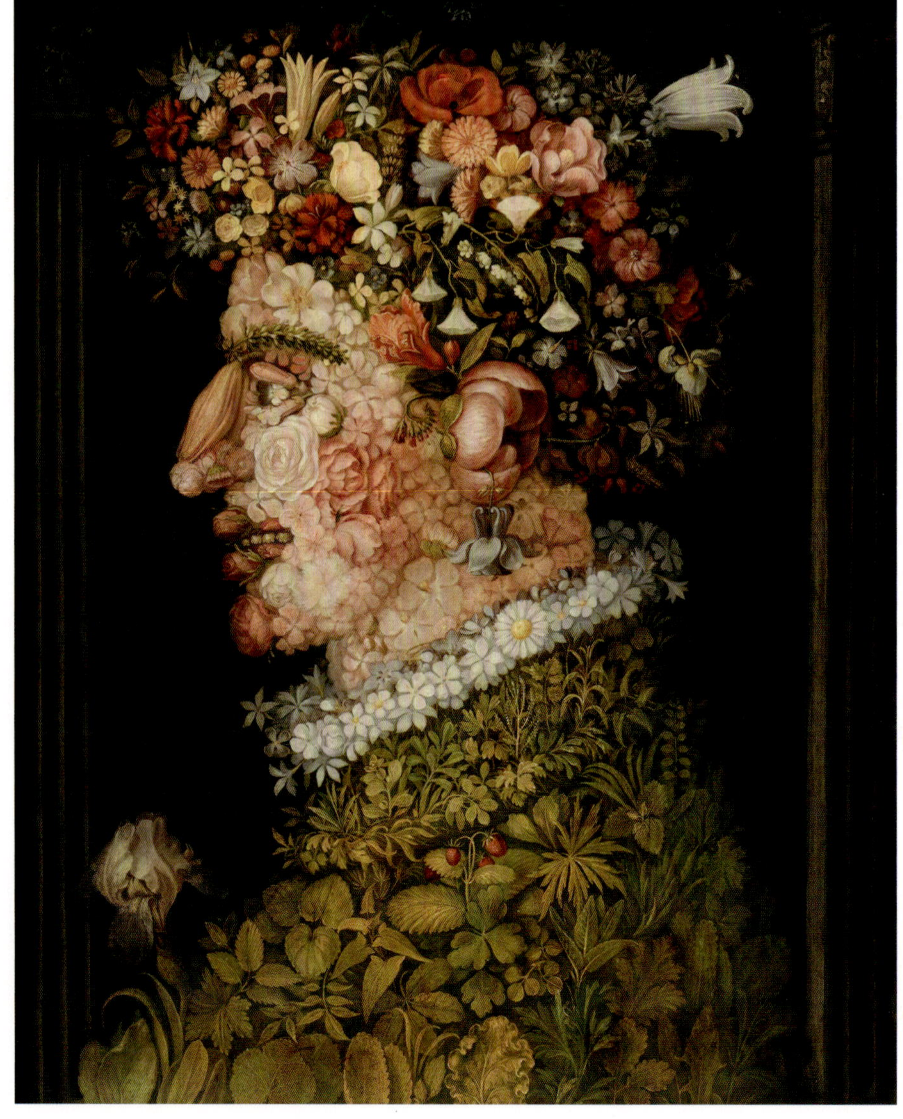

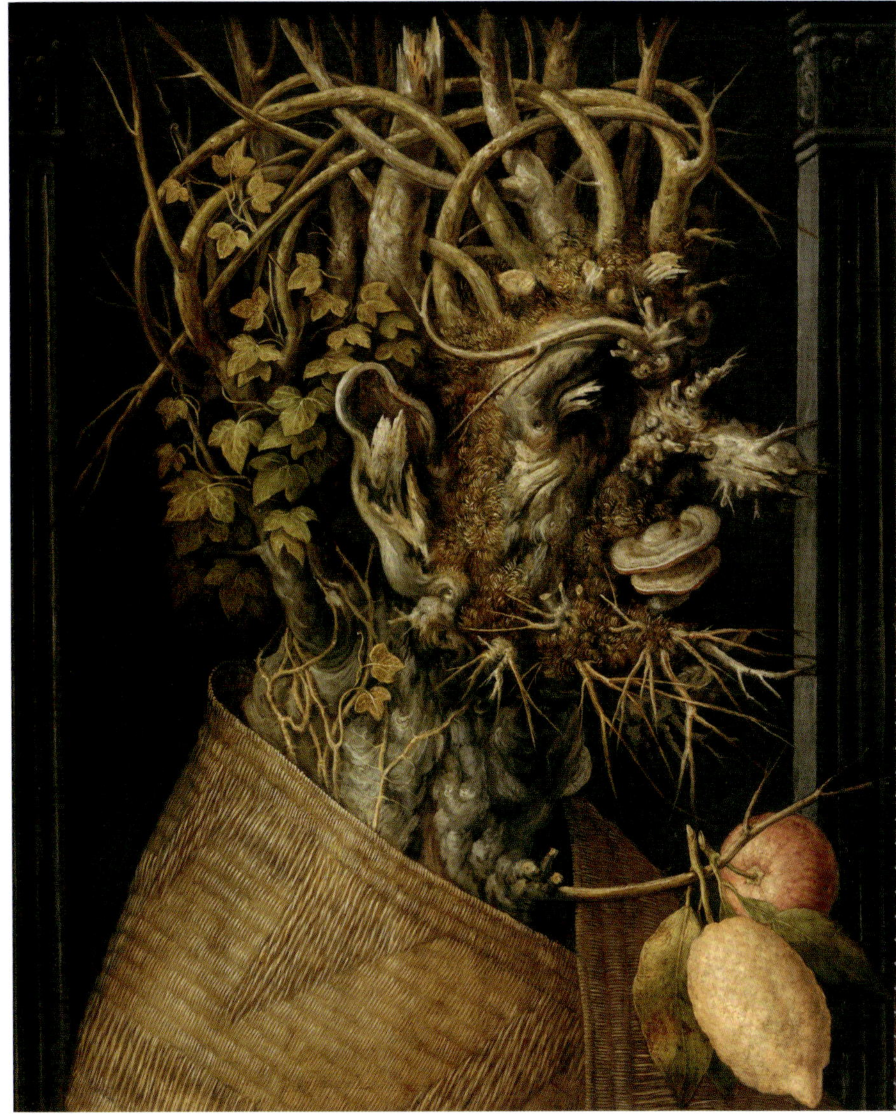

Allegory of Winter

Allégorie de l'hiver

Allegorie des Winters

Alegoría del invierno

Alegoria do inverno

Allegorie op de winter

c. 1555-60, Oil on panel/ Huile sur bois, 84 × 57 cm, Bayerische Staatsgemäldesammlungen - Alte Pinakothek München

Vienna: "Painter to his Imperial Majesty" at the court of Maximilian II (1563–1576)
After receiving several commissions from Archduke Maximilian, son of Ferdinand I, Arcimboldo decided to return to Vienna towards the end of 1562. Initially he worked for the Holy Roman Emperor, King of Hungary and Bohemia, as a portrait painter and copyist, taking over from Jakob Seisenegger (1505–1567). In April 1563, he was appointed "Official Painter to his Imperial Majesty", a title he retained until Maximilian II's death in 1576.
Around 1563, when he painted the official portraits of Ferdinand I's children, Arcimboldo was not the only Italian portrait painter at the Viennese court, as the Dalmatian Martino Rota (*c.*1520–1583) and the Venetian Giulio Licinio (*c.*1527–after 1584 or 1591) had already been working there for some years. But it was

À la cour de Vienne, « peintre de sa majesté impériale » Maximilien II (1563-1576)
Déjà mandé plusieurs fois par l'archiduc Maximilien, fils de Ferdinand Ier, Giuseppe Arcimboldo se décide à regagner Vienne à la fin de l'année 1562.
L'empereur du Saint-Empire romain germanique, roi de Hongrie et de Bohême, l'emploie d'abord comme portraitiste-copiste, en remplacement de Jakob Seisenegger (1505-1567).
Qualifié de « peintre officiel de sa majesté impériale » dès avril 1563, il conserve ce statut jusqu'à la mort de Maximilien II en 1576.
Lorsqu'il réalise les effigies officielles des enfants de Ferdinand Ier, vers 1563, le Milanais n'est pas le seul portraitiste italien officiant à la cour : le Dalmate Martino Rota (vers 1520-1583) et

Wien: „Maler seiner kaiserlichen Majestät" am Hof von Maximilian II. (1563–1576)
Nachdem er mehrere Aufträge von Erzherzog Maximilian, dem Sohn Ferdinands I., erhalten hatte, beschloss Arcimboldo Ende 1562, nach Wien zurückzukehren. Zunächst arbeitete er für den Kaiser des Heiligen Römischen Reiches, König von Ungarn und Böhmen, als Porträtmaler und Kopist und löste Jakob Seisenegger (1505–1567) ab. Im April 1563 wurde er zum „Amtsmaler seiner kaiserlichen Majestät" ernannt, ein Titel, den er bis zum Tod Maximilians II. im Jahr 1576 behielt.
Um 1563, als er die offiziellen Porträts der Kinder Ferdinands I. malte, war Arcimboldo nicht der einzige italienische Porträtmaler am Wiener Hof. Der Dalmatiner Martino Rota (ca. 1520–1583)

After Jan Cornelisz Vermeyen
Emperor Ferdinand I
L'Empereur Ferdinand Ier
Kaiser Ferdinand I.
Emperador Fernando I
Imperador Fernando I
Keizer Ferdinand I
1530, Oil on panel/Huile sur bois, 25 × 20 cm, Kunsthistorisches Museum, Gemäldegalerie, Wien

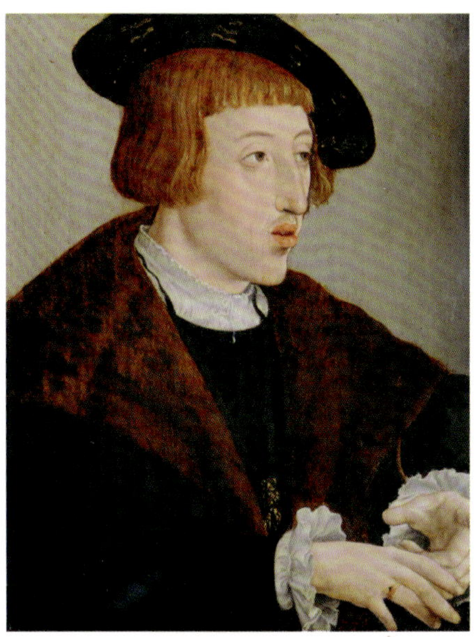

Viena: «Pintor de su Majestad Imperial» en la corte de Maximiliano II (1563–1576)
Tras recibir varios encargos del archiduque Maximiliano, hijo de Fernando I, Arcimboldo decidió regresar a Viena a finales de 1562. Al principio trabajó para el emperador del Sacro Imperio Romano Germánico, rey de Hungría y Bohemia, como retratista y copista, tomando el relevo de Jakob Seisenegger (1505–1567). En abril de 1563 fue nombrado «pintor oficial de su Majestad Imperial», título que conservó hasta la muerte de Maximiliano II en 1576.
Hacia 1563, cuando pintó los retratos oficiales de los hijos de Fernando I, Arcimboldo no era el único retratista italiano en la corte vienesa, pues el dálmata Martino Rota (*c.*1520–1583) y el veneciano Giulio Licinio (*c.*1527–después

Viena: "Pintor de Sua Majestade Imperial" na corte de Maximiliano II (1563–1576)
Após ter recebido várias encomendas do arquiduque Maximiliano, filho de Fernando I, Arcimboldo decide regressar a Viena no final de 1562. Inicialmente, trabalha para o Sacro Imperador Romano, rei da Hungria e da Boêmia, como retratista e copista, substituindo Jakob Seisenegger (1505–1567). Em abril de 1563, foi nomeado "Pintor Oficial de Sua Majestade Imperial", título que manteve até à morte de Maximiliano II, em 1576.
Por volta de 1563, quando pintou os retratos oficiais dos filhos de Fernando I, Arcimboldo não era o único retratista italiano na corte vienense, uma vez que o dálmata Martino Rota (*c.*1520–1583) e o veneziano Giulio Licinio (*c.*1527– depois

Wenen: „Schilder van zijn keizerlijke majesteit" aan het hof van Maximiliaan II (1563–1576)
Nadat hij verschillende opdrachten had gekregen van aartshertog Maximiliaan, zoon van Ferdinand I, besloot Arcimboldo eind 1562 terug te keren naar Wenen. Aanvankelijk werkte hij voor de Heilige Roomse Keizer, Koning van Hongarije en Bohemen, als portretschilder en kopiist, waarbij hij Jakob Seisenegger (1505–1567) opvolgde. In april 1563 werd hij benoemd tot „Officieel Schilder van Zijne Keizerlijke Majesteit", een titel die hij behield tot de dood van Maximiliaan II in 1576.
Rond 1563, toen hij de officiële portretten van de kinderen van Ferdinand I schilderde, was Arcimboldo niet de enige Italiaanse portretschilder aan het Weense hof, want de Dalmatiër Martino Rota (*ca.* 1520–1583) en de Venetiaan

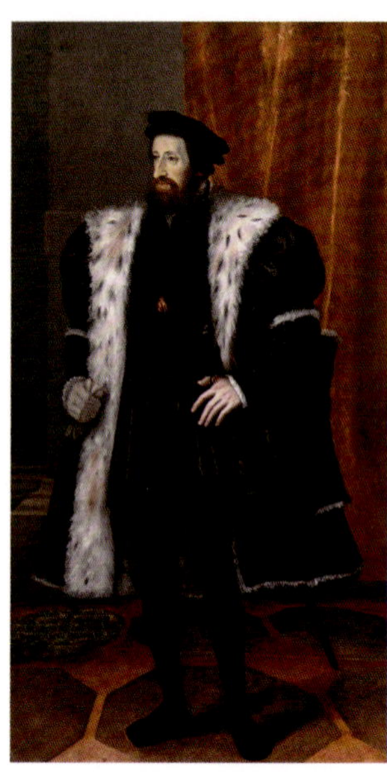

Johann Melchior Bocksberger (15??-1589)

Emperor Ferdinand I

L'Empereur Ferdinand Ier

Kaiser Ferdinand I.

Emperador Fernando I

Imperador Fernando I

Keizer Ferdinand I

mid-16th century, Oil on canvas/Huile sur toile, 203,2 × 109,5 cm, Kunsthistorisches Museum, Gemäldegalerie, Wien

not so much his talents as a portraitist as his intriguing "grotesques" that appealed to Maximilian II, a great amateur of the arts and sciences who was fascinated not only by the composite heads for which Arcimboldo became famous in the late 1560s, but also by the costumes and temporary settings he designed, created and staged for numerous festivities. The emperor also employed Arcimboldo as an artistic advisor, as well as commissioning him to draw from life the flora and fauna he amassed in his botanical and zoological gardens. Arcimboldo's naturalistic portraits were then brought together in his *Wunderkammer* or cabinet of curiosities, in which were displayed the marvels of the world and of universal knowledge, and a cornucopia of the wonders of nature (*naturalia*) and art (*artificialia*),

le Vénitien Giulio Licinio (vers 1527-après 1584 ou 1591) s'y emploient déjà depuis quelques années. Mais, plus que ses portraits, ce sont ses fascinantes « bizarreries » qui séduisent Maximilien II, féru d'art et de sciences : tant les têtes composées, qui font sa célébrité dès la fin des années 1560, que les costumes et décors éphémères qu'il imagine, confectionne et met en scène lors de moult festivités. L'empereur l'emploie également comme conseiller artistique et le charge de représenter, d'après nature, différentes espèces rassemblées dans ses jardins botaniques et zoologiques. Arcimboldo en dresse des portraits naturalistes, réunis ensuite dans la *Wunderkammer*, « la chambre des merveilles », véritable théâtre du monde et de la connaissance universelle, mêlant merveilles de la nature (*naturalia*) et de

und der Venezianer Giulio Licinio (ca. 1527–nach 1584 oder 1591) waren dort bereits seit einigen Jahren tätig. Maximilian II., ein großer Liebhaber der Künste und Wissenschaften, war jedoch weniger von Arcimboldos Talent als Porträtist als vielmehr von seinen faszinierenden „Grotesken" angetan. Er war nicht nur von den zusammengesetzten Köpfen fasziniert, für die Arcimboldo in den späten 1560er-Jahren berühmt wurde, sondern auch von den Kostümen und temporären Kulissen, die er für zahlreiche Feste entwarf, schuf und inszenierte. Der Kaiser beschäftigte Arcimboldo auch als künstlerischen Berater und beauftragte ihn, die Flora und Fauna, die er in seinen botanischen und zoologischen Gärten anhäufte, nach dem Leben zu zeichnen. Arcimboldos naturalistische Porträts

Attributed to Guillaume Scrots (?-1553)

Emperor Maximilian II

L'Empereur Maximilien II

Kaiser Maximilian II.

Emperador Maximiliano II

Imperador Maximiliano II

Keizer Maximiliaan II

c. 1544, Oil on panel/Huile sur bois, 91,5 × 73,3 cm, Kunsthistorisches Museum, Gemäldegalerie, Wien

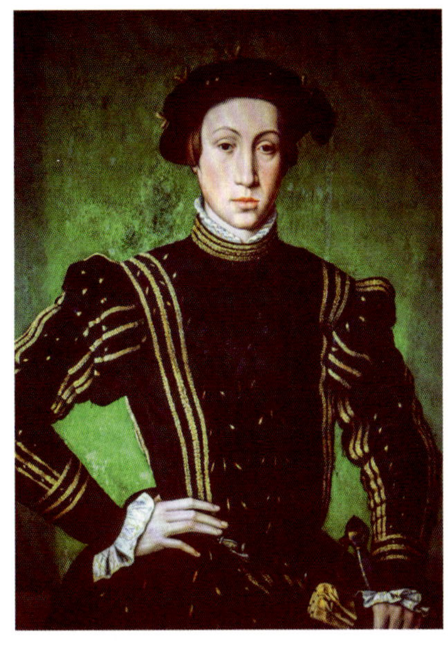

de 1584 o 1591) ya llevaban algunos años trabajando allí. Pero no fue tanto su talento como retratista como sus intrigantes «grotescos» lo que atrajo a Maximiliano II, un gran aficionado a las artes y las ciencias que quedó fascinado no sólo por las cabezas compuestas por las que Arcimboldo se hizo famoso a finales de la década de 1560, sino también por los trajes y decorados temporales que diseñó, creó y puso en escena para numerosas festividades. El emperador también empleó a Arcimboldo como asesor artístico, además de encargarle que dibujara en vivo la flora y la fauna que atesoraba en sus jardines botánicos y zoológicos. Los retratos naturalistas de Arcimboldo se reunieron después en su *Wunderkammer* o gabinete de curiosidades, en el que se exponían las maravillas del mundo y del

de 1584 ou 1591) já trabalhavam lá há alguns anos. Mas não foi tanto o seu talento como retratista, mas sim os seus intrigantes "grotescos" que atraíram Maximiliano II, um grande amador das artes e das ciências, fascinado não só pelas cabeças compostas pelas quais Arcimboldo se tornou famoso no final da década de 1560, mas também pelos trajes e cenários temporários que desenhou, criou e encenou para inúmeras festividades. O imperador também contratou Arcimboldo como conselheiro artístico, além de encarregá-lo de desenhar a partir da vida a flora e a fauna que acumulava em seus jardins botânicos e zoológicos. Os retratos naturalistas de Arcimboldo foram depois reunidos na sua *Wunderkammer* (traduzido literalmente do alemão como "câmara de maravilhas"), mas neste contexto chamado de

Giulio Licinio (*ca.* 1527–na 1584 of 1591) werkten er al enkele jaren. Maar het was niet zozeer zijn talent als portrettist als wel zijn intrigerende „grotesken" die Maximiliaan II aansprak, een groot liefhebber van kunst en wetenschappen die niet alleen gefascineerd was door de samengestelde hoofden waar Arcimboldo eind jaren 1560 beroemd om werd, maar ook door de kostuums en tijdelijke decors die hij ontwierp, creëerde en ensceneerde voor talloze festiviteiten. De keizer nam Arcimboldo ook in dienst als artistiek adviseur en gaf hem de opdracht om de flora en fauna die hij in zijn botanische en zoölogische tuinen had verzameld, naar het leven te tekenen. Arcimboldo's naturalistische portretten werden vervolgens samengebracht in zijn *Wunderkammer* of rariteitenkabinet, waarin de wonderen van de wereld en

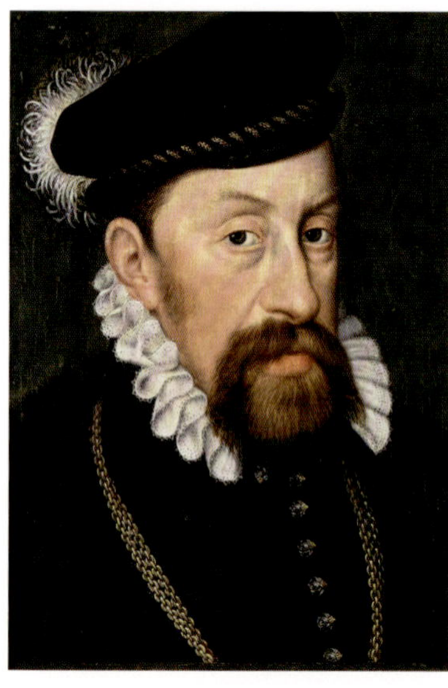

Anonymous

Emperor Maximilian II

L'Empereur Maximilien II

Kaiser Maximilian II.

Emperador Maximiliano II

Imperador Maximiliano II

Keizer Maximiliaan II

16th century, Oil on canvas/Huile sur toile, 32 × 23 cm, Musée national des châteaux de Versailles et de Trianon, Versailles

monsters and prodigies, gemstones and exotica.
For the new year in 1569, Arcimboldo presented Maximilian II with two series of composite heads containing numerous imperial references: *The Four Seasons* (1563) and *The Four Elements* (1566). Taken with these metaphorical images of his power, the emperor commissioned copies for several members of his inner circle. The vogue for composite heads spread throughout the courts of Europe, with commissions pouring in from Bavaria, Saxony and Madrid, among others. Arcimboldo's international reputation was launched, and his career as a court artist established.

l'art (*artificialia*), monstres et prodiges, joyaux et *exotica*.
Pour le nouvel an 1569, Arcimboldo offre à Maximilien II deux séries de têtes composées : *Les Quatre Saisons* (1563) et *Les Quatre Éléments* (1566), où sont disséminées plusieurs références impériales. Sensible à cette métaphore de sa puissance, l'empereur lui en commande des répliques pour plusieurs membres de son entourage. La mode des têtes composées se répand dans toutes les cours d'Europe et les demandes affluent de Bavière, de Saxe, de Madrid... La réputation internationale du Milanais est lancée et sa carrière d'artiste de cour, installée.

wurden dann in seiner *Wunderkammer* zusammengestellt, in der die Wunder der Welt und des universellen Wissens ausgestellt waren, ein Füllhorn von Wundern der Natur (*naturalia*) und der Kunst (*artificialia*), Ungeheuer und Wunderwerke, Edelsteine und Exotika.
Zum Jahreswechsel 1569 schenkte Arcimboldo Maximilian II. zwei Serien von Kompositköpfen mit zahlreichen kaiserlichen Bezügen: *Die Vier Jahreszeiten* (1563) und *Die Vier Elemente* (1566). Der Kaiser war von diesen metaphorischen Darstellungen seiner Macht so angetan, dass er Kopien für mehrere Mitglieder seines inneren Kreises in Auftrag gab. Der Trend zu Kompositköpfen verbreitete sich an allen europäischen Höfen, und Aufträge kamen u. a. aus Bayern, Sachsen und Madrid. Arcimboldos internationaler Ruf war begründet und seine Karriere als Hofkünstler etabliert.

Attributed to Giuseppe Arcimboldo

Archduchess Anna as Queen of Spain

L'Archiduchesse Anne d'Autriche, reine d'Espagne

Erzherzogin Anna als Königin von Spanien

La archiduquesa Ana como reina de España

A arquiduquesa Anna como rainha da Espanha

Aartshertogin Anna van Oostenrijk, koningin van Spanje

c. 1563, Oil on panel/Huile sur bois, 42 × 34 cm, Kunsthistorisches Museum, Gemäldegalerie, Wien

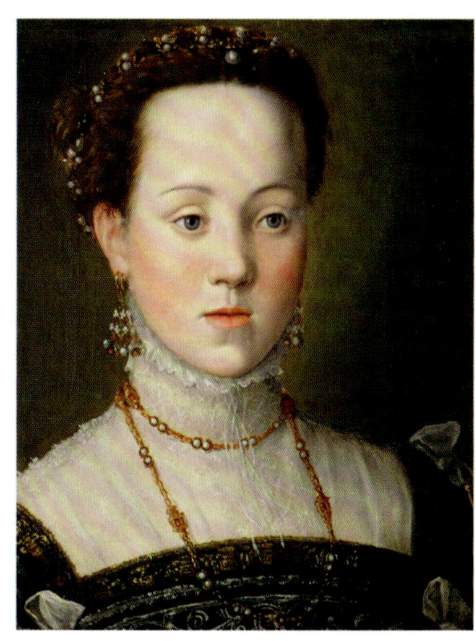

conocimiento universal, y una cornucopia de maravillas de la naturaleza (*naturalia*) y del arte (*artificialia*), monstruos y prodigios, piedras preciosas y exóticas. Para el año nuevo de 1569, Arcimboldo regaló a Maximiliano II dos series de cabezas compuestas con numerosas referencias imperiales: *Las Cuatro Estaciones* (1563) y *Los Cuatro Elementos* (1566). Encantado con estas imágenes metafóricas de su poder, el emperador encargó copias para varios miembros de su círculo íntimo. La moda de las cabezas compuestas se extendió por todas las cortes de Europa, con encargos procedentes de Baviera, Sajonia y Madrid, entre otras. La reputación internacional de Arcimboldo había despegado, y su carrera como artista de corte quedaba establecida.

"Gabinete de Curiosidades", no qual foram expostas as maravilhas do mundo e do conhecimento universal, e uma cornucópia das maravilhas da natureza (*naturalia*) e da arte (*artificialia*), monstros e prodígios, pedras preciosas e exóticas. Para o novo ano de 1569, Arcimboldo presenteou Maximiliano II com duas séries de cabeças compostas contendo numerosas referências imperiais: *As Quatro Estações* (1563) e Os *Quatro Elementos* (1566). Impressionado com estas imagens metafóricas do seu poder, o imperador encomendou cópias para vários membros do seu círculo íntimo. A moda das cabeças compostas espalhou-se pelas cortes da Europa, com encomendas da Baviera, Saxônia e Madrid, entre outras. A reputação internacional de Arcimboldo foi lançada e a sua carreira como artista da corte foi estabelecida.

de universele kennis werden tentoongesteld, en een cornucopia van de wonderen van de natuur (*naturalia*) en kunst (*artificialia*), monsters en wonderen, edelstenen en exotica. Voor het nieuwe jaar in 1569 schonk Arcimboldo Maximiliaan II twee series samengestelde portretten met talrijke keizerlijke verwijzingen: *De Vier Seizoenen* (1563) en *De Vier Elementen* (1566). De keizer was gecharmeerd van deze metaforische beelden van zijn macht en bestelde kopieën voor verschillende leden van zijn inner circle. De mode van de samengestelde hoofden verspreidde zich over de Europese hoven, met opdrachten uit onder andere Beieren, Saksen en Madrid. Arcimboldo's internationale reputatie was gelanceerd en zijn carrière als hofkunstenaar was gevestigd.

This was one of Arcimboldo's earliest paintings for the imperial court in Vienna, painted soon after his arrival and based on an unidentified original from a decade earlier. Following the typology of official full-length portraits established by Jakob Seisenegger and Anthonis Mor (c.1520-between 1576 and 1578), it depicts the future Maximilian II and his wife, Maria of Spain, with their first three children, Anna, Rudolf and Ernest.

Cette peinture compte parmi les premières que Giuseppe Arcimboldo peint pour la cour impériale à Vienne, peu après son arrivée, d'après un original non identifié réalisé une décennie auparavant. Reprenant la typologie des portraits officiels en pied établie par Jakob Seisenegger et Anthonis Mor (vers 1520-entre 1576 et 1578), il figure le futur Maximilien II et son épouse, Marie d'Espagne, avec leurs trois premiers enfants : Anne, Rodolphe et Ernest.

Es handelt sich um eines der frühesten Gemälde Arcimboldos für den kaiserlichen Hof in Wien. Er malte es kurz nach seiner Ankunft und es basiert auf einem nicht identifizierten Original, das ein Jahrzehnt zuvor geschaffen wurde. In Anlehnung an die von Jakob Seisenegger und Anthonis Mor (um 1520–zwischen 1576 und 1578) etablierte Typologie der offiziellen Ganzfigurenporträts zeigt es den zukünftigen Maximilian II. und seine Gemahlin Maria von Spanien mit ihren ersten drei Kindern Anna, Rudolf und Ernst.

Se trata de uno de los primeros cuadros de Arcimboldo para la corte imperial de Viena, pintado poco después de su llegada y basado en un original no identificado de una década antes. Siguiendo la tipología de los retratos oficiales de cuerpo entero establecida por Jakob Seisenegger y Anthonis Mor (hacia 1520-entre 1576 y 1578), representa al futuro Maximiliano II y a su esposa, María de España, con sus tres primeros hijos, Ana, Rodolfo y Ernesto.

Esta foi uma das primeiras pinturas de Arcimboldo para a corte imperial em Viena, pintada logo após sua chegada e baseada em um original não identificado de uma década antes. Seguindo a tipologia de retratos oficiais de corpo inteiro estabelecida por Jakob Seisenegger e Anthonis Mor (por volta de 1520 -entre 1576 e 1578), ele retrata o futuro Maximiliano II e sua esposa, Maria da Espanha, com seus três primeiros filhos: Anna, Rudolf e Ernest.

Dit was een van Arcimboldo's vroegste schilderijen voor het keizerlijke hof in Wenen, geschilderd kort na zijn aankomst en gebaseerd op een ongeïdentificeerd origineel van een decennium eerder. Het volgt de typologie van officiële portretten ten voeten uit van Jakob Seisenegger en Anthonis Mor (ca. 1520 - tussen 1576 en 1578) en toont de toekomstige Maximiliaan II en zijn vrouw, Maria van Spanje, met hun eerste drie kinderen, Anna, Rudolf en Ernest.

Maximilian II, His Wife and Three Children

Maximilien II de Habsbourg, sa femme Marie et leurs trois enfants

Maximilian II., seine Ehefrau und drei Kinder

Maximiliano II, su esposa y sus tres hijos

Maximiliano II, sua esposa e seus três filhos

Maximiliaan II, zijn vrouw en drie kinderen

c. 1563, Oil on panel/Huile sur bois, 240 × 188 cm, Kunsthistorisches Museum, Gemäldegalerie, Wien

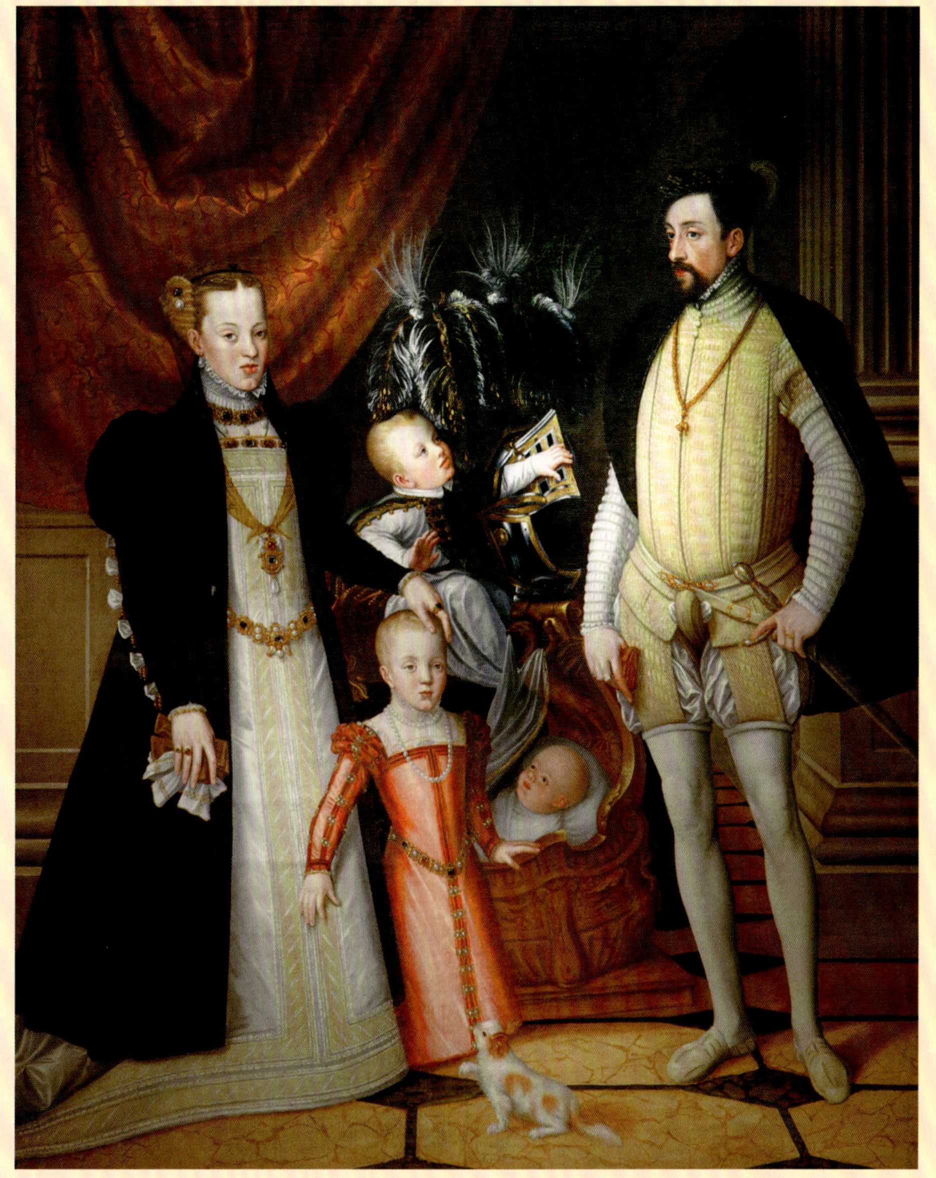

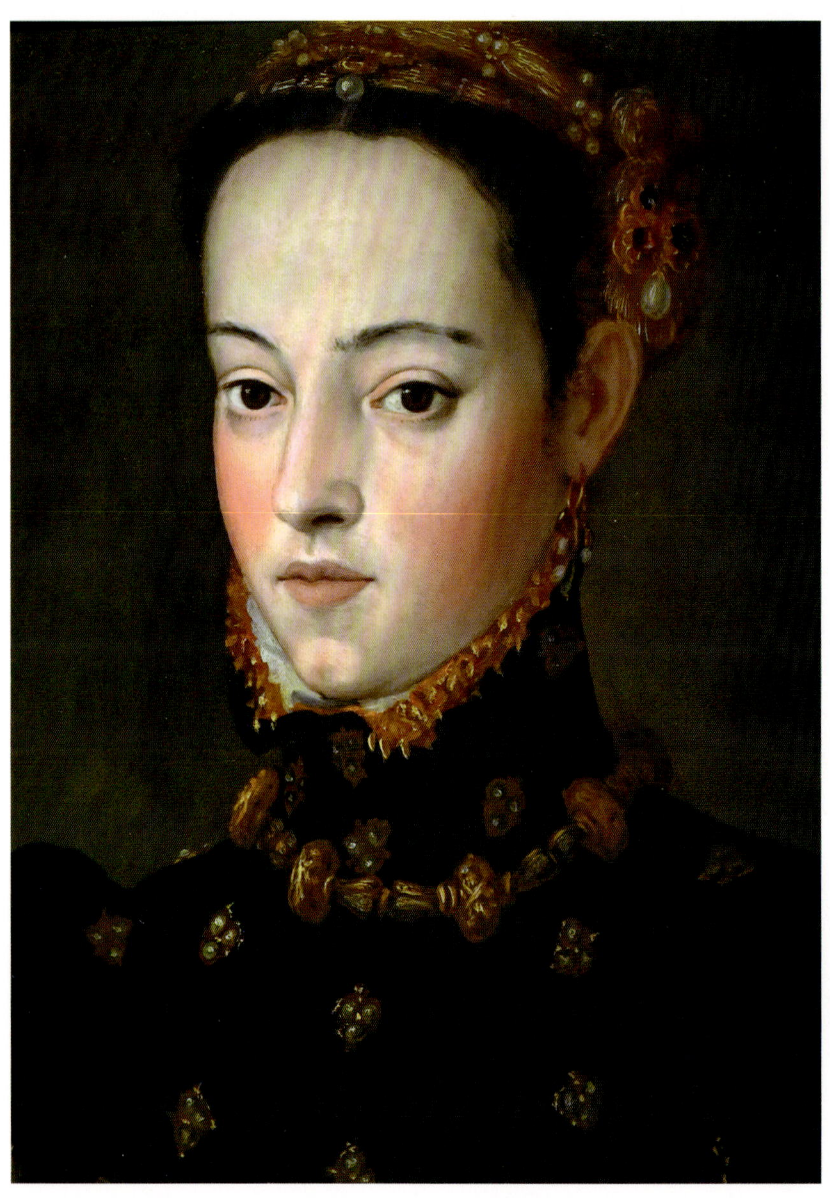

Attributed to Giuseppe Arcimboldo

Bust of a Daughter of Ferdinand I

Hélène ou Barbara (ou une autre fille de Maximilien II) de Habsbourg

Büste einer Tochter Maximilians II.

Busto de una hija de Fernando I

Busto de uma filha de Fernando I

Buste van een dochter van Ferdinand I

c. 1563, Oil on panel/Huile sur bois, 43,7 × 32,8 cm, Kunsthistorisches Museum, Gemäldegalerie, Wien

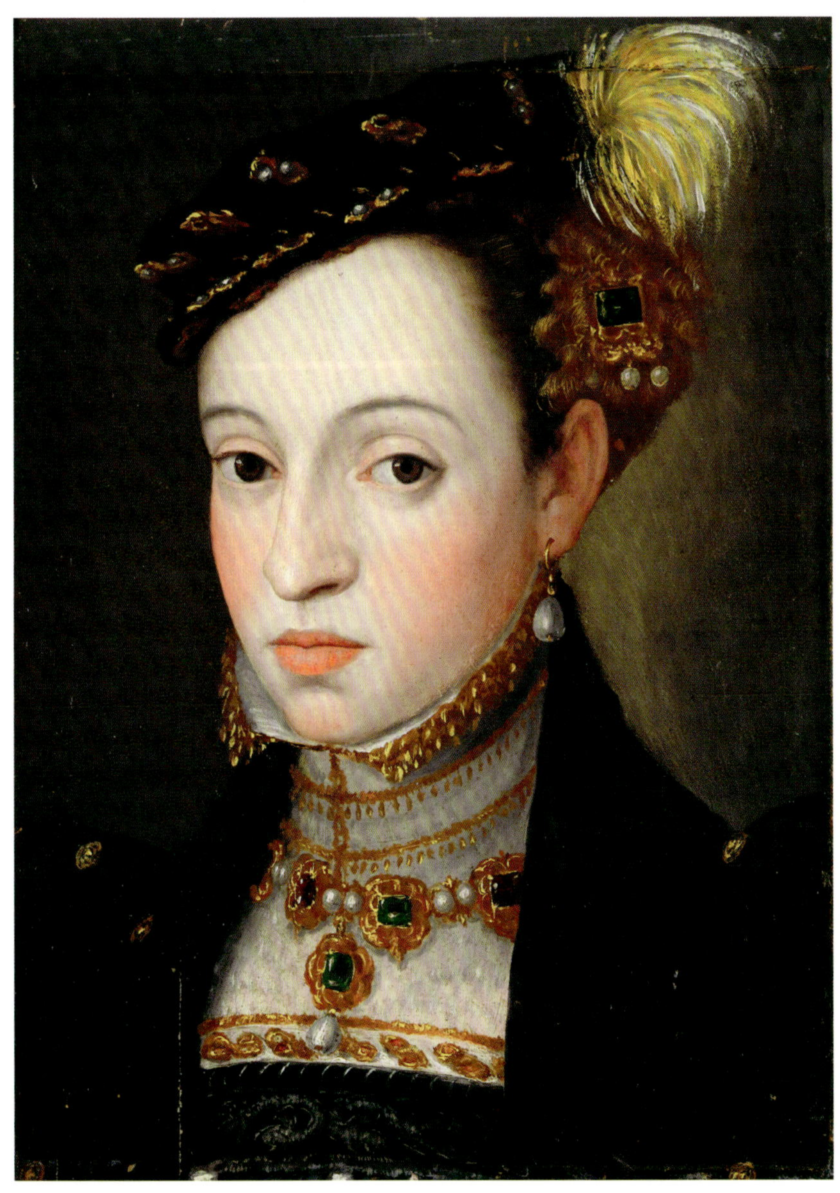

Attributed to Giuseppe Arcimboldo

Bust of a Daughter of Ferdinand I

Madeleine (ou une autre fille de Maximilien II) de Habsbourg

Büste einer Tochter Maximilians II.

Busto de una hija de Fernando I

Busto de uma filha de Fernando I

Buste van een dochter van Ferdinand I

c. 1563, Oil on panel/Huile sur bois, 43,7 × 32,8 cm, Kunsthistorisches Museum, Gemäldegalerie, Wien

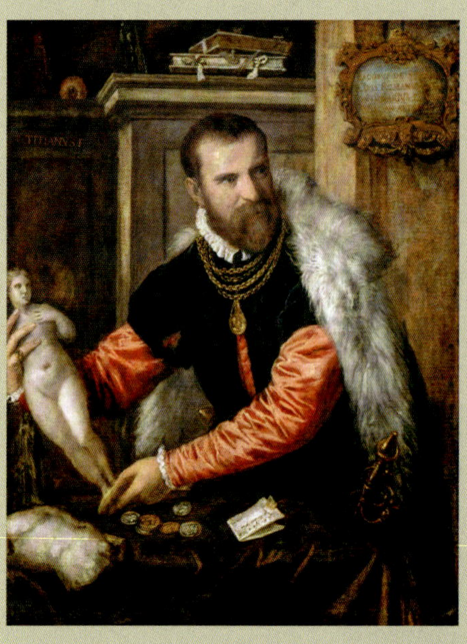

Tiziano Vecellio (1488-1576)

Jacopo Strada

c. 1567/68, Oil on canvas/Huile sur toile, 126 × 95,5 cm, Kunsthistorisches Museum, Gemäldegalerie, Wien

A melting pot of European artists
In addition to Giuseppe Arcimboldo, numerous other Italian artists also worked for Maximilian II, including the painters Giulio Licinio and Martino Rota, the medallist Antonio Abondio (1538–1591) and the architect Jacopo Strada (1507–1588), principal supplier of antiquities to Ferdinand I and Maximilian II. Also working at the Viennese court were the German silversmith Wentzel Jamnitzer (1507/8–1585), the Dutch painter Bartholomeus Spranger (1546–1611) and the Flemish sculptor Hans Mont (*c.*1545–after 1585). Spranger and Mont were recalled from Italy in 1575 to help decorate the new imperial palace, the Neugebäude, which remained unfinished on Maximilian II's death.

Un creuset d'artistes européens
Outre Giuseppe Arcimboldo, les artistes italiens sont pléthore à servir Maximilien II, à l'instar des peintres Giulio Licinio et Martino Rota, du médailleur Antonio Abondio (1538-1591) et de l'architecte Jacopo Strada (1507-1588), principal pourvoyeur d'antiques de Ferdinand Ier puis de Maximilien II. Ils évoluent à Vienne aux côtés de l'orfèvre allemand Wentzel Jamnitzer (1507/1508-1585), du peintre hollandais Bartholomeus Spranger (1546-1611) et du sculpteur flamand Hans Mont (vers 1545-après 1585). Ces deux derniers sont rappelés d'Italie en 1575 pour contribuer à la décoration du nouveau palais impérial, le Neugebäude, resté inachevé à la mort de Maximilien II.

Ein Schmelztiegel der europäischen Künstler
Neben Giuseppe Arcimboldo arbeiteten auch zahlreiche andere italienische Künstler für Maximilian II., darunter die Maler Giulio Licinio und Martino Rota, der Medailleur Antonio Abondio (1538–1591) und der Architekt Jacopo Strada (1507–1588), Hauptlieferant von Antiquitäten für Ferdinand I. und Maximilian II. Ebenfalls am Wiener Hof tätig waren der deutsche Silberschmied Wentzel Jamnitzer (1507/8–1585), der niederländische Maler Bartholomeus Spranger (1546–1611) und der flämische Bildhauer Hans Mont (ca. 1545–nach 1585). Spranger und Mont wurden 1575 aus Italien zurückgerufen, um an der Ausgestaltung des Schlosses Neugebäude mitzuwirken, das nach dem Tod Maximilians II. unvollendet blieb.

Johann Theodor de Bry (1561-1623)

Johannes Crato von Krafftheim, **from Jean-Jacques Boissard's** ***Bibliotheca Chalcographica***

Johannes Crato von Krafftheim, **dans Jean-Jacques Boissard,** ***Bibliotheca Chalcographica***

Johannes Crato von Krafftheim, **aus: Jean-Jacques Boissard,** ***Bibliotheca Chalcographica***

Johannes Crato von Krafftheim, **de la** ***Bibliotheca Chalcographica*** **de Jean-Jacques Boissard**

Johannes Crato von Krafftheim, **em Jean-Jacques Boissard,** ***Bibliotheca Chalcographica***

Johannes Crato von Krafftheim, **uit de** ***Bibliotheca Chalcographica*** **van Jean-Jacques Boissard**

1650, Engraving/Gravure, Private collection

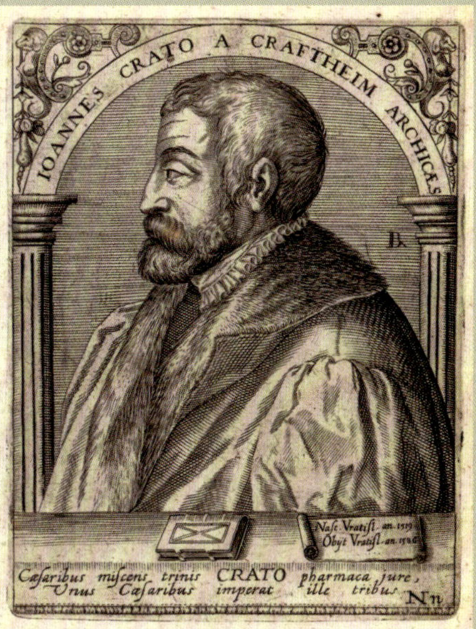

Un crisol de artistas europeos
Además de Giuseppe Arcimboldo, otros numerosos artistas italianos trabajaron también para Maximiliano II, entre ellos los pintores Giulio Licinio y Martino Rota, el medallista Antonio Abondio (1538–1591) y el arquitecto Jacopo Strada (1507–1588), principal proveedor de antigüedades de Fernando I y Maximiliano II. También trabajaron en la corte vienesa el platero alemán Wentzel Jamnitzer (1507/8–1585), el pintor holandés Bartholomeus Spranger (1546–1611) y el escultor flamenco Hans Mont (*c.*1545–después de 1585). Spranger y Mont fueron llamados desde Italia en 1575 para ayudar a decorar el nuevo palacio imperial, el *Neugebäude*, que quedó inacabado a la muerte de Maximiliano II.

Um conjunto de artistas europeus
Além de Giuseppe Arcimboldo, muitos outros artistas italianos trabalharam para Maximiliano II, entre os quais os pintores Giulio Licinio e Martino Rota, o medalhista Antonio Abondio (1538–1591) e o arquiteto Jacopo Strada (1507–1588), principal fornecedor de antiguidades a Fernando I e Maximiliano II. Também trabalharam na corte vienense o ourives alemão Wentzel Jamnitzer (1507/8–1585), o pintor holandês Bartholomeus Spranger (1546–1611) e o escultor flamengo Hans Mont (*c.*1545–after 1585). Spranger e Mont foram chamados de Itália em 1575 para ajudar a decorar o novo palácio imperial, o Neugebäude, que ficou inacabado com a morte de Maximiliano II.

Een smeltkroes van Europese kunstenaars
Naast Giuseppe Arcimboldo werkten ook talrijke andere Italiaanse kunstenaars voor Maximiliaan II, waaronder de schilders Giulio Licinio en Martino Rota, de medailleur Antonio Abondio (1538–1591) en de architect Jacopo Strada (1507–1588), de belangrijkste leverancier van antiquiteiten aan Ferdinand I en Maximiliaan II. Aan het Weense hof werkten ook de Duitse zilversmid Wentzel Jamnitzer (1507/8–1585), de Nederlandse schilder Bartholomeus Spranger (1546–1611) en de Vlaamse beeldhouwer Hans Mont (*ca.* 1545–na 1585). Spranger en Mont werden in 1575 uit Italië teruggeroepen om te helpen bij de decoratie van het nieuwe keizerlijke paleis, het Neugebäude, dat na de dood van Maximiliaan II onvoltooid bleef.

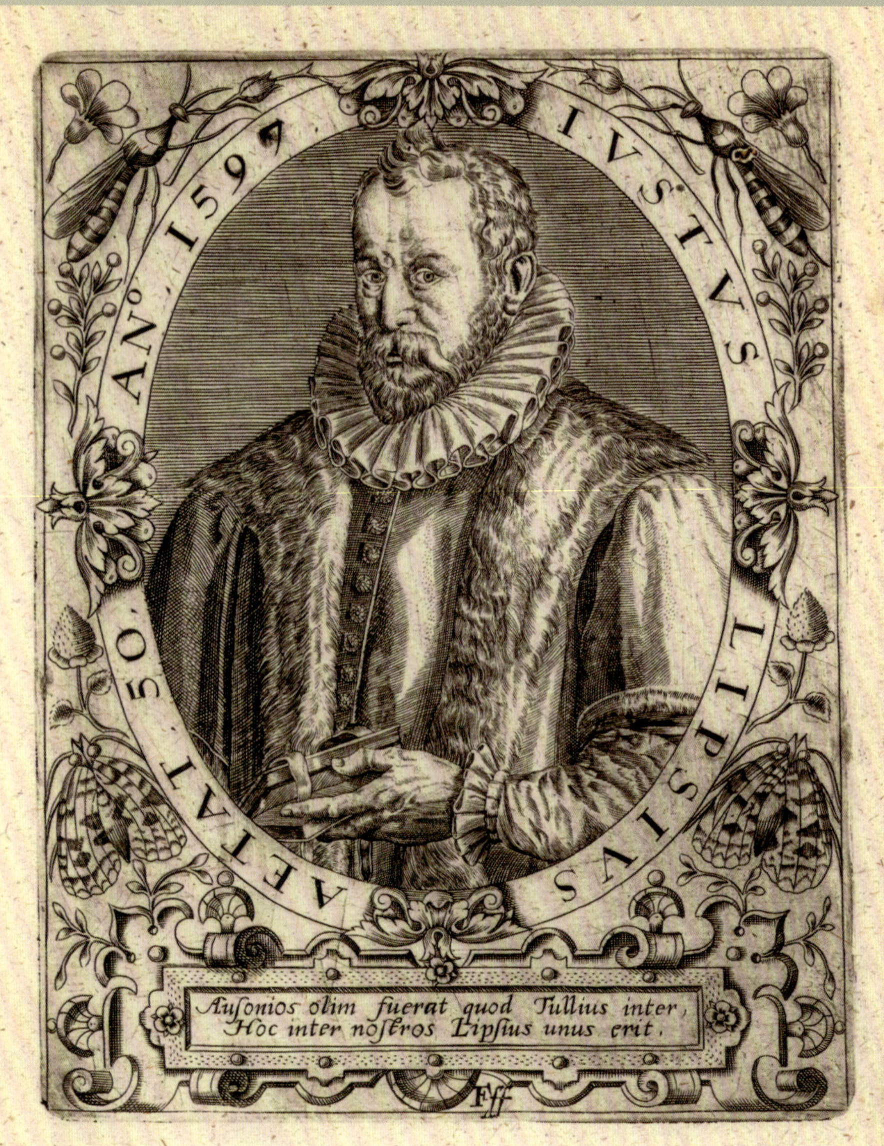
IVSTVS LIPSIVS
AETAT 50. AN° 1597
Ausonios olim fuerat quod Tullius inter,
Hoc inter nostros Lipsius unus erit.

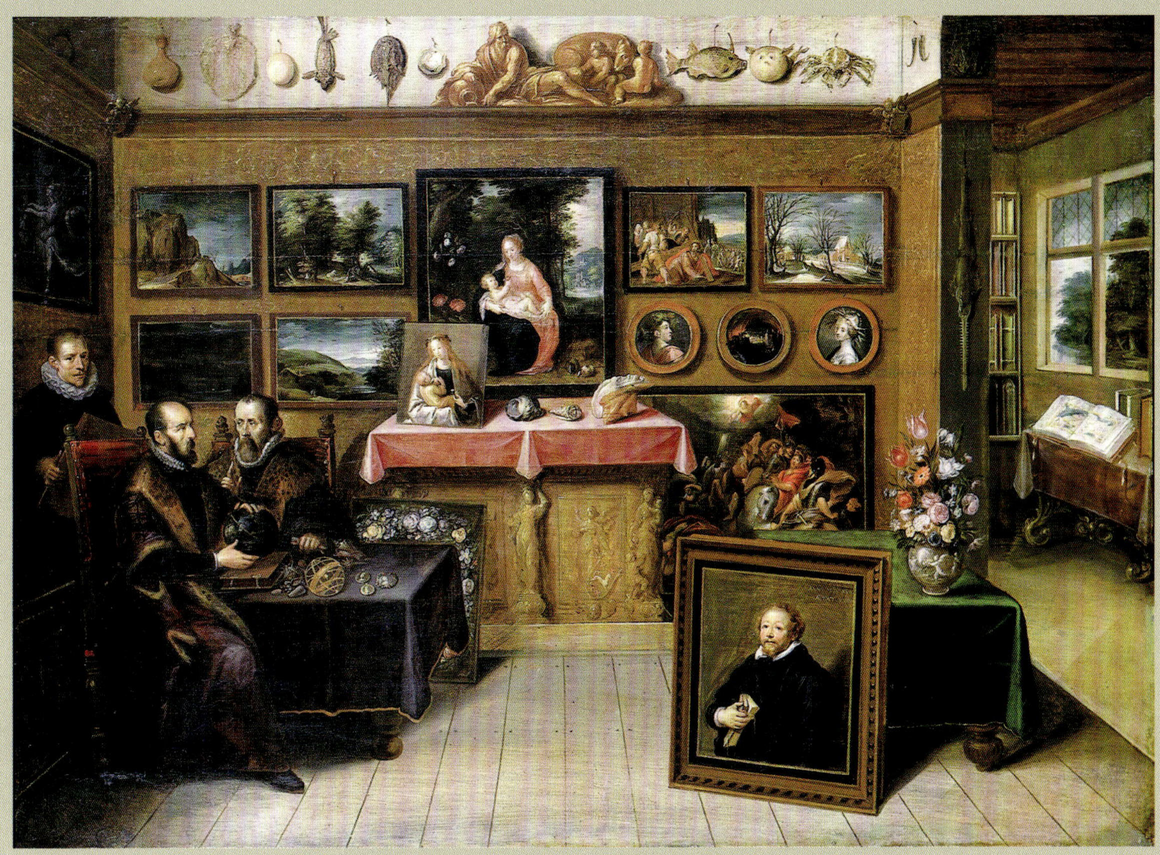

Johann Theodor de Bry (1561-1623)

Joost Lips*, from Jean-Jacques Boissard's *Bibliotheca Chalcographica

Joost Lips*, dans Jean-Jacques Boissard, *Bibliotheca Chalcographica

Joost Lips*, aus: Jean-Jacques Boissard, *Bibliotheca Chalcographica

Joost Lips*, de la *Bibliotheca Chalcographica* de *Jean-Jacques Boissard

Joost Lips*, em Jean-Jacques Boissard, *Bibliotheca Chalcographica

***Joost Lips*, uit de *Bibliotheca Chalcographica* van Jean-Jacques Boissard**

1650, Engraving/Gravure, Private collection

Frans Francken II (1581-1642)

A* Kunstkammer *with Abraham Ortelius and Justus Lipsius

Une* Kunstkammer *avec Abraham Ortelius et Justus Lipsius

Eine* Kunstkammer *mit Abraham Ortelius und Justus Lipsius

Una* Kunstkammer *con Abraham Ortelius y Justus Lipsius

Um* Kunstkammer *com Abraham Ortelius e Justus Lipsius

Een* Kunstkammer *met Abraham Ortelius en Justus Lipsius

1618, Oil on canvas/Huile sur toile, 52,3 × 73,5 cm, Private collection

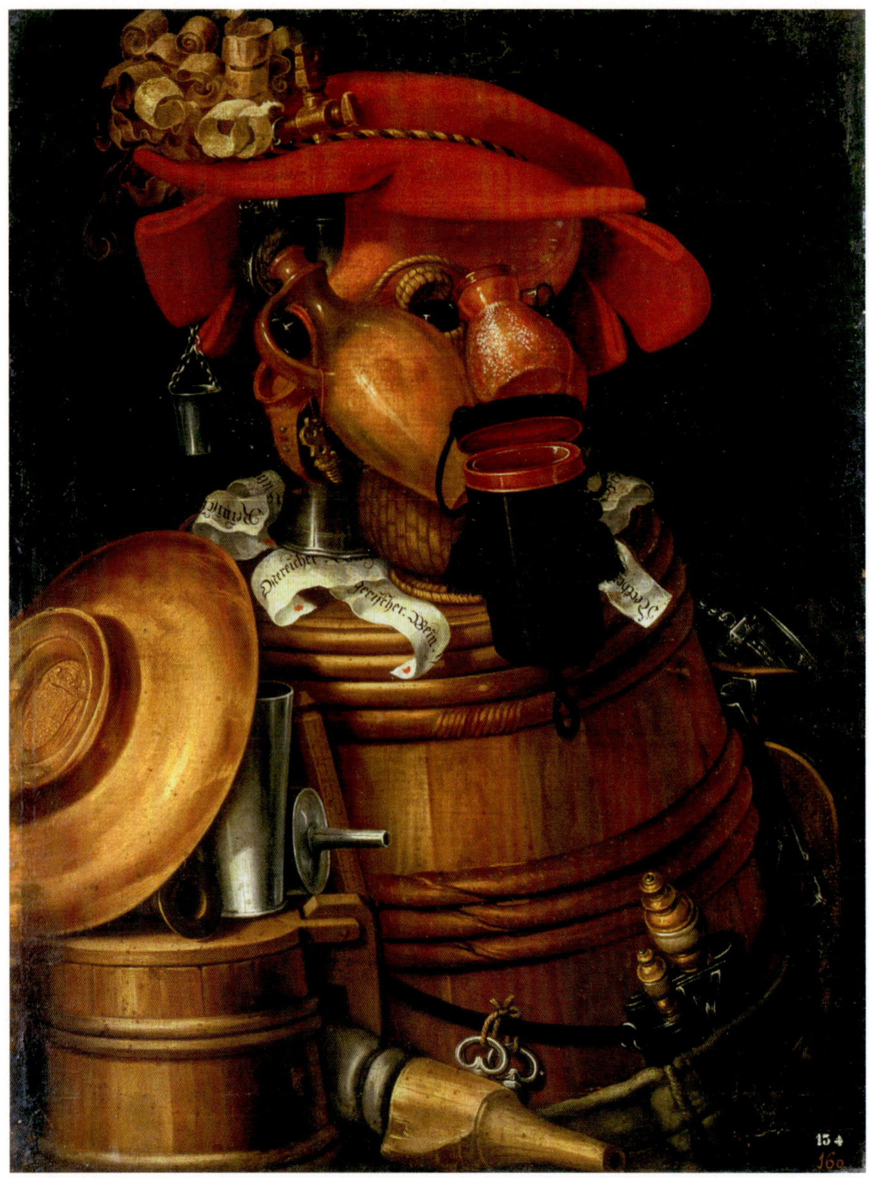

The Waiter

Le Sommelier (Le Cantinier)

Der Kellner

El camarero

O garçom

De ober

1574, Oil on canvas/Huile sur toile, 88 × 67 cm, Private collection

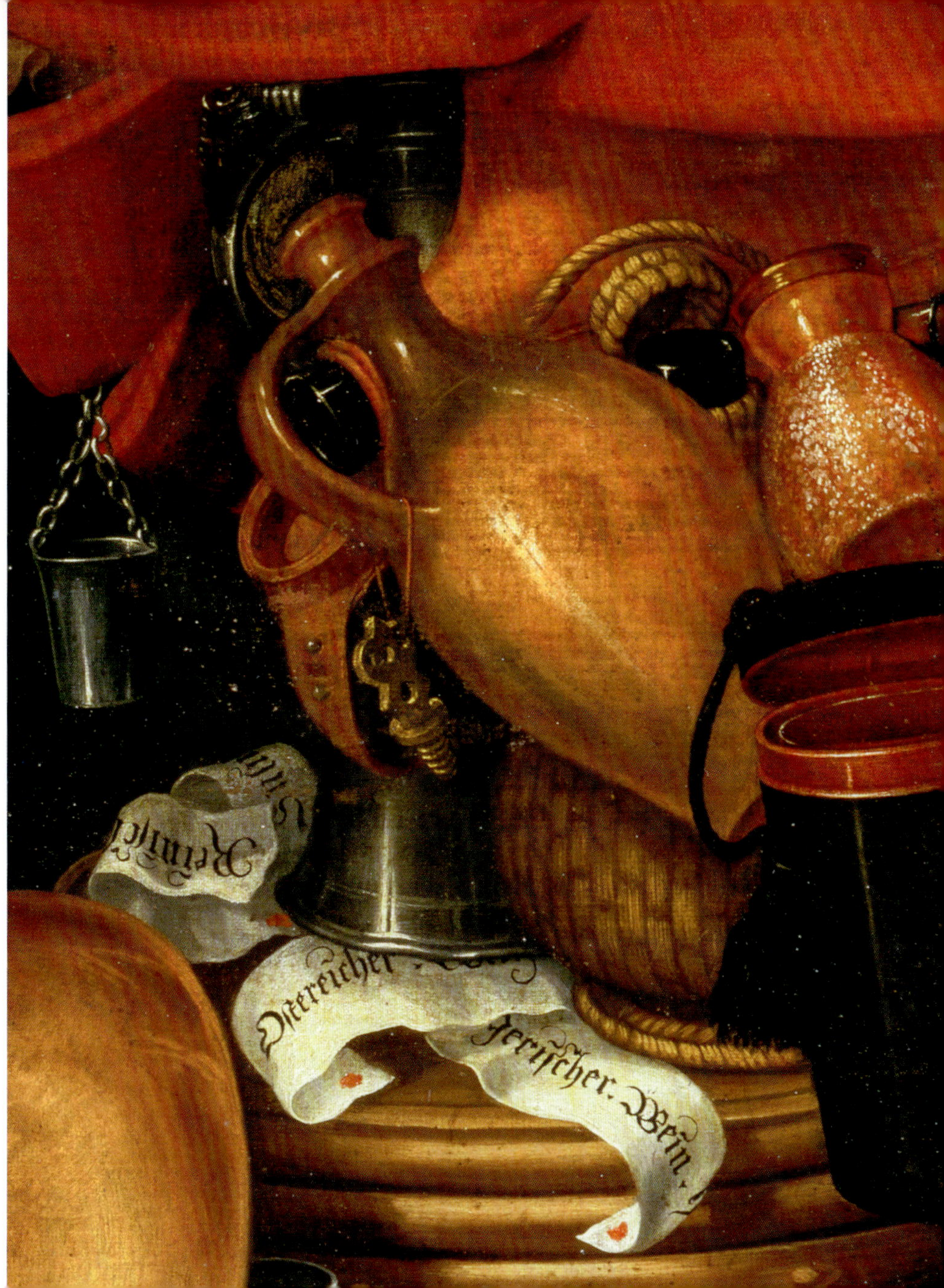

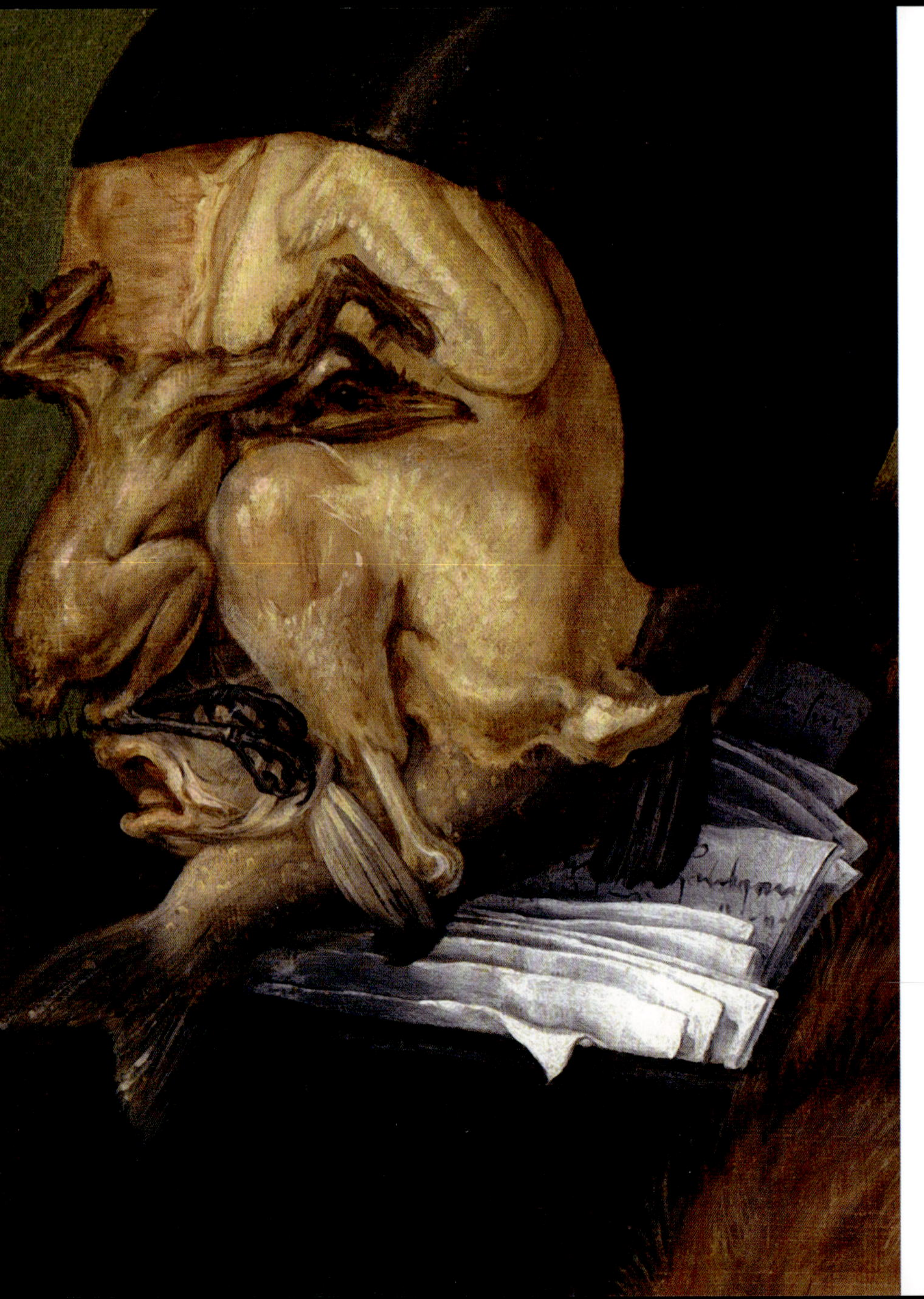

The Jurist, possibly Ulrich Zaslus

Le Juriste (Ulrich Zasius)

Der Jurist, möglicherweise Ulrich Zaslus

El jurista, posiblemente Ulrich Zaslus

O jurista, possivelmente Ulrich Zaslus

De jurist, mogelijk Ulrich Zaslus

1566, Oil on canvas/Huile sur toile, 64 × 51 cm, Nationalmuseum, Stockholm

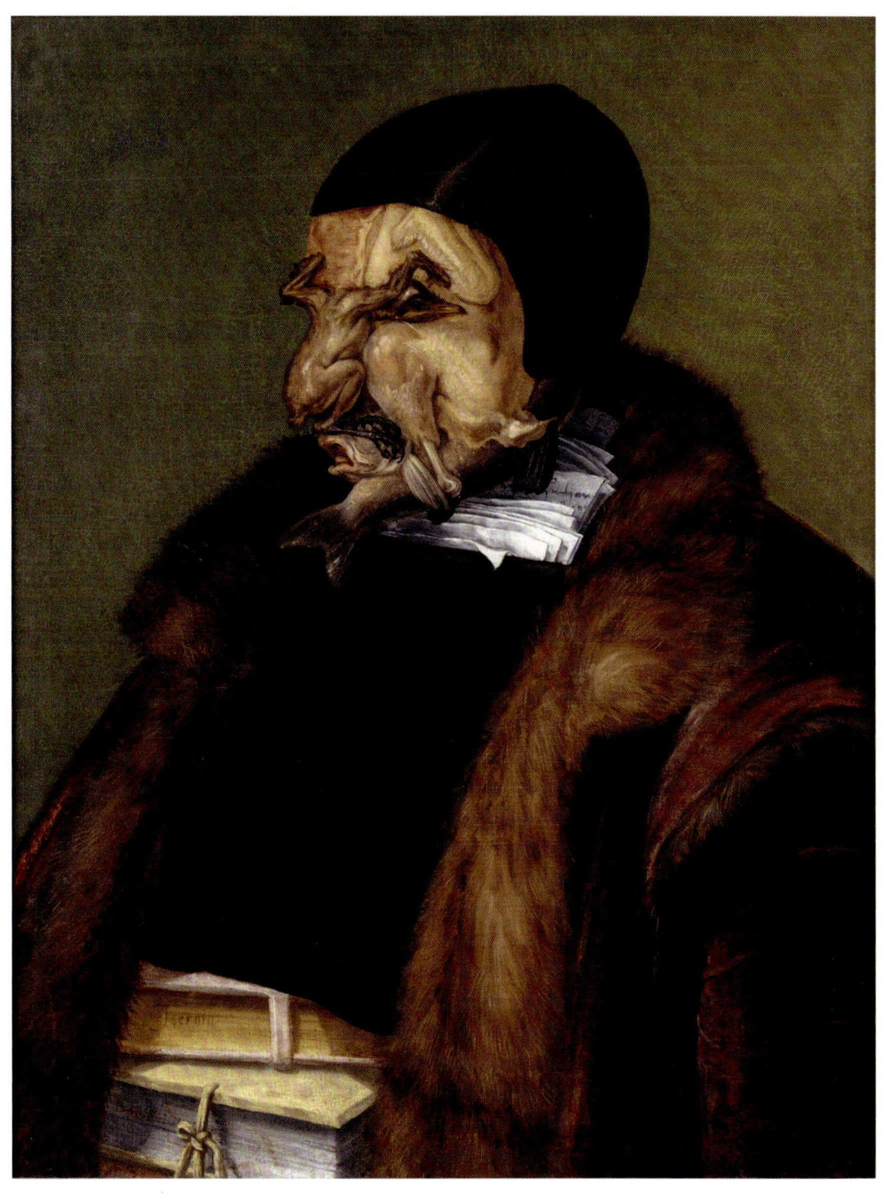

Composed of heaps of books with spectacles and a goatee beard, The Librarian of 1562 is typical of Arcimboldo's composite heads representing the professions. At once psychological and metaphysical, humorous and perhaps ironic, the subject is sometimes identified as the physician Wolfgang Lazius (1514-1565), the scholar in charge of Maximilian II's *Kunstkammer*, who organized his library and coin collection.

Livres superposés avec lunettes et barbichette, *Le Bibliothécaire*, daté de 1562, est l'un des portraits de métiers arcimboldesques en têtes composées. Une effigie à la fois psychologique et métaphysique, humoristique et peut-être ironique, parfois identifiée au médecin Wolfgang Lazius (1514-1565), l'érudit responsable de la *Kunstkammer* de Maximilien II, ordonnateur de sa bibliothèque et de sa collection numismatique.

Der Bibliothekar von 1562 besteht aus einem Haufen Bücher, einer Brille und einem Ziegenbart und ist typisch für Arcimboldos zusammengesetzte Köpfe, die Berufe darstellen. Das zugleich psychologische und metaphysische, humorvolle und vielleicht ironische Motiv wird manchmal als der Arzt Wolfgang Lazius (1514–1565) identifiziert, der als Gelehrter die Kunstkammer Maximilians II. leitete und dessen Bibliothek und Münzsammlung er organisierte.

Compuesto por montones de libros con gafas y barba de chivo, El Bibliotecario de 1562 es típico de las cabezas compuestas de Arcimboldo que representan las profesiones. A la vez psicológico y metafísico, humorístico y tal vez irónico, el sujeto se identifica a veces con el médico Wolfgang Lazius (1514-1565), el erudito encargado de la *Kunstkammer* de Maximiliano II, que organizó su biblioteca y su colección de monedas.

Composto por pilhas de livros, óculos e cavanhaque, O bibliotecário, datado de 1562, é um dos retratos típicos das cabeças compostas de Arcimboldo que representam as profissões. Ao mesmo tempo psicológico e metafísico, bem-humorado e talvez irônico, o tema às vezes é identificado como o médico Wolfgang Lazius (1514-1565), o estudioso responsável pela câmara de arte de Maximiliano II, que organizou sua biblioteca e coleção de moedas.

De bibliothecaris uit 1562, samengesteld uit stapels boeken met een bril en een sikbaardje, is typerend voor Arcimboldo's samengestelde hoofden die de beroepen voorstellen. Tegelijkertijd psychologisch en metafysisch, humoristisch en misschien ironisch, wordt het onderwerp soms geïdentificeerd als de arts Wolfgang Lazius (1514-1565), de geleerde die de leiding had over Maximiliaan II's *Kunstkammer*, die zijn bibliotheek en muntenverzameling organiseerde.

Attributed to or workshop of Giuseppe Arcimboldo

The Librarian (Wolfgang Lazius)

Le Bibliothécaire (Wolfgang Lazius)

Der Bibliothekar (Wolfgang Lazius)

El bibliotecario (Wolfgang Lazius)

O bibliotecário (Wolfgang Lazius)

De bibliothecaris (Wolfgang Lazius)

1562, Oil on canvas/ Huile sur toile, 97 × 71 cm, Skoklosters slott, Sverige

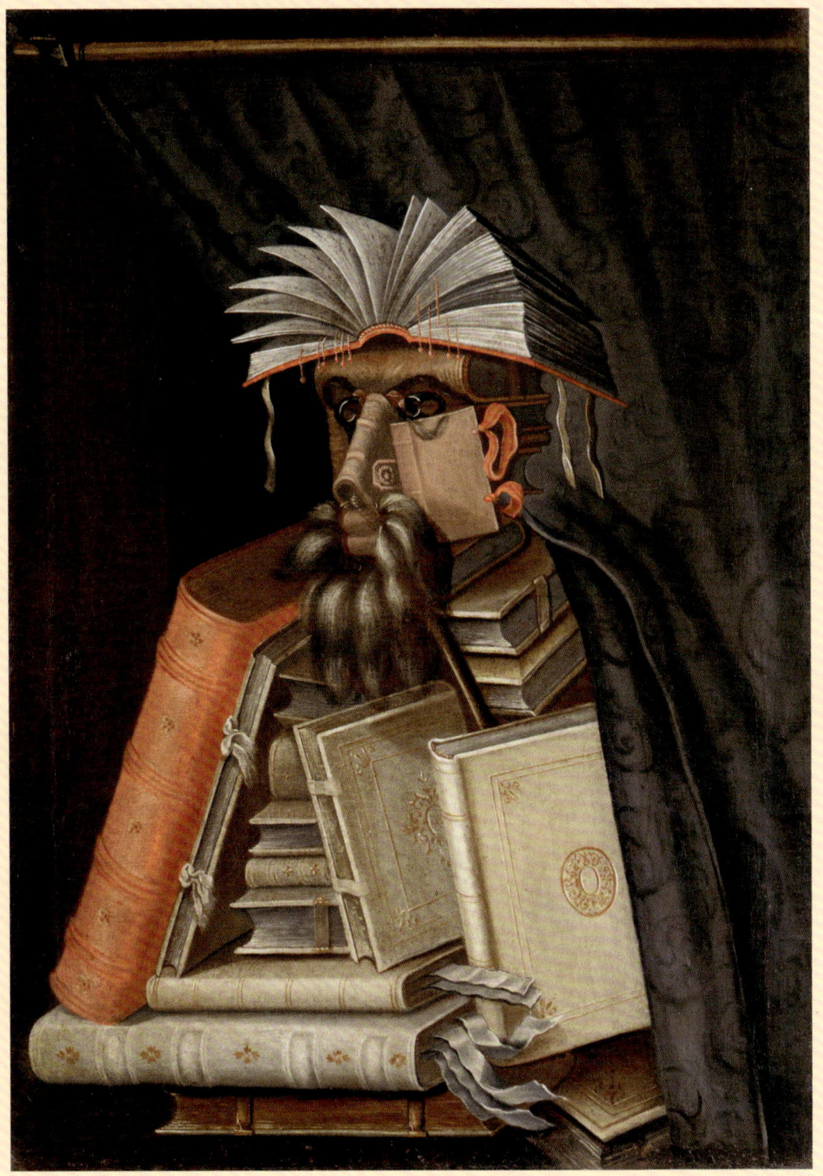

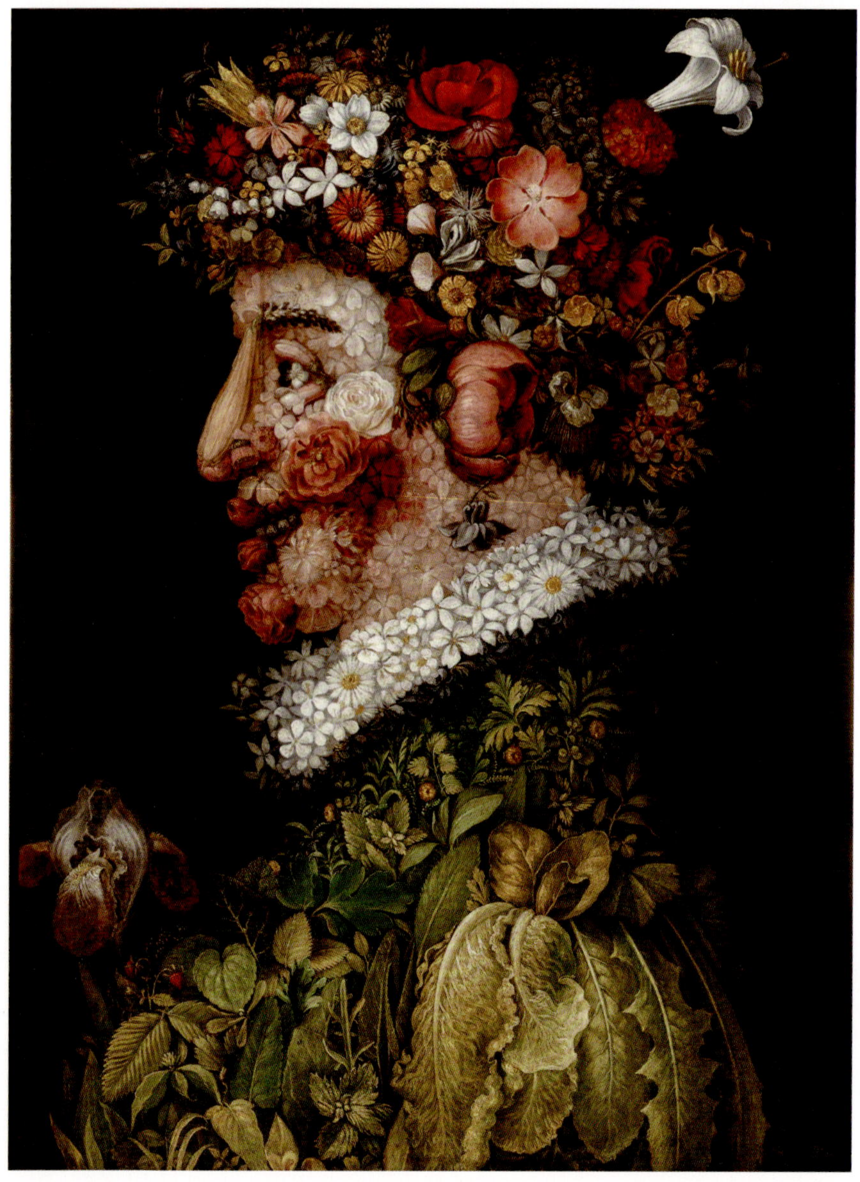

Spring

Le Printemps

Frühling

Primavera

Primavera

Lente

1563, Oil on panel/Huile sur bois, 66 × 50 cm, Real Academia de Bellas Artes de San Fernando, Madrid

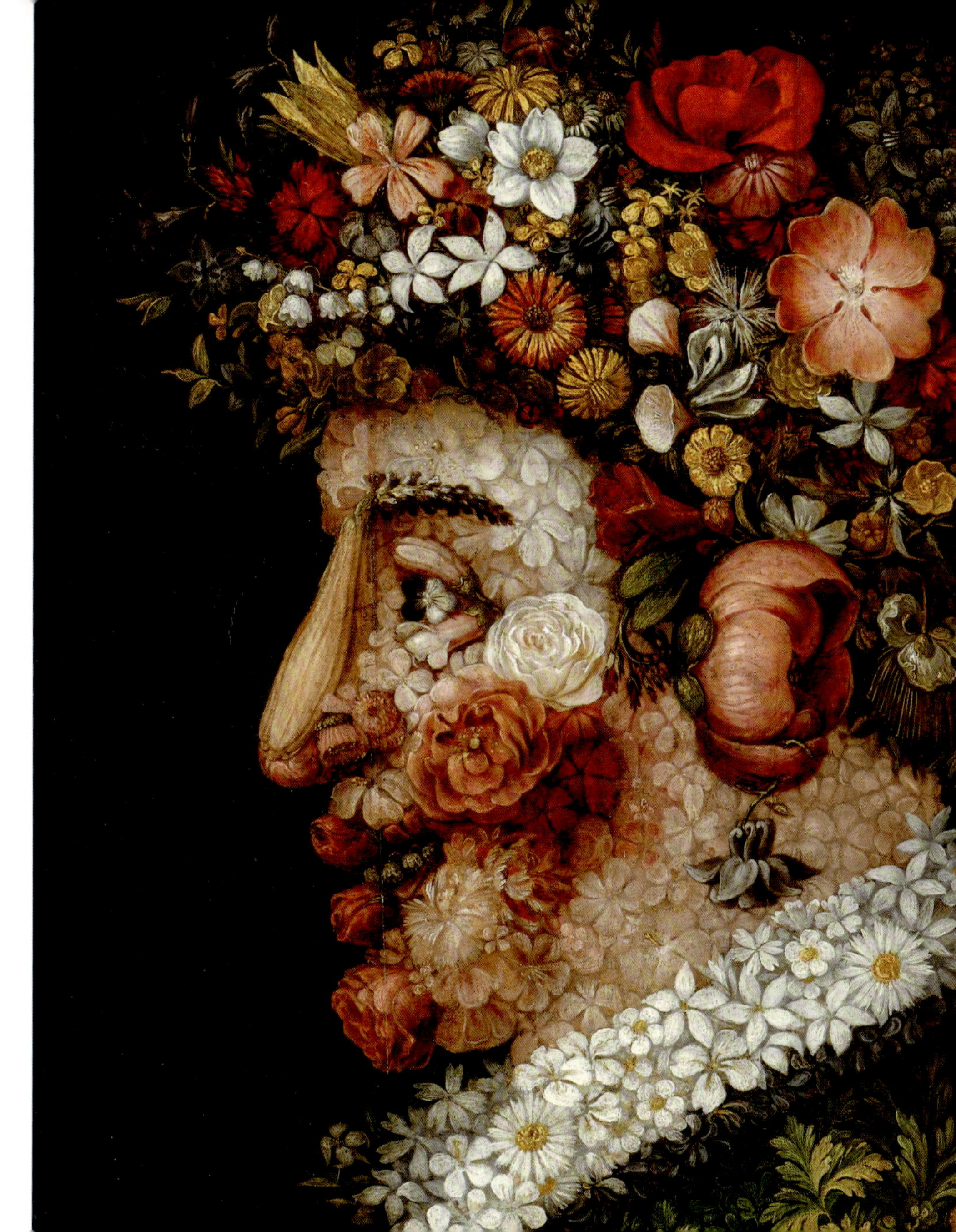

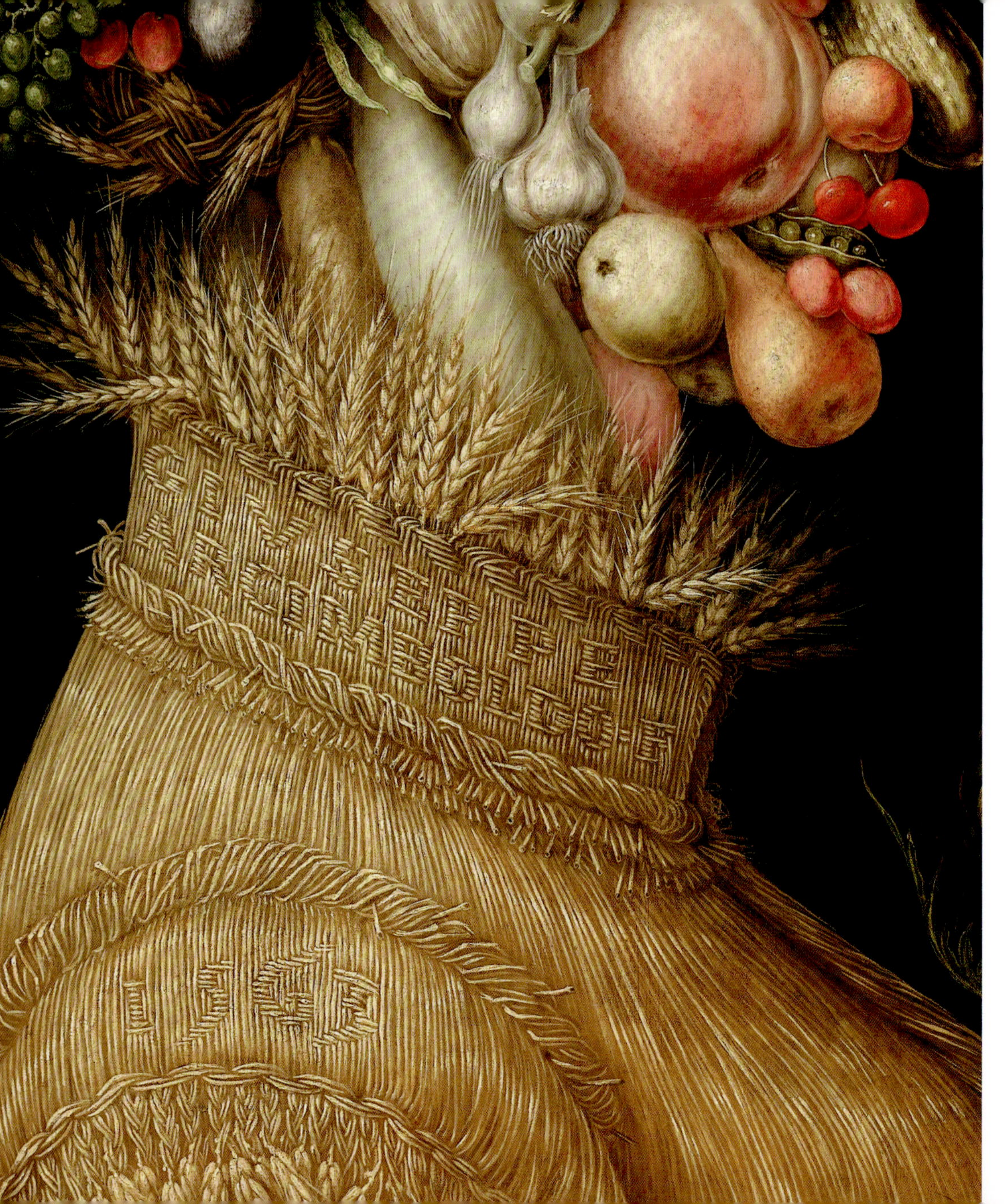

Summer

L'Été

Sommer

Verano

Verão

Zomer

1563, Oil on panel/
Huile sur bois, 67 × 50,8 cm,
Kunsthistorisches Museum,
Gemäldegalerie, Wien

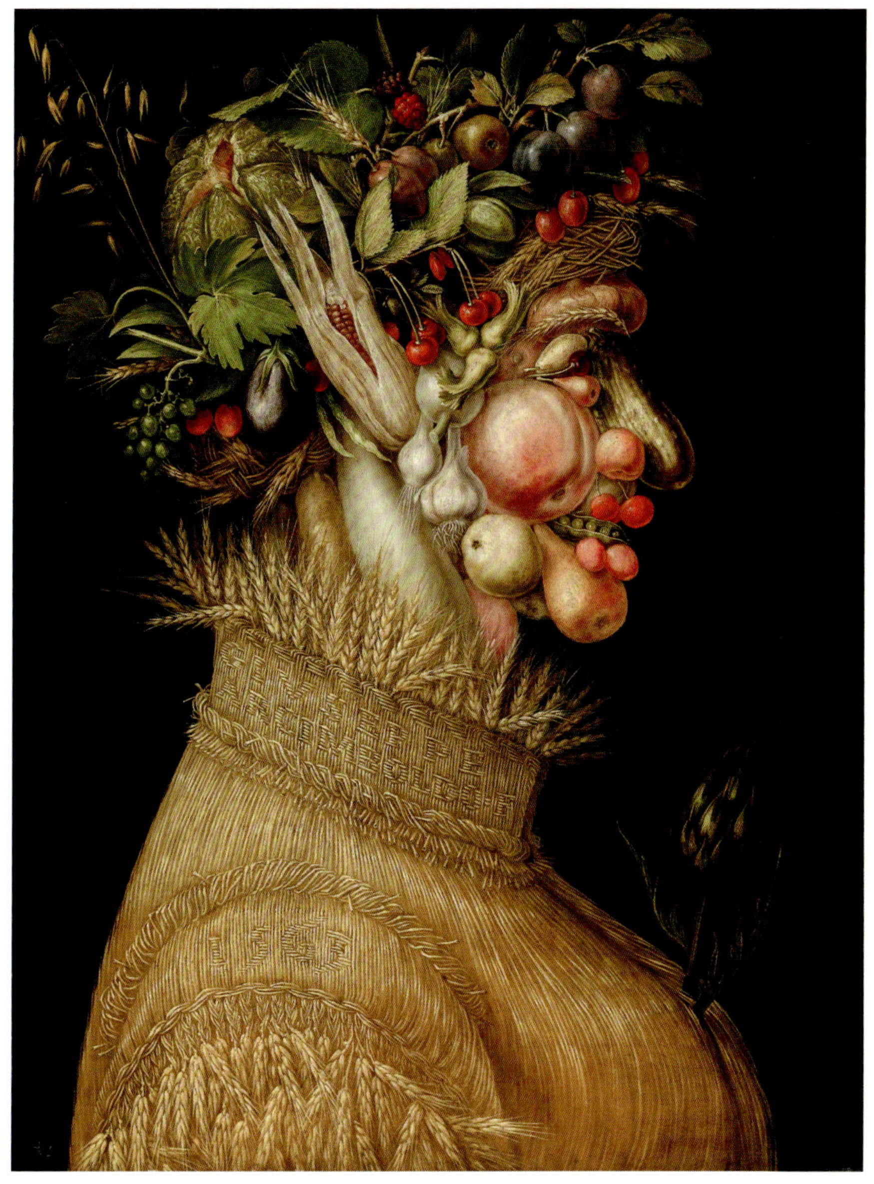

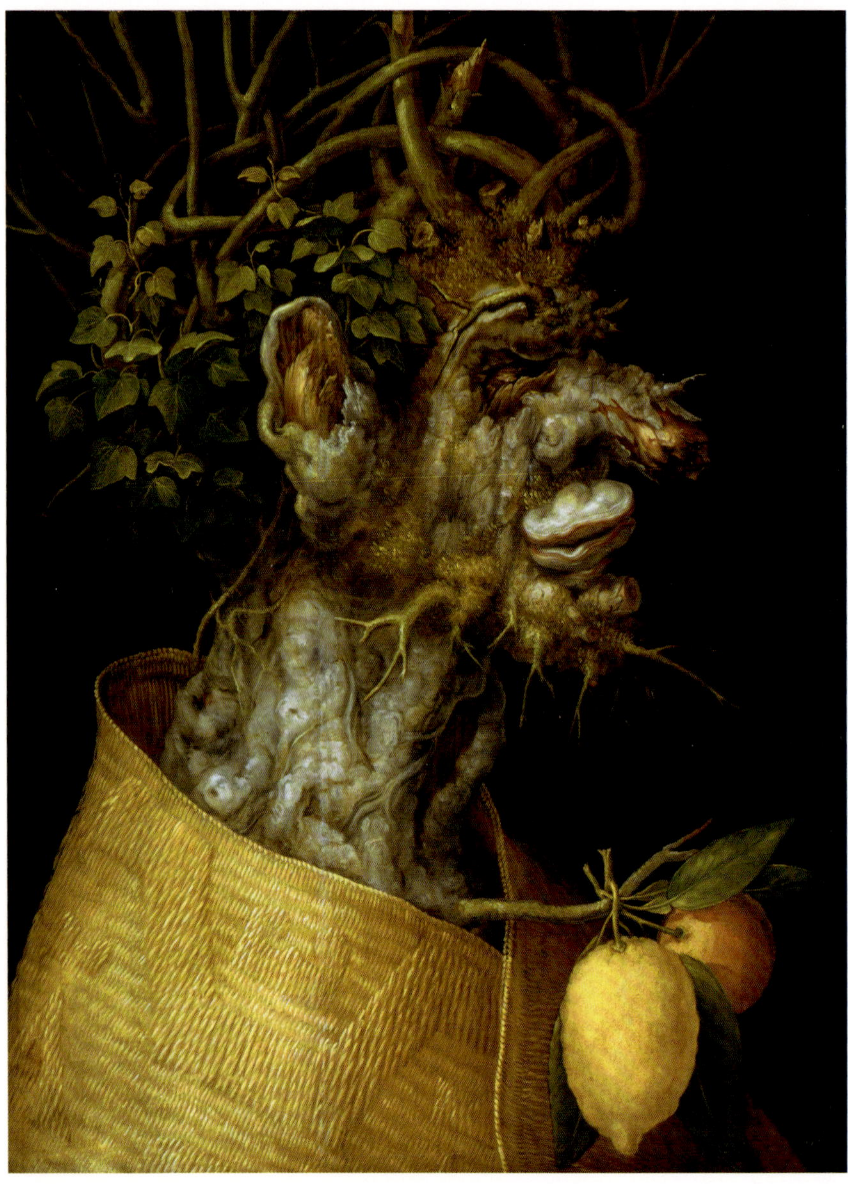

Winter

L'Hiver

Winter

Invierno

Inverno

Winter

1563, Oil on panel/Huile sur bois, 66,6 × 50,5 cm, Kunsthistorisches Museum, Gemäldegalerie, Wien

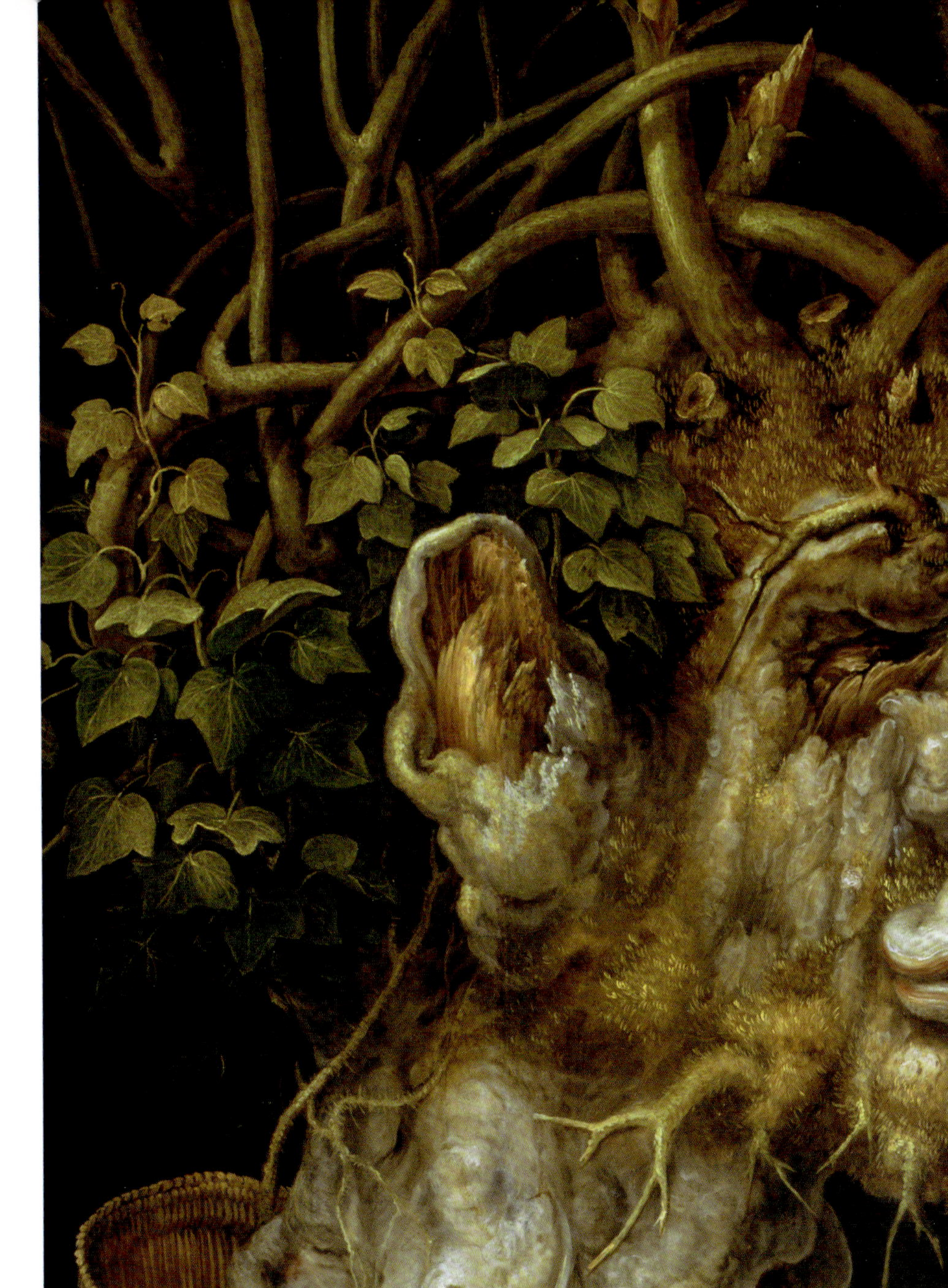

The invention of composite heads
Giuseppe Arcimboldo painted his first composite heads in Milan, before leaving for Vienna, following a northern Italian fashion inherited from the lapidary art of antiquity. Whether they were head and shoulders or to the waist, in profile, three-quarter or full-face, reversible or otherwise, depending on the series, Arcimboldo was to spend forty years assembling disparate items linked by a common theme to create these portraits. It was an ambitious exercise that depended not only on the way the items were assembled but also on the meticulous accuracy of their depiction, since the verisimilitude of the anatomical figure had to be echoed by the convincing reality of its components.
More than any other aspect of Arcimboldo's work, the composite heads embody the notion of the *concetto*,

L'invention des têtes composées
Giuseppe Arcimboldo peint ses premières têtes composées à Milan, avant de partir pour Vienne, suivant une mode en vogue dans le nord de l'Italie héritée de la glyptique antique. En buste ou à mi-corps, de profil, de trois quarts ou de face, réversibles ou non, selon les séries… L'artiste déclinera ses agglomérats d'éléments disparates, reliés entre eux par une thématique commune, quarante ans durant. Un exercice ambitieux, qui tient tant à la transcription de chaque élément qu'à leur assemblage, la vraisemblance de la figure anatomique devant se doubler de celle de ses composantes.
Plus qu'aucune autre création arcimboldesque, les têtes composées incarnent la notion de *concetto*, c'est-à-dire d'« invention ingénieuse ».
Par-delà la création, elles sont un acte

Die Erfindung der Kompositköpfe
Giuseppe Arcimboldo malte seine ersten Kompositköpfe in Mailand, bevor er nach Wien ging, und folgte dabei einer norditalienischen Mode, die von der Lapidarkunst der Antike übernommen wurde. Ob mit Kopf und Schultern oder bis zur Taille, im Profil, als Dreiviertel- oder Ganzgesicht, ob mit oder ohne Umkehrung, je nach Serie: Arcimboldo verbrachte vierzig Jahre damit, die unterschiedlichsten Gegenstände, die durch ein gemeinsames Thema verbunden waren, zu diesen Porträts zusammenzufügen. Ein ehrgeiziges Unterfangen, bei dem es nicht nur auf die Art und Weise ankam, wie die Gegenstände zusammengefügt wurden, sondern auch auf die akribische Genauigkeit ihrer Darstellung, da die Wahrhaftigkeit der anatomischen Figur durch die überzeugende Realität ihrer

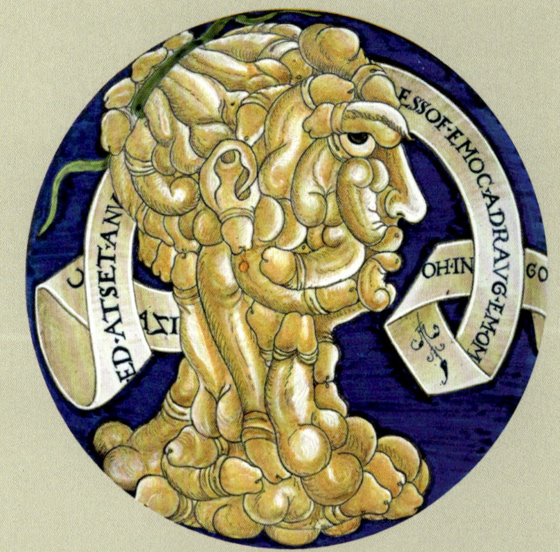

Attributed to Francesco Urbini (active c. 1530-40)

Dish with a Composite Head of Penises

Plat avec une tête composée de phallus

Schale mit einem zusammengesetzten Kopf aus Penissen

Plato con cabeza compuesta de penes

Prato com uma cabeça composta de falos

Schotel met een samengestelde kop van penissen

1536, Tin-glazed earthenware/Majolique, d. 23,2 cm, Ashmolean Museum, University of Oxford

La invención de las cabezas compuestas
Giuseppe Arcimboldo pintó sus primeras cabezas compuestas en Milán, antes de marcharse a Viena, siguiendo una moda del norte de Italia heredada del arte lapidario de la Antigüedad. De cabeza y hombros o hasta la cintura, de perfil, de tres cuartos o de rostro entero, reversibles o no, según las series, Arcimboldo iba a dedicar cuarenta años a ensamblar elementos dispares unidos por un tema común para crear estos retratos. Se trataba de un ejercicio ambicioso que dependía no sólo de la forma en que se ensamblaban los objetos, sino también de la meticulosa exactitud de su representación, ya que la verosimilitud de la figura anatómica debía reflejarse en la convincente realidad de sus componentes.

A invenção das cabeças compostas
Giuseppe Arcimboldo pintou as suas primeiras cabeças compostas em Milão, antes de partir para Viena, seguindo uma moda do Norte de Itália herdada da arte lapidária da Antiguidade. Quer se trate de cabeças e ombros ou até à cintura, de perfil, de três quartos ou de rosto inteiro, reversíveis ou não, dependendo da série, Arcimboldo passará quarenta anos a reunir peças díspares ligadas por um tema comum para criar estes retratos. Trata-se de um exercício ambicioso que depende não só da forma como as peças são montadas, mas também da precisão meticulosa da sua representação, uma vez que a verosimilhança da figura anatômica deve ser acompanhada pela realidade convincente dos seus componentes.

De uitvinding van samengestelde portretten
Giuseppe Arcimboldo schilderde zijn eerste samengestelde portretten in Milaan, voordat hij naar Wenen vertrok, volgens een Noord-Italiaanse mode die hij erfde van de lapidaire kunst uit de oudheid. Of het nu hoofd en schouders waren of tot aan de taille, in profiel, driekwart of volledig gezicht, omkeerbaar of anders, afhankelijk van de serie, Arcimboldo zou veertig jaar besteden aan het samenvoegen van ongelijksoortige voorwerpen die verbonden waren door een gemeenschappelijk thema om deze portretten te creëren. Het was een ambitieuze onderneming die niet alleen afhing van de manier waarop de voorwerpen werden geassembleerd, maar ook van de nauwgezette nauwkeurigheid van hun weergave, omdat de waarheidsgetrouwheid van

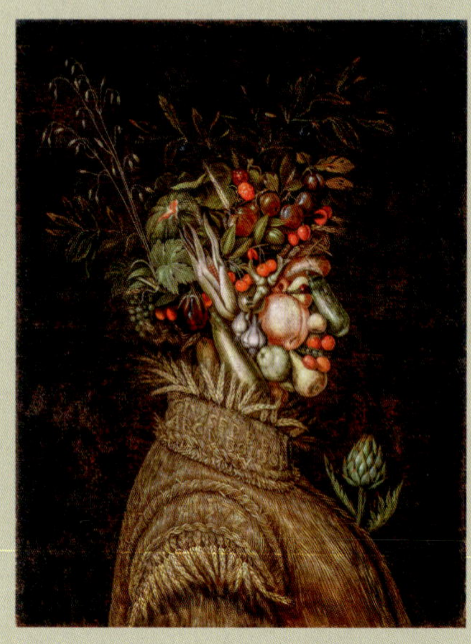

Summer

L'Été

Sommer

Verano

Verão

Zomer

1572, Oil on panel/
Huile sur toile, 91,4 × 70,5 cm,
Denver Art Museum, Denver

or ingenious invention. Above and beyond their artistic qualities, these were scholarly exercises created within the context of the natural sciences. Expressing his intention by means of riddles and metaphors, Arcimboldo created hybrids between the genres of (concealed) portraiture and still life. In doing so, he combined the mechanism of fragmentation – so inviting the viewer to decode the image – with the logic of assemblage – so celebrating encyclopaedic knowledge.
The composite heads formed part of an aesthetic of paradox that played on the opposition between the microcosm and the macrocosm. It was an aesthetic that brought together the beautiful and the ugly, the exquisite and the grotesque, the natural and the artificial, the individual and the multiple through the dual process of decomposing and

de connaissance réalisé dans le cadre des sciences naturelles. Leur auteur s'y exprime par énigmes et par métaphores, hybridant les genres picturaux du portrait (masqué) et de la nature morte. Ce faisant, il cumule le mécanisme de fragmentation – qui invite le spectateur au déchiffrement – et la logique d'assemblage – qui exalte le savoir encyclopédique.
Les têtes composées participent d'une esthétique du paradoxe jouant sur l'opposition entre microcosme et macrocosme. Une esthétique qui réunit le beau et le laid, le délicat et le monstrueux, la nature et l'artifice, l'unité et le multiple, à la faveur du double processus de décomposition et de recomposition. La prédilection d'Arcimboldo pour le jeu des confusions et l'instabilité caractéristique des valeurs sont typiques du maniérisme

Bestandteile widergespiegelt werden musste.
Mehr als jeder andere Aspekt von Arcimboldos Werk verkörpern die Kompositköpfe den Begriff des *concetto*, der genialen Erfindung. Über ihre künstlerischen Qualitäten hinaus handelt es sich um gelehrte Übungen, die im Kontext der Naturwissenschaften entstanden sind. Mit Hilfe von Rätseln und Metaphern brachte Arcimboldo seine Absicht zum Ausdruck und schuf Hybride zwischen den Gattungen des (verborgenen) Porträts und des Stilllebens. Dabei kombinierte er den Mechanismus der Fragmentierung – der den Betrachter zur Entschlüsselung des Bildes auffordert – mit der Logik der Assemblage – die das enzyklopädische Wissen zelebriert.
Die zusammengesetzten Köpfe waren Teil einer Ästhetik des Paradoxen,

Autumn

L'Automne

Herbst

Otoño

Outono

Herfst

1572, Oil on canvas/ Huile sur toile, 92,7 × 71,8 cm, Private collection

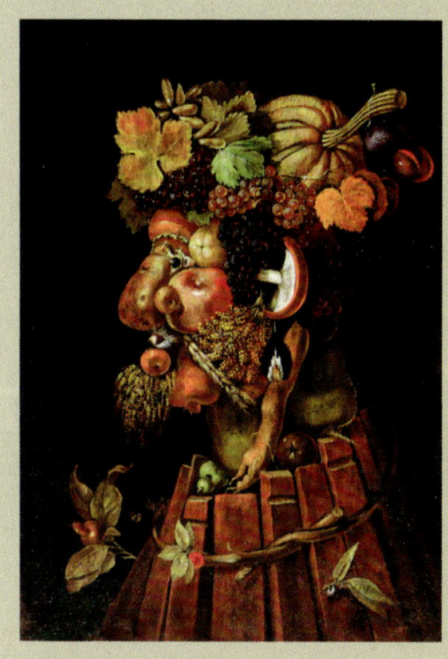

Más que cualquier otro aspecto de la obra de Arcimboldo, las cabezas compuestas encarnan la noción del *concetto*, o invención ingeniosa. Más allá de sus cualidades artísticas, se trata de ejercicios eruditos creados en el contexto de las ciencias naturales. Expresando su intención mediante acertijos y metáforas, Arcimboldo creó híbridos entre los géneros del retrato (oculto) y la naturaleza muerta. De este modo, combinaba el mecanismo de la fragmentación, que invita al espectador a descifrar la imagen, con la lógica del ensamblaje, que celebra el conocimiento enciclopédico.
Las cabezas compuestas formaban parte de una estética de la paradoja que jugaba con la oposición entre el microcosmos y el macrocosmos. Era una estética que reunía lo bello y lo feo, lo exquisito y lo grotesco, lo

Mais do que qualquer outro aspeto da obra de Arcimboldo, as cabeças compostas incorporam a noção de *concetto*, ou invenção engenhosa. Para além das suas qualidades artísticas, trata-se de exercícios acadêmicos criados no contexto das ciências naturais. Expressando a sua intenção por meio de enigmas e metáforas, Arcimboldo criou híbridos entre os géneros do retrato (oculto) e da natureza morta. Ao fazê-lo, combinou o mecanismo da fragmentação – convidando assim o espetador a descodificar a imagem – com a lógica da montagem – celebrando assim o conhecimento enciclopédico.
As cabeças compostas faziam parte de uma estética de paradoxo que jogava com a oposição entre o microcosmo e o macrocosmo. Foi uma estética que reuniau o belo e o feio, o requintado e o grotesco, o natural e o artificial,

de anatomische figuur moest worden weerspiegeld door de overtuigende realiteit van de onderdelen.
Meer dan enig ander aspect van Arcimboldo's werk belichamen de samengestelde portretten het begrip *concetto*, of ingenieuze uitvinding. Naast hun artistieke kwaliteiten waren dit wetenschappelijke oefeningen, gemaakt binnen de context van de natuurwetenschappen. Arcimboldo drukte zijn intentie uit door middel van raadsels en metaforen en creëerde hybriden tussen de genres van (verborgen) portretten en stillevens. Zo combineerde hij het mechanisme van fragmentatie – waardoor de kijker wordt uitgenodigd om het beeld te ontcijferen – met de logica van assemblage – waardoor hij encyclopedische kennis viert.
De samengestelde hoofden maakten deel uit van een esthetiek van de

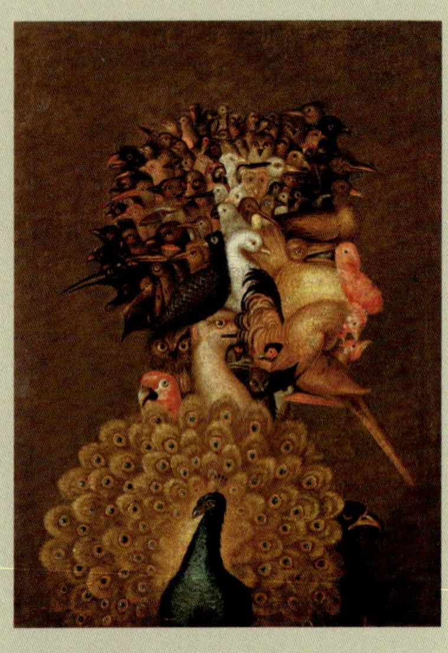

After Giuseppe Arcimboldo (?)

Air

L'Air

Luft

Aire

Ar

Lucht

n. d., Oil on canvas/
Huile sur toile, 74,4 × 56,6 cm,
Private collection

recomposing. Arcimboldo's delight in the art of confusion and inherent unreliability were characteristic of the Mannerist style then prevalent. His highly sought-after inventions (*invenzioni*) embodied the typically Renaissance concept of the "serious jest". Arcimboldo's bizarre painted creations, allegories rich in meaning beyond the visual joke, are the pictorial equivalent of the parody portraits found in the burlesque literature of the period.

ambiant. Recherchées et appréciées, ses inventions (*invenzioni*) incarnent le concept de « plaisanterie sérieuse » typique de la Renaissance. Allégories riches de sens par-delà la plaisanterie visuelle, ses étranges créatures peintes sont l'équivalent imagé des portraits parodiques de la littérature burlesque de l'époque.

die mit dem Gegensatz zwischen Mikrokosmos und Makrokosmos spielte. Es war eine Ästhetik, die das Schöne und das Hässliche, das Exquisite und das Groteske, das Natürliche und das Künstliche, das Individuelle und das Multiple durch den doppelten Prozess des Zerlegens und Wiederzusammensetzens zusammenführte. Arcimboldos Freude an der Kunst der Verwirrung und der ureigenen Unzuverlässigkeit waren charakteristisch für den damals vorherrschenden manieristischen Stil. Seine begehrten Erfindungen (*invenzioni*) verkörperten den für die Renaissance typischen Begriff des „ernsten Scherzes". Arcimboldos bizarre gemalte Kreationen, Allegorien, die über den visuellen Scherz hinaus reich an Bedeutung sind, stellen das bildliche Äquivalent zu den parodistischen Porträts dar, die in der burlesken Literatur der Epoche zu finden sind.

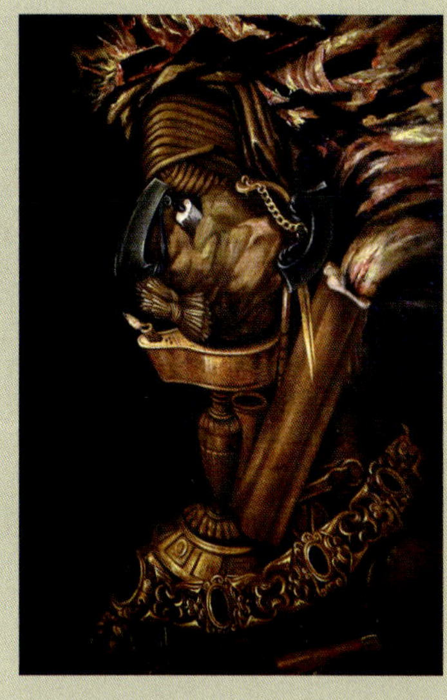

Workshop or follower of Giuseppe Arcimboldo

***Fire* (detail)**

***Le Feu* (détail)**

***Feuer* (Detail)**

***Fuego* (detalle)**

***Fogo* (particolare)**

***Vuur* (detail)**

n. d., Oil on canvas/ Huile sur toile, 74,4 × 56 cm, Private collection

natural y lo artificial, lo individual y lo múltiple a través del doble proceso de descomponer y recomponer. El placer de Arcimboldo por el arte de la confusión y su inherente falta de fiabilidad eran características del estilo manierista imperante entonces. Sus codiciadas *invenciones (invenzioni)* encarnaban el concepto típicamente renacentista de la «broma seria». Las extrañas creaciones pintadas de Arcimboldo, alegorías ricas en significado más allá de la broma visual, son el equivalente pictórico de los retratos paródicos que se encuentran en la literatura burlesca de la época.

o individual e o múltiplo através do duplo processo de decomposição e recomposição. O prazer de Arcimboldo pela arte da confusão e a inerente falta de confiabilidade eram características do estilo maneirista então prevalecente. As suas invenções (*invenzioni*), muito procuradas, personificavam o conceito tipicamente renascentista da "brincadeira séria". As bizarras criações pintadas de Arcimboldo, alegorias ricas em significado para além da piada visual, são o equivalente pictórico dos retratos paródicos encontrados na literatura burlesca da época.

paradox die speelde met de tegenstelling tussen de microkosmos en de macrokosmos. Het was een esthetiek die het mooie en het lelijke, het exquise en het groteske, het natuurlijke en het kunstmatige, het individuele en het meervoudige samenbracht door het duale proces van ontbinden en opnieuw samenstellen. Arcimboldo's plezier in de kunst van verwarring en inherente onbetrouwbaarheid waren kenmerkend voor de maniëristische stijl die toen overheerste. Zijn zeer gewilde uitvindingen (*invenzioni*) belichaamden het typische renaissance-concept van de „serieuze grap". Arcimboldo's bizarre geschilderde creaties, allegorieën met een rijke betekenis die verder gaat dan de visuele grap, zijn het picturale equivalent van de parodieportretten uit de burleske literatuur van die periode.

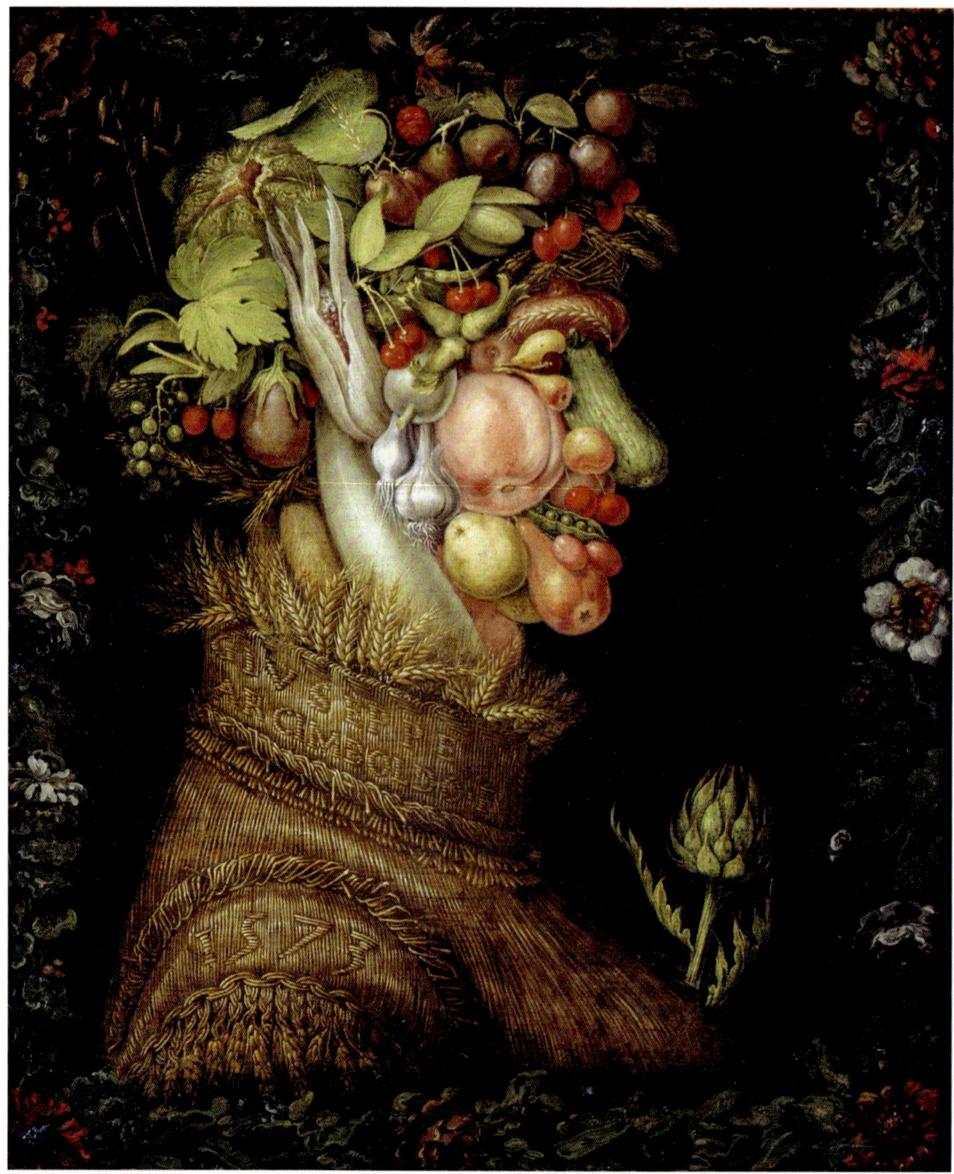

Summer

L'Été

Sommer

Verano

Verão

Zomer

1573, Oil on canvas/ Huile sur toile, 76 × 63,5 cm, Musée du Louvre, Paris

Spring

Le Printemps

Frühling

Primavera

Primavera

Lente

1573, Oil on canvas/ Huile sur toile, 76 × 63,5 cm, Musée du Louvre, Paris

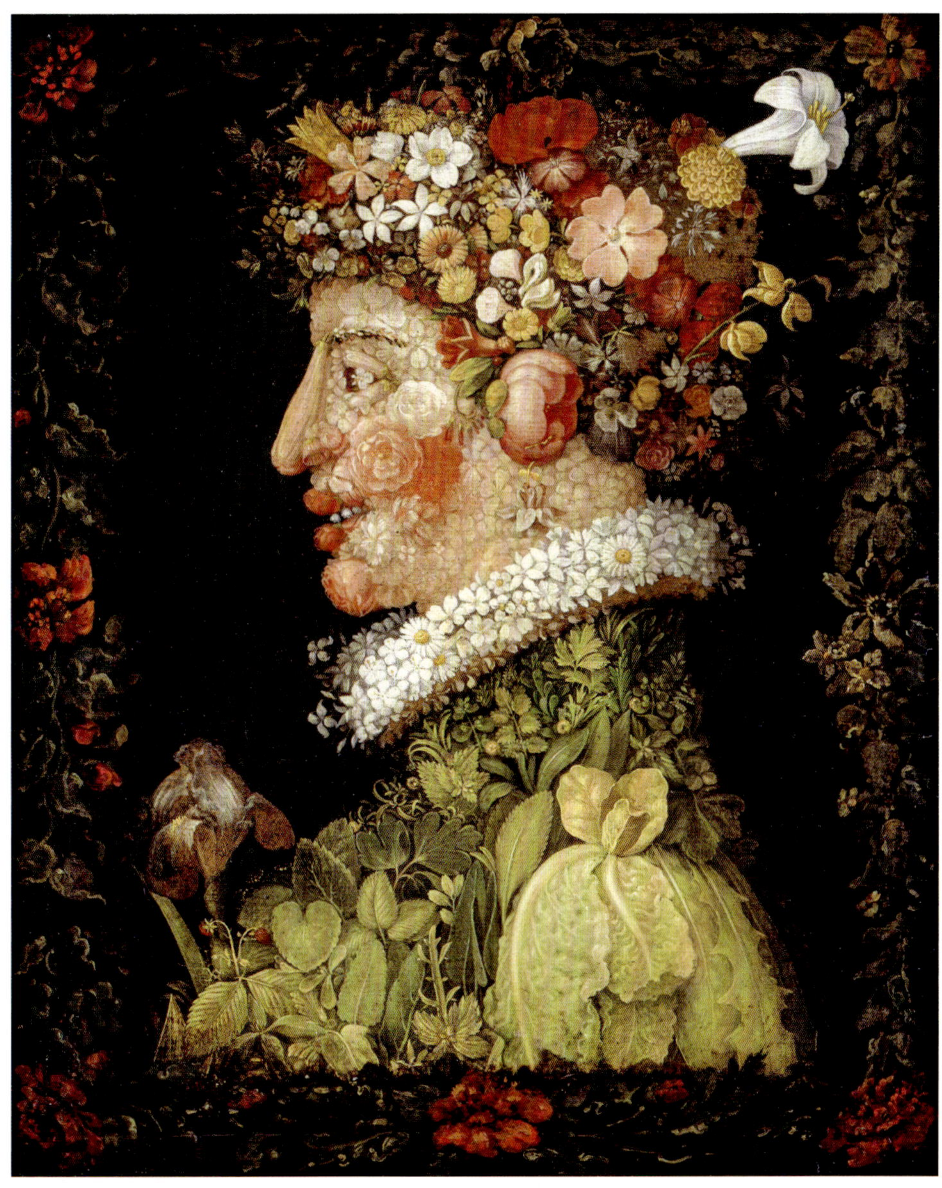

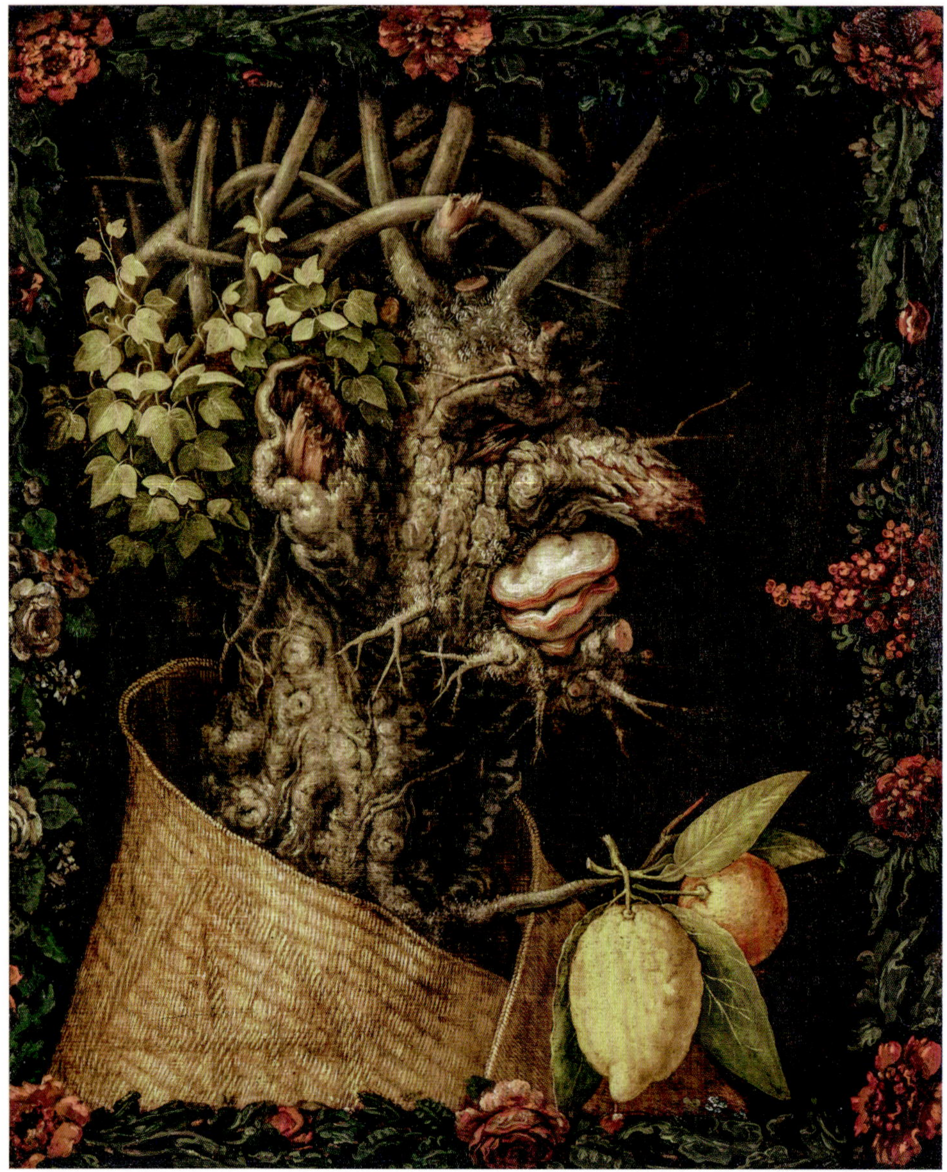

Winter

L'Hiver

Winter

Invierno

Inverno

Winter

1573, Oil on canvas/ Huile sur toile, 76 × 63,5 cm, Musée du Louvre, Paris

Autumn

L'Automne

Herbst

Otoño

Outono

Herfst

1573, Oil on canvas/ Huile sur toile, 76 × 63,5 cm, Musée du Louvre, Paris

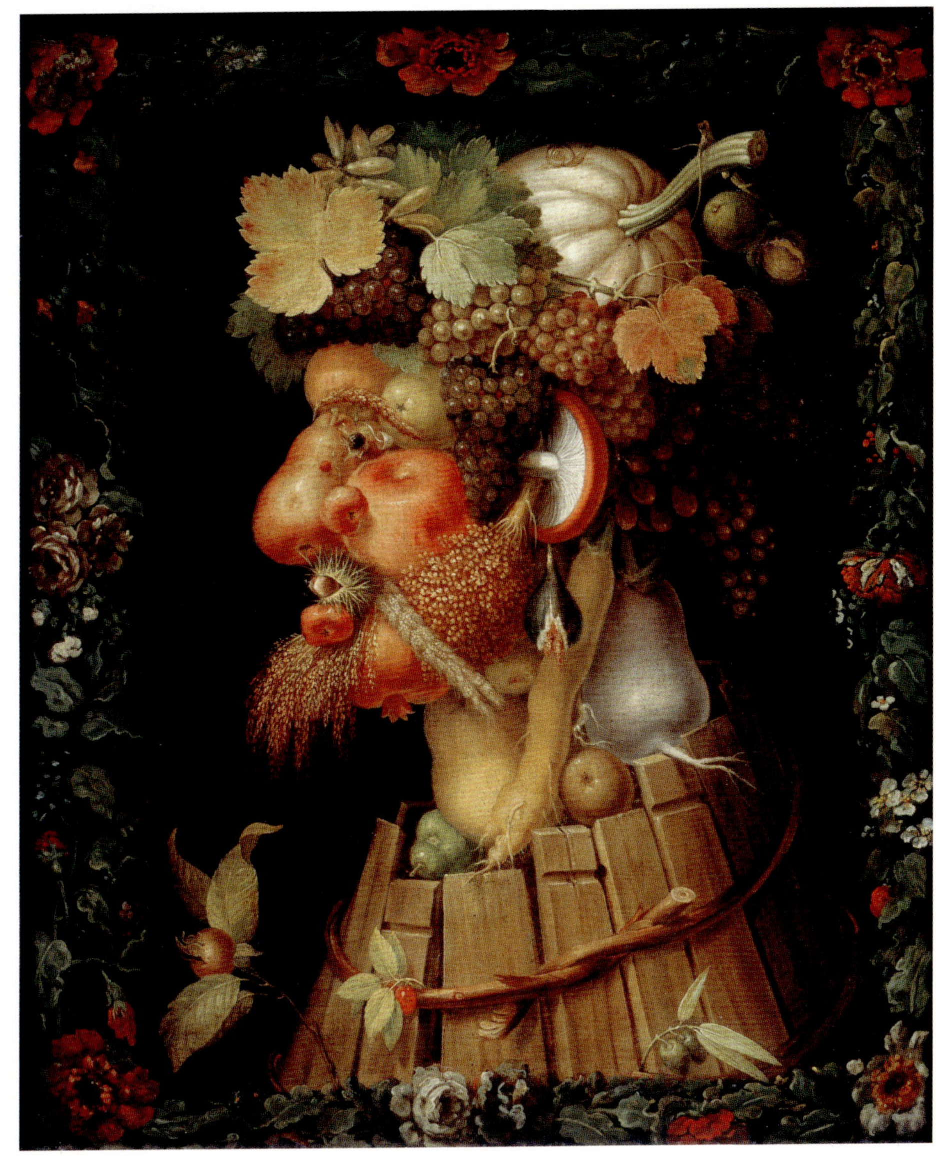

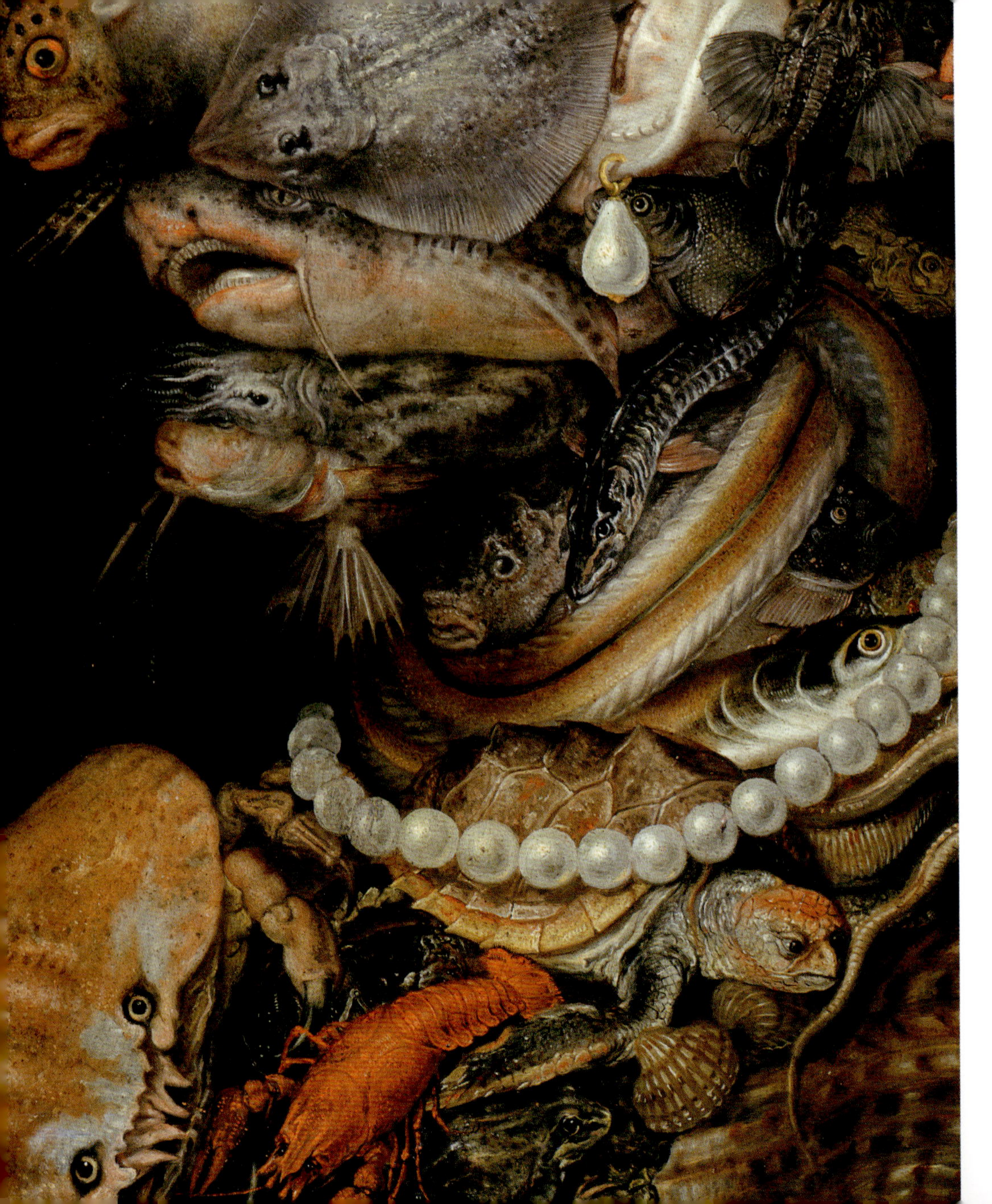

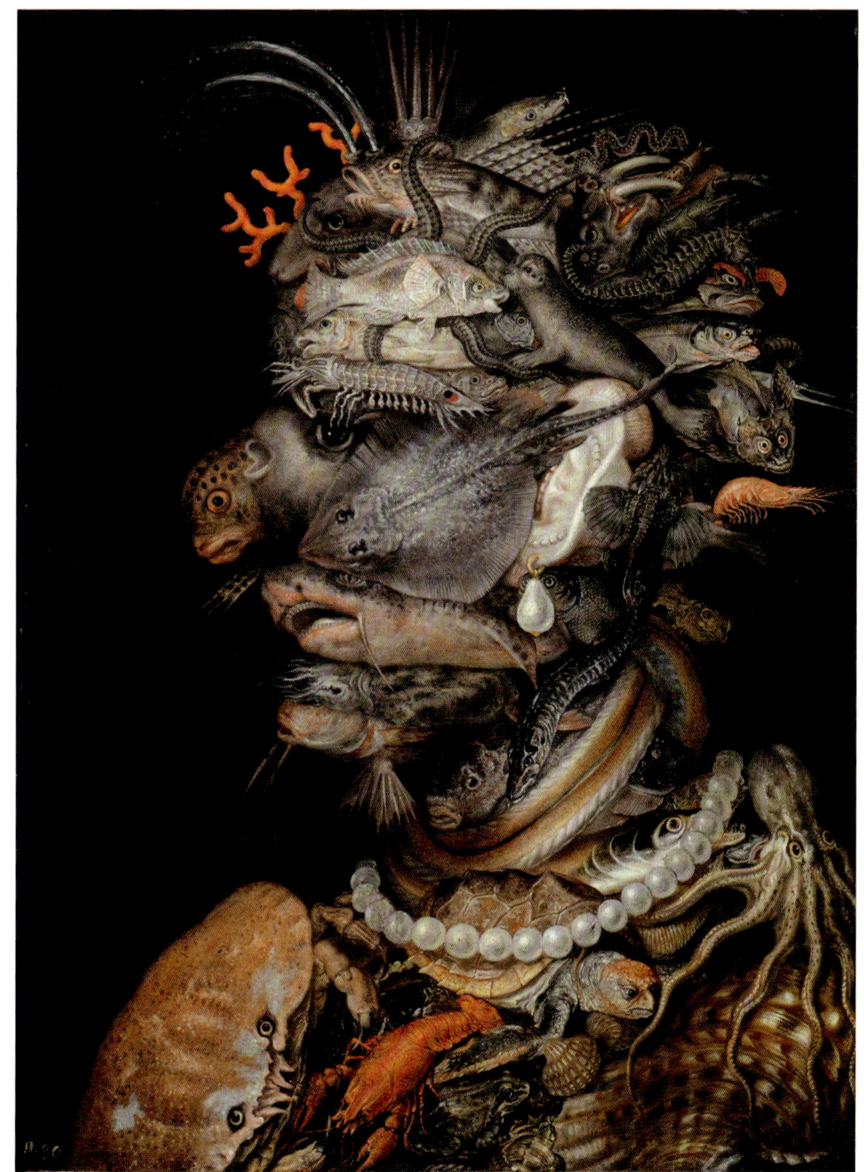

Water

L'Eau

Wasser

Agua

Agua

Water

1566, Oil on panel/
Huile sur bois, 66,5 × 50,5 cm,
Kunsthistorisches Museum,
Gemäldegalerie, Wien

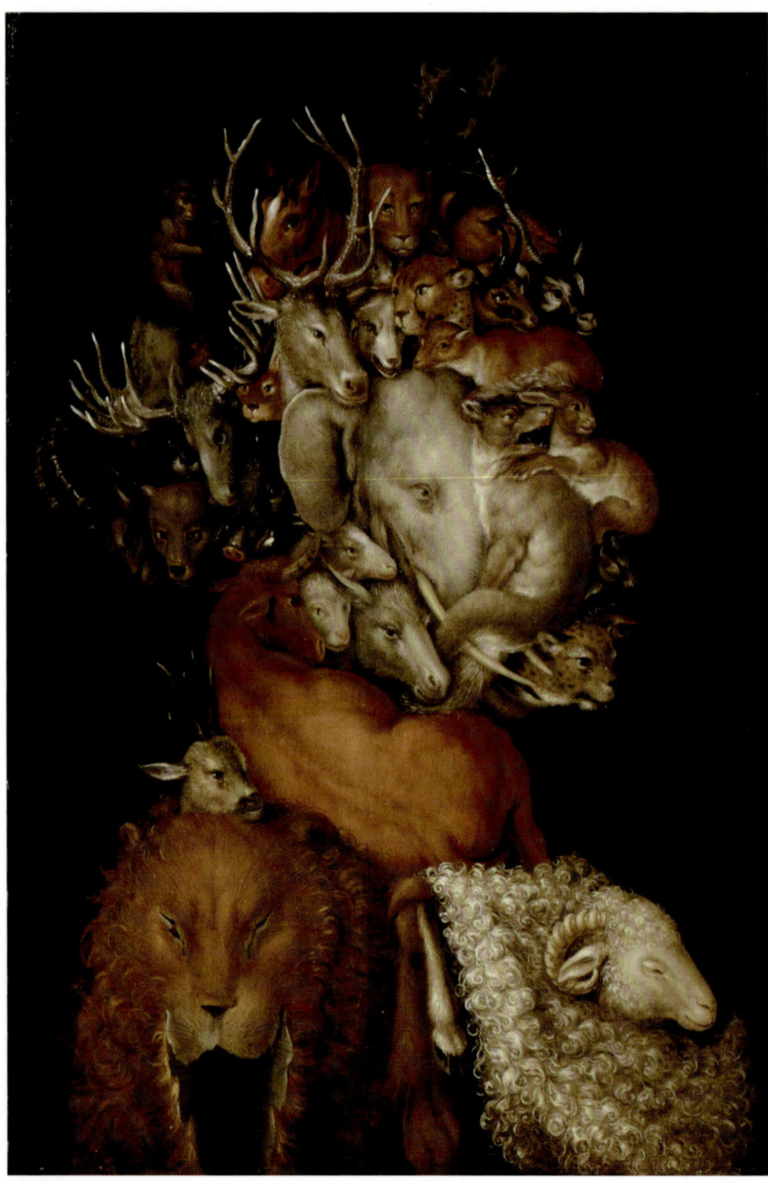

Earth

La Terre

Erde

Tierra

Terra

Aarde

*c. 1570, Oil on panel/
Huile sur bois, 70,2 × 48,7 cm,
Liechtenstein - The Princely
Collections, Wien*

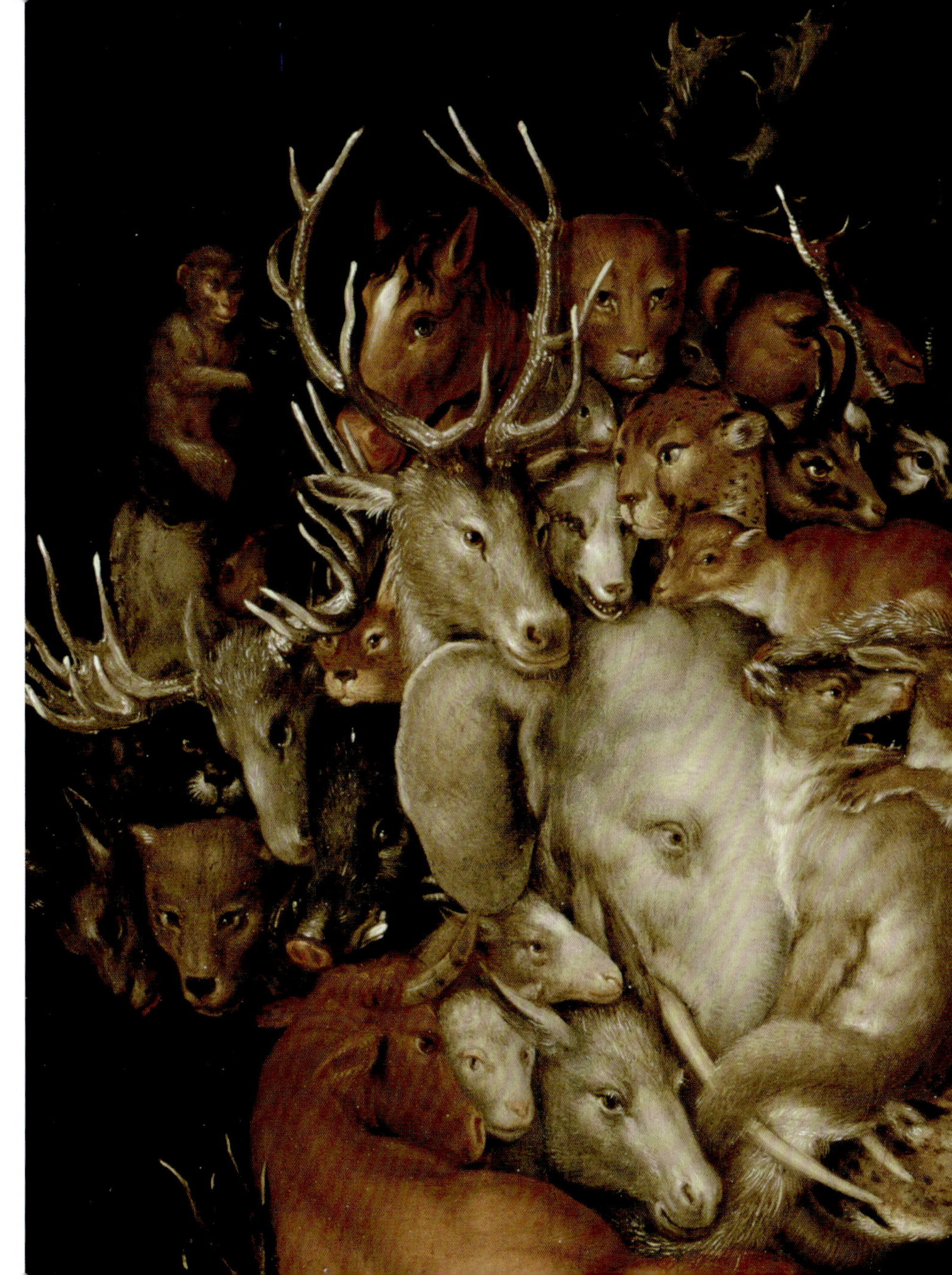

Prague: artist and advisor at the court of Emperor Rudolf II (1576–1587)
In 1578, two years after his coronation as Holy Roman Emperor, Rudolf II summoned Giuseppe Arcimboldo to Prague, where the imperial court now resided, not so much to paint *invenzioni* as to track down precious nuggets of art, antiquities and other natural wonders to add to his cabinet of curiosities. With his passion for medicine and botany and his insatiable curiosity about natural monstrosities, Rudolf viewed Arcimboldo as a multi-talented collaborator who furthermore shared his interest in the occult sciences and alchemy. Following in the footsteps of Leonardo da Vinci (1452–1519), whose notebooks he had consulted in his youth

À la cour de Prague, artiste et conseiller de l'empereur Rodolphe II (1576-1587)
Définitivement installé à Prague en 1578, deux ans après son couronnement impérial, Rodolphe II appelle Giuseppe Arcimboldo à ses côtés, moins pour lui commander des *invenzioni* que pour le charger de dénicher des pépites artistiques, antiquités et autres merveilles naturelles à intégrer à sa *Wunderkammer*. L'empereur, passionné de médecine et de botanique, curieux insatiable des monstruosités de la nature, voit en lui un collaborateur aux multiples talents, partageant, qui plus est, son intérêt pour les sciences occultes et l'alchimie. Marchant dans les traces de Léonard de Vinci (1452-1519), dont il a pu consulter les carnets dans sa jeunesse auprès

Prag: Künstler und Berater am Hof von Kaiser Rudolf II. (1576–1587)
1578, zwei Jahre nach seiner Krönung zum Kaiser des Heiligen Römischen Reiches, rief Rudolf II. Giuseppe Arcimboldo nach Prag, wo der kaiserliche Hof nun residierte, nicht in erster Linie, um *invenzioni* zu malen, sondern um wertvolle Kunstwerke, Antiquitäten und andere Naturwunder aufzuspüren, die er seinem Kuriositätenkabinett hinzufügen wollte. Aufgrund seiner Leidenschaft für Medizin und Botanik und seiner unstillbaren Neugier auf natürliche Monstrositäten sah Rudolf in Arcimboldo einen vielseitig begabten Mitarbeiter, der zudem sein Interesse an den okkulten Wissenschaften und der Alchemie teilte. Auf den Spuren von

Martino Rota (1520-1583)

Portrait of Emperor Rudolf II

L'Empereur Rodolphe II

Porträt von Kaiser Rudolf II.

Retrato del emperador Rodolfo II

Retrato do Imperador Rodolfo II

Portret van keizer Rudolf II

16th century, Oil on canvas/Huile sur toile, 112 × 98,5 cm, Private collection

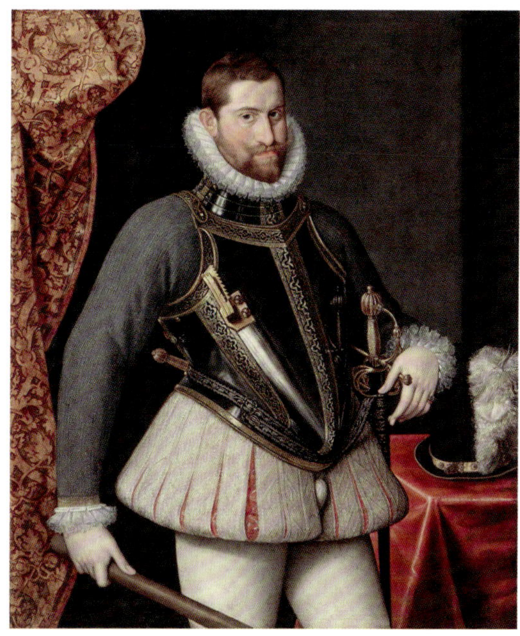

Praga: artista y consejero en la corte del emperador Rodolfo II (1576–1587)
En 1578, dos años después de su coronación como emperador del Sacro Imperio Romano Germánico, Rodolfo II convocó a Giuseppe Arcimboldo en Praga, donde ahora residía la corte imperial, no tanto para pintar *invenzioni* como para rastrear preciosas perlas de arte, antigüedades y otras maravillas naturales que añadir a su gabinete de curiosidades. Con su pasión por la medicina y la botánica y su insaciable curiosidad por las monstruosidades naturales, Rudolf consideraba a Arcimboldo un colaborador polifacético que, además, compartía su interés por las ciencias ocultas y la alquimia. Siguiendo los pasos de Leonardo da

Praga: artista e conselheiro na corte do imperador Rodolfo II (1576–1587)
Em 1578, dois anos após a sua coroação como Sacro Imperador Romano-Germânico, Rudolf II convocou Giuseppe Arcimboldo a Praga, onde nesta época residia a corte imperial, não tanto para pintar *invenzioni*, mas para rastrear preciosas pepitas de arte, antiguidades e outras maravilhas naturais para acrescentar ao seu gabinete de curiosidades. Com a sua paixão pela medicina e pela botânica e a sua curiosidade insaciável pelas monstruosidades naturais, Rudolf via Arcimboldo como um colaborador de múltiplos talentos que, além disso, partilhava o seu interesse pelas ciências ocultas e pela alquimia. Seguindo os

Praag: kunstenaar en adviseur aan het hof van keizer Rudolf II (1576–1587)
In 1578, twee jaar na zijn kroning tot Heilige Roomse Keizer, ontbood Rudolf II Giuseppe Arcimboldo naar Praag, waar het keizerlijke hof nu verbleef, niet zozeer om *invenzioni* te schilderen, maar om kostbare klompjes kunst, antiquiteiten en andere natuurwonderen op te sporen om toe te voegen aan zijn rariteitenkabinet. Met zijn passie voor geneeskunde en plantkunde en zijn onverzadigbare nieuwsgierigheid naar natuurlijke gedrochten, zag Rudolf Arcimboldo als een multi-getalenteerde medewerker die bovendien zijn interesse in de occulte wetenschappen en alchemie deelde. In navolging van Leonardo da Vinci (1452–1519), wiens notitieboeken hij

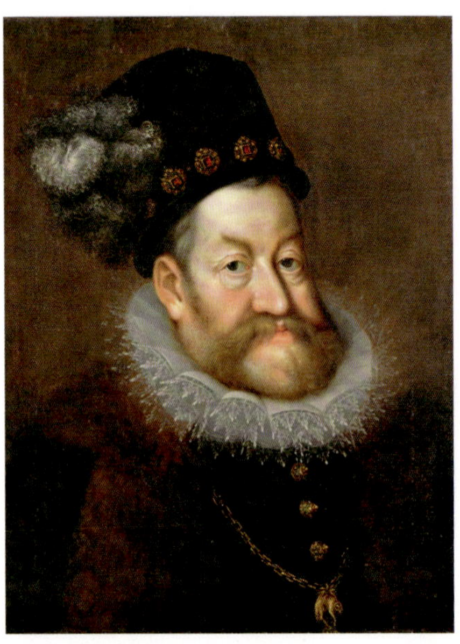

Hans von Aachen (1552-1615)
Portrait of Emperor Rudolf II
L'Empereur Rodolphe II
Porträt von Kaiser Rudolf II.
Retrato del emperador Rodolfo II
Retrato do Imperador Rodolfo II
Portret van keizer Rudolf II

c. 1606-08, Oil on canvas/Huile sur toile, 61,5 × 48,7 cm, Kunsthistorisches Museum, Gemäldegalerie, Wien

with his father's close friend Bernardino Luini (*c.*1480–1532), Arcimboldo worked on a range of engineering topics. In Prague, he developed a colorimetric method of musical transcription as well as, according to his biographer Giovanni Paolo Lomazzo (1538–1592), mechanisms for crossing a river without using either a bridge or boat, and for hearing numbers in an instrument.
Scholars and scientists from all over Europe flocked to Prague, including the Danish astronomer Tycho Brahe (1546–1601) and his German counterpart Johannes Kepler (1571–1630). At his castle in the Hradčany district of Prague, Rudolf II set up workshops and distillation laboratories for alchemical research into the different states of matter. He also had his collections catalogued, including a painted inventory of his *Wunderkammer*.

de Bernardino Luini (vers 1480-1532), un ami proche de son père, le Milanais mène diverses recherches d'ingénierie. À Prague, il met au point une méthode colorimétrique de transcription musicale et, à en croire son biographe Giovanni Paolo Lomazzo (1538-1592), des mécanismes qui permettent de traverser un fleuve sans pont ni embarcation ou encore d'entendre des nombres dans un instrument.
Des savants et des érudits venus de toute l'Europe se pressent à Prague, à l'instar des astronomes danois Tycho Brahé (1546-1601) et allemand Johannes Kepler (1571-1630). Rodolphe II fait aménager au sein de son château du Hradschin (Hradčany en tchèque) ateliers et laboratoires de distillation, où sont menées des recherches alchimiques sur les différents états de la matière.

Leonardo da Vinci (1452–1519), dessen Notizbücher er in seiner Jugend mit dem engen Freund seines Vaters, Bernardino Luini (ca. 1480–1532), konsultiert hatte, arbeitete Arcimboldo an einer Reihe von technischen Themen. In Prag entwickelte er eine kolorimetrische Methode der musikalischen Transkription sowie, laut seinem Biografen Giovanni Paolo Lomazzo (1538–1592), Mechanismen zum Überqueren eines Flusses, ohne eine Brücke oder ein Boot zu benutzen, und eine Methode zum Hören von Zahlen in einem Instrument.
Gelehrte und Wissenschaftler aus ganz Europa strömten nach Prag, darunter der dänische Astronom Tycho Brahe (1546–1601) und sein deutscher Kollege Johannes Kepler (1571–1630). Auf seiner Burg auf dem Prager Hradschin richtete Rudolf II. Werkstätten und

Endris II Degen (b. 1555-1583)

Sea Snail carried by a Satyr

Escargot de mer porté par un satyre

Seeschnecke, getragen von einem Satyr

Caracol marino llevado por un sátiro

Caracol marinho carregado por um sátiro

Zeeslak gedragen door een sater

c. 1580, Triton shell, gilt-silver mount/ Coquille de triton et monture en argent doré, h. 40,5 cm, Kunstkammer, Kunsthistorisches Museum, Wien

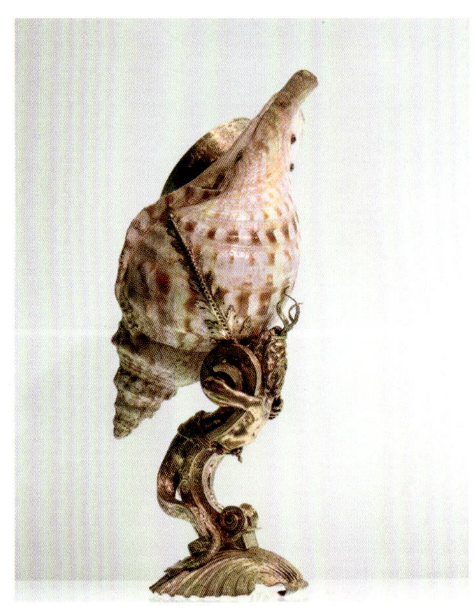

Vinci (1452–1519), cuyos cuadernos había consultado en su juventud con Bernardino Luini (*c.*1480–1532), amigo íntimo de su padre, Arcimboldo trabajó en diversos temas de ingeniería.
En Praga, desarrolló un método colorimétrico de transcripción musical, así como, según su biógrafo Giovanni Paolo Lomazzo (1538–1592), mecanismos para cruzar un río sin utilizar ni puente ni barca, y para oír números en un instrumento.
A Praga acudieron eruditos y científicos de toda Europa, entre ellos el astrónomo danés Tycho Brahe (1546–1601) y su homólogo alemán Johannes Kepler (1571–1630). En su castillo del barrio praguense de Hradčany, Rodolfo II instaló talleres y laboratorios de destilación para la investigación alquímica de los diferentes estados de la materia. También hizo

passos de Leonardo da Vinci (1452–1519), cujos cadernos de notas tinha consultado na sua juventude com o amigo íntimo do seu pai, Bernardino Luini (*c.*1480–1532), Arcimboldo trabalhou numa série de tópicos de engenharia. Em Praga, desenvolveu um método colorimétrico de transcrição musical, bem como, segundo o seu biógrafo Giovanni Paolo Lomazzo (1538–1592), mecanismos para atravessar um rio sem utilizar uma ponte ou um barco e para ouvir números em um instrumento.
Estudiosos e cientistas de toda a Europa afluíram a Praga, incluindo o astrônomo dinamarquês Tycho Brahe (1546–1601) e o seu homólogo alemão Johannes Kepler (1571–1630). No seu castelo, no bairro de Hradčany, em Praga, Rudolf II instalou oficinas e laboratórios de destilação para pesquisas alquímicas nos diferentes

in zijn jeugd had geraadpleegd met zijn vaders goede vriend Bernardino Luini (*ca.* 1480–1532), werkte Arcimboldo aan een reeks technische onderwerpen. In Praag ontwikkelde hij een colorimetrische methode voor muzikale transcriptie en, volgens zijn biograaf Giovanni Paolo Lomazzo (1538–1592), mechanismen om een rivier over te steken zonder gebruik te maken van een brug of een boot en om nummers te horen in een instrument.
Geleerden en wetenschappers uit heel Europa stroomden naar Praag, waaronder de Deense astronoom Tycho Brahe (1546–1601) en zijn Duitse tegenhanger Johannes Kepler (1571–1630). Op zijn kasteel in de Praagse wijk Hradčany richtte Rudolf II werkplaatsen en distillatielaboratoria in voor alchemistisch onderzoek naar de verschillende toestanden van de materie.

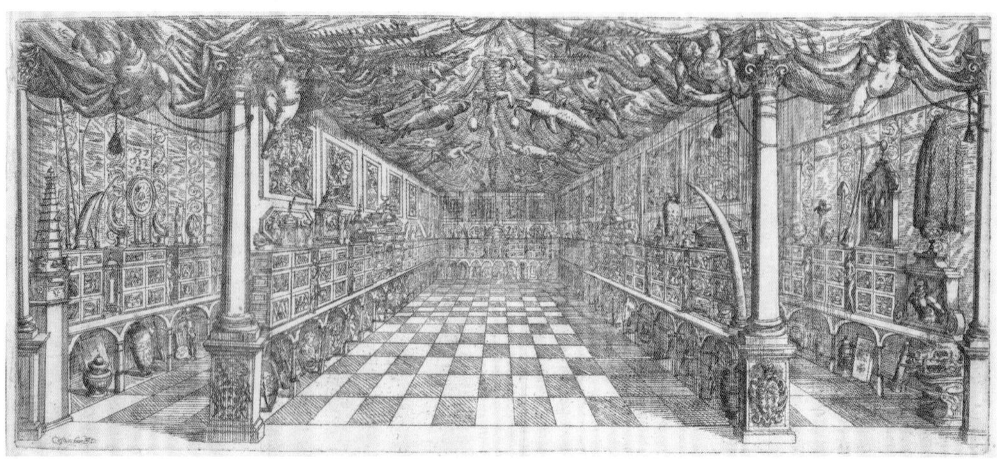

Together with the Flemish painter Joris Hoefnagel (1542–1601) and the engraver Aegidius Sadeler (1568–1629), Arcimboldo was commissioned to depict the specimens from the imperial botanical and zoological collections. Prague was then the international epicentre of Mannerism, attracting painters such as Bartholomeus Spranger, Hans von Aachen (1552–1615), Joseph Heintz the Elder (156–1609) and Roelant Savery (1576–1639); goldsmiths such as Paul van Vianen (c.1570/2–1613) and Jan Vermeyen (before 1559–1606); sculptors such as Adriaen de Vries (1556–1626); and master lapidaries such as the Miseroni family of Milan and the Castrucci of Florence.

Il fait aussi répertorier et représenter ses collections, notamment sous la forme d'un inventaire peint de la *Wunderkammer*. Arcimboldo, comme le peintre flamand Joris Hoefnagel (1542-1601) ou le graveur Aegidius Sadeler (1568-1629), est chargé de figurer les spécimens de ses collections botaniques et zoologiques. Prague est alors l'épicentre du maniérisme international, où s'activent les peintres Bartholomeus Spranger, Hans von Aachen (1552-1615), Joseph Heintz l'Ancien (1564-1609) et Roelandt Savery (1576-1639), des orfèvres comme Paulus van Vianen (vers 1570/1572-1613) et Jan Vermeyen (avant 1559-1606), des sculpteurs comme Adriaen de Vries (1556-1626) ainsi que des maîtres en taille de pierres dures, tels les Miseroni de Milan et les Castrucci de Florence.

Destillationslaboratorien für die alchemistische Erforschung der verschiedenen Aggregatzustände ein. Er ließ auch seine Sammlungen katalogisieren, unter anderem entstand ein gemaltes Inventar seiner *Wunderkammer*. Gemeinsam mit dem flämischen Maler Joris Hoefnagel (1542–1601) und dem Kupferstecher Aegidius Sadeler (1568–1629) wurde Arcimboldo beauftragt, die Exemplare der kaiserlichen botanischen und zoologischen Sammlungen abzubilden. Prag war damals das internationale Epizentrum des Manierismus, das Maler wie Bartholomeus Spranger, Hans von Aachen (1552–1615), Joseph Heintz der Ältere (1564–1609) und Roelant Savery (1576–1639), Goldschmiede wie Paul van Vianen (ca. 1570/2–1613) und Jan Vermeyen (vor 1559–1606); Bildhauer wie Adriaen de Vries (1556–1626) und Meister der Steinschneidekunst wie die Familie Miseroni aus Mailand und die Castrucci aus Florenz anzog.

Cesare Fiori (1636-1702)

Manfredo Settala's Cabinet of Art and Curiosities in Milan

Le Cabinet de curiosités de Manfredo Settala à Milan

Manfredo Settalas Kabinett der Kunst und Kuriositäten in Mailand

Gabinete de Arte y Curiosidades de Manfredo Settala en Milán

Gabinete de Arte e Curiosidades de Manfredo Settala, em Milão

Kunst- en rariteitenkabinet van Manfredo Settala in Milaan

c. 1666, Engraving/Gravure, 19,7 × 45,3 cm

Giuseppe Maria Mitelli (1634-1718)

The Museo Cospiano in Bologna

Le Museo Cospiano à Bologne

Das Museo Cospiano in Bologna

Museo Cospiano de Bolonia

O Museu Cospiano em Bolonha

Het Museo Cospiano in Bologna

1667, Engraving/Gravure, 28,6 × 44,5 cm

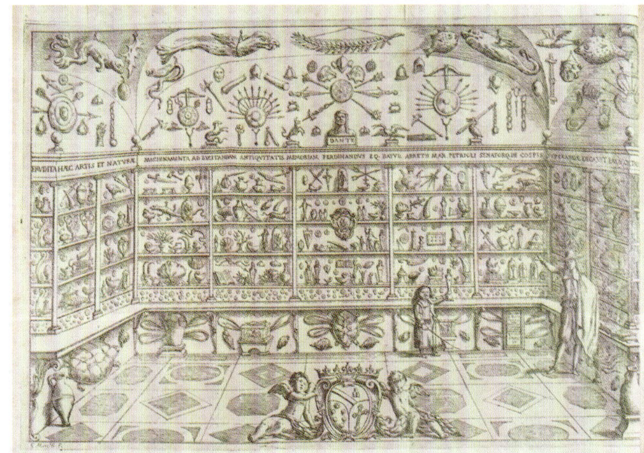

catalogar sus colecciones, incluido un inventario pintado de su *Wunderkammer*. Junto con el pintor flamenco Joris Hoefnagel (1542–1601) y el grabador Aegidius Sadeler (1568–1629), Arcimboldo recibió el encargo de representar los especímenes de las colecciones botánicas y zoológicas imperiales. Praga era entonces el epicentro internacional del manierismo, atrayendo a pintores como Bartholomeus Spranger, Hans von Aachen (1552–1615), Joseph Heintz el Viejo (1564–1609) y Roelant Savery (1576–1639); orfebres como Paul van Vianen (*c.*1570/2–1613) y Jan Vermeyen (antes de 1559–1606); escultores como Adriaen de Vries (1556–1626); y maestros lapidarios como la familia Miseroni de Milán y los Castrucci de Florencia.

estados da matéria. Ele também teve as suas coleções catalogadas, incluindo um inventário pintado da sua *Wunderkammer*. Juntamente com o pintor flamengo Joris Hoefnagel (1542–1601) e o gravador Aegidius Sadeler (1568–1629), Arcimboldo foi contratado para represntar os exemplares das coleções botânicas e zoológicas imperiais. Praga era então o epicentro internacional do Maneirismo, atraindo pintores como Bartholomeus Spranger, Hans von Aachen (1552–1615), Joseph Heintz the Elder (1564–1609) e Roelant Savery (1576–1639); ourives como Paul van Vianen (*c.*1570/2–1613) e Jan Vermeyen (antes de 1559–1606); escultores como Adriaen de Vries (1556–1626); e mestres lapidários como a família Miseroni de Milão e os Castrucci de Florença.

Hij liet ook zijn collecties catalogiseren, waaronder een geschilderde inventaris van zijn *Wunderkammer*. Samen met de Vlaamse schilder Joris Hoefnagel (1542–1601) en de graveur Aegidius Sadeler (1568–1629) kreeg Arcimboldo de opdracht om de specimens uit de keizerlijke botanische en zoölogische collecties af te beelden. Praag was in die tijd het internationale epicentrum van het maniërisme en trok schilders aan als Bartholomeus Spranger, Hans von Aachen (1552–1615), Joseph Heintz de Oude (1564–1609) en Roelant Savery (1576–1639); goudsmeden als Paul van Vianen (*ca.* 1570–1613) en Jan Vermeer (*ca. 1613).*/2–1613) en Jan Vermeyen (voor 1559–1606); beeldhouwers zoals Adriaen de Vries (1556–1626); en meester-beeldhouwers zoals de familie Miseroni uit Milaan en de Castrucci uit Florence.

Underneath this pair of pen-and-ink sketches of Rudolf II, Giuseppe Arcimboldo has noted that he attended the coronations of Rudolf as Holy Roman Emperor in Regensburg on I November 1575 (left) and as King of Bohemia on St Matthew's Day, September 1575 (right). His sketches of the imperial crown, handed down from Charlemagne, and the Bohemian crown, from St Wenceslas, are very detailed.

Debajo de este par de bocetos a pluma y tinta de Rodolfo II, Giuseppe Arcimboldo ha anotado que asistió a las coronaciones de Rodolfo como emperador del Sacro Imperio Romano Germánico en Ratisbona el 1 de noviembre de 1575 (izquierda) y como rey de Bohemia el día de San Mateo, septiembre de 1575 (derecha). Sus bocetos de la corona imperial, heredada de Carlomagno, y de la corona de Bohemia, de San Wenceslao, son muy detallados.

Sous chacune des deux effigies dessinées de Rodolphe II, Giuseppe Arcimboldo écrit qu'il a assisté aux couronnements de Ratisbonne le 1er novembre 1575 (à gauche), pour le titre de roi des Romains, et le jour de la saint Matthieu en septembre 1575 (à droite), pour celui de roi de Bohême. Il a restitué avec force détails la couronne impériale, héritée de Charlemagne, et celle de Bohême, reçue de saint Wenceslas.

Sob cada uma das efígies de Rodolfo II, Giuseppe Arcimboldo escreveu que havia participado das coroações de Rodolfo como Sacro Imperador Romano em Regensburg, em 1º de novembro de 1575 (à esquerda), e como Rei da Boêmia, no dia de São Mateus, em setembro de 1575 (à direita). Ele restaurou em grande detalhe a coroa imperial, herdada de Carlos Magno, e a da Boêmia, recebida de São Venceslau.

Unter diesem Paar Federzeichnungen Rudolfs II. hat Giuseppe Arcimboldo vermerkt, dass er bei den Krönungen Rudolfs zum Kaiser des Heiligen Römischen Reiches in Regensburg am 1. November 1575 (links) und zum König von Böhmen am Matthäusfest im September 1575 (rechts) zugegen war. Seine Skizzen der von Karl dem Großen vererbten Kaiserkrone und der böhmischen Krone des heiligen Wenzel sind sehr detailliert.

Onder dit paar pentekeningen van Rudolf II heeft Giuseppe Arcimboldo genoteerd dat hij aanwezig was bij de kroning van Rudolf tot keizer in Regensburg op 1 november 1575 (links) en als koning van Bohemen op Matteüsdag, september 1575 (rechts). Zijn schetsen van de keizerlijke kroon, overgeleverd van Karel de Grote, en de Boheemse kroon, van St. Wenceslas, zijn zeer gedetailleerd.

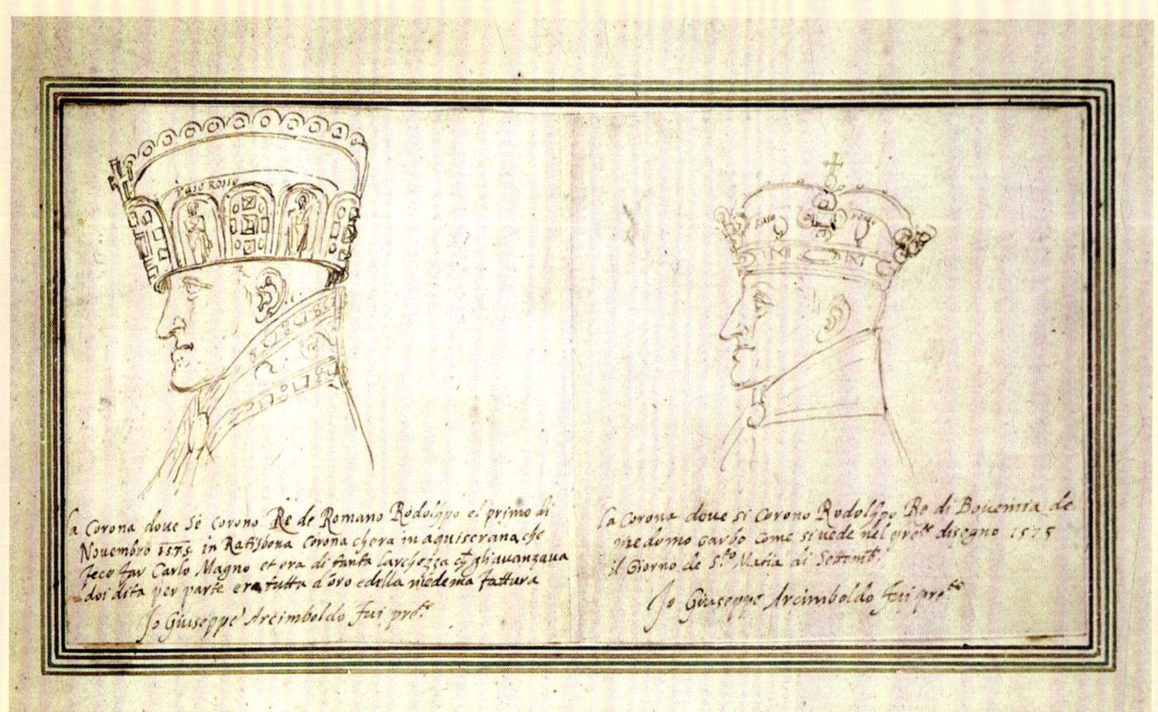

Two Portraits of Rudolf II with Crown

Deux portraits de Rodolphe II couronné

Zwei Porträts von Rudolf II. mit Krone

Dos retratos de Rodolfo II con corona

Dois retratos de Rodolfo II com a coroa

Twee portretten van Rudolf II met kroon

1575, Ink on paper/Encre sur papier,
16,8 x 16,5 and 15,8 x 15,7 cm,
Národní galerie, Praha

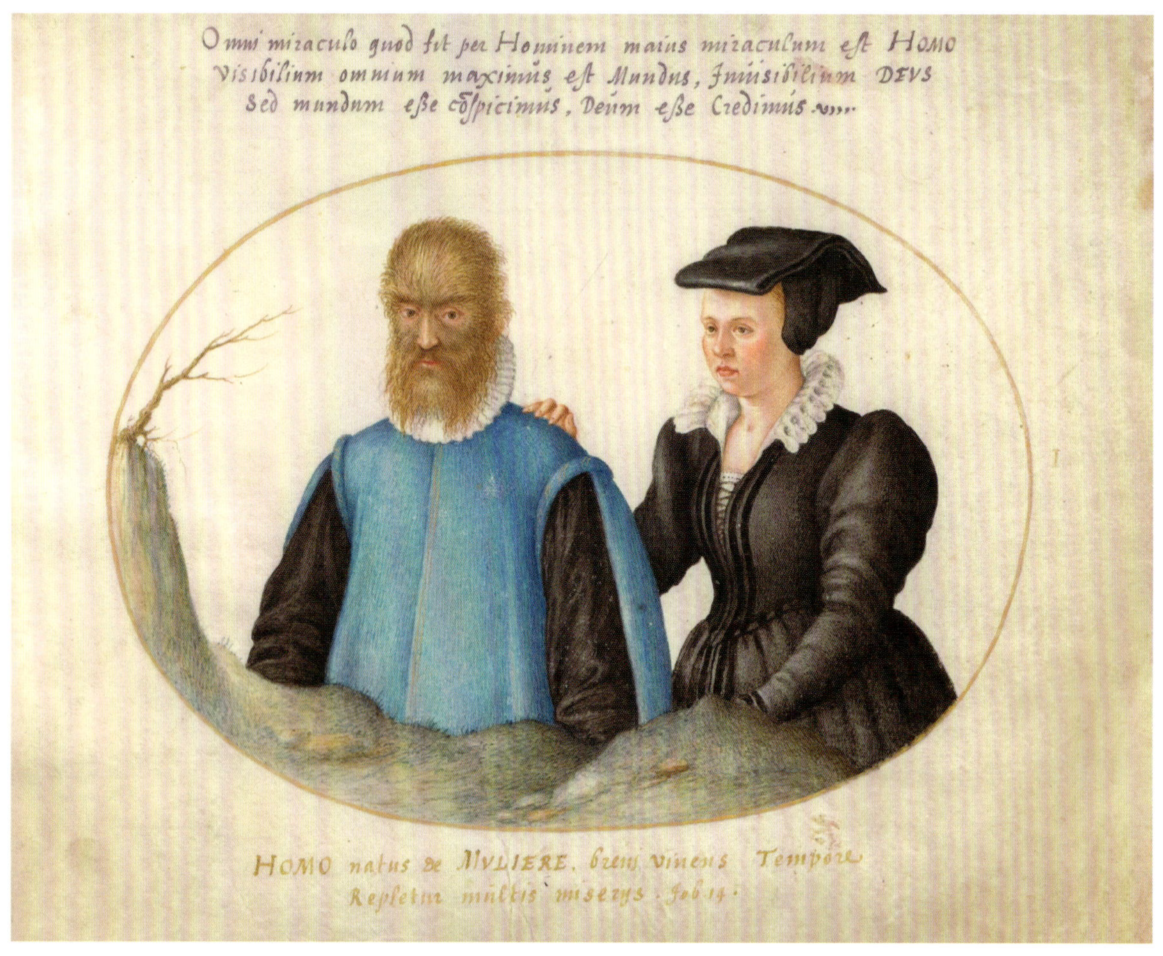

Joris Hoefnagel (1542-1601)

Pedro González and his Wife Catherine,
plate from *Animalia Rationalia et Insecta*

Pedro González et sa femme, Catherine,
planche de *Animalia Rationalia et Insecta*

Pedro González und seine Gemahlin Katharina,
Tafel aus: *Animalia Rationalia et Insecta*

Pedro González y su esposa Catalina,
lámina de *Animalia Rationalia et Insecta*

Pedro González e sua esposa Catherine,
ilustração de *Animalia Rationalia et Insecta*

Pedro González en zijn vrouw Catharina,
plaat uit *Animalia Rationalia et Insecta*

c. 1575-80, Watercolour and gouache on paper/Aquarelle et gouache sur papier, 14,3 × 18,4 cm, National Gallery of Art, Washington

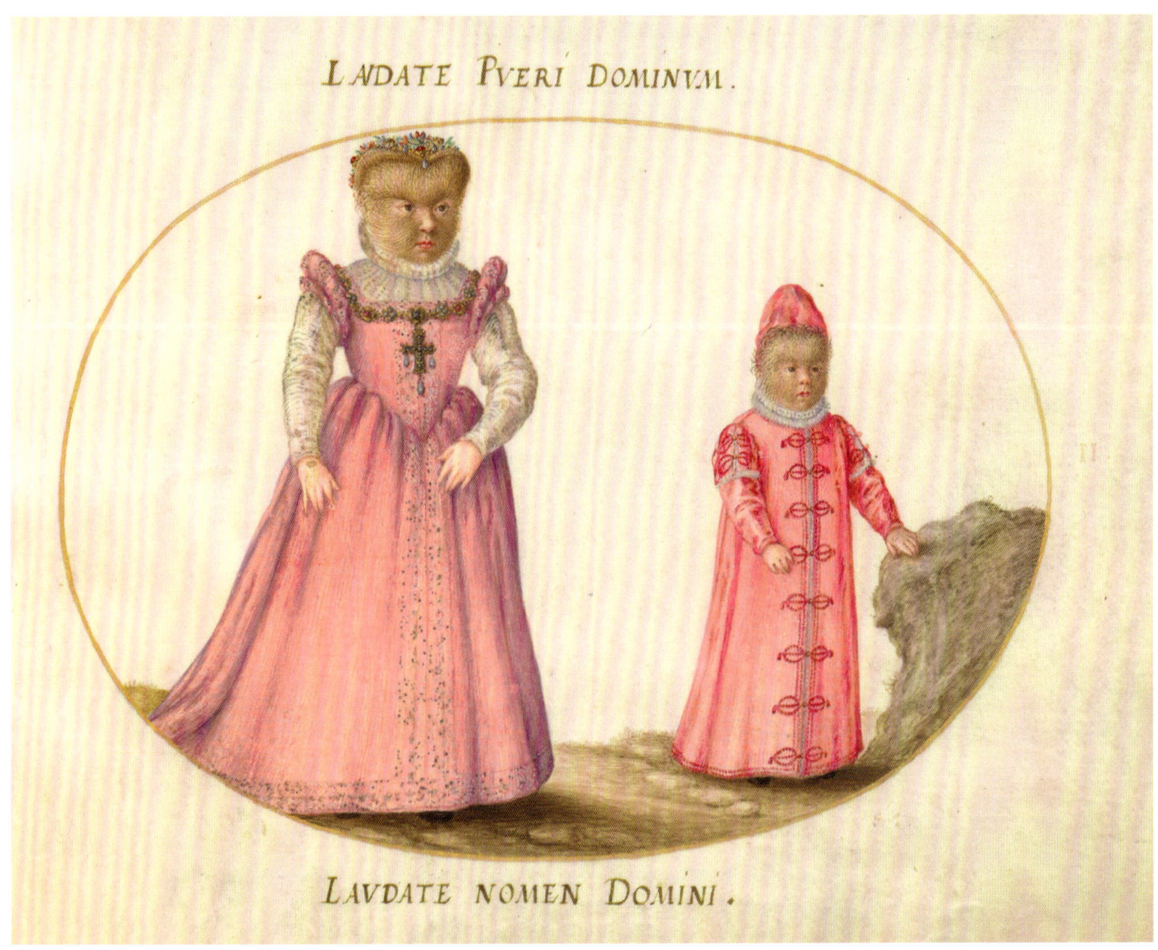

Joris Hoefnagel (1542-1601)

Maddalena and Enrico, the children of Pedro González,* plate from *Animalia Rationalia et Insecta

Maddalena et Enrico, les enfants de Pedro González,* planche de *Animalia Rationalia et Insecta

Maddalena und Enrico, die Kinder von Pedro González,* Tafel aus: *Animalia Rationalia et Insecta

Maddalena y Enrico, los hijos de Pedro González,* lámina de *Animalia Rationalia et Insecta

Maddalena e Enrico, os filhos de Pedro González,* ilustração de *Animalia Rationalia et Insecta

Maddalena en Enrico, de kinderen van Pedro González,* plaat uit *Animalia Rationalia et Insecta

c. 1575-80, Watercolour and gouache on paper/Aquarelle et gouache sur papier, 14,3 × 18,4 cm, National Gallery of Art, Washington

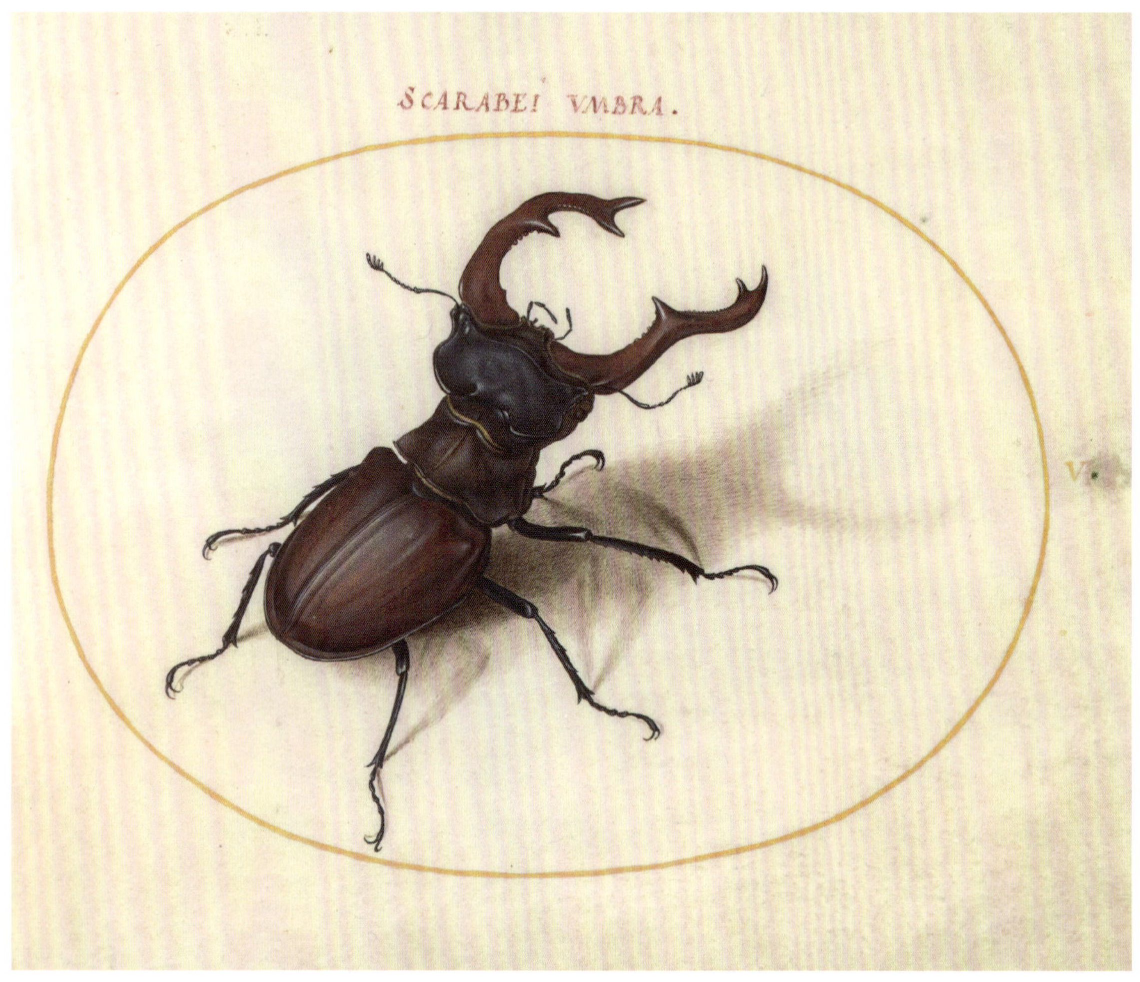

Joris Hoefnagel (1542-1601)

Stag Beetle*, plate from *Animalia Rationalia et Insecta

Hirschkäfer*, Tafel aus: *Animalia Rationalia et Insecta

Besouro vaca-loura*, ilustração de *Animalia Rationalia et Insecta

Coléoptère*, planche de *Animalia Rationalia et Insecta

Escarabajo ciervo*, lámina de *Animalia Rationalia et Insecta

Vliegend hert*, plaat uit *Animalia Rationalia et Insecta

c. 1575-80, Watercolour and gouache on paper/Aquarelle et gouache sur papier, 14,3 × 18,4 cm, National Gallery of Art, Washington

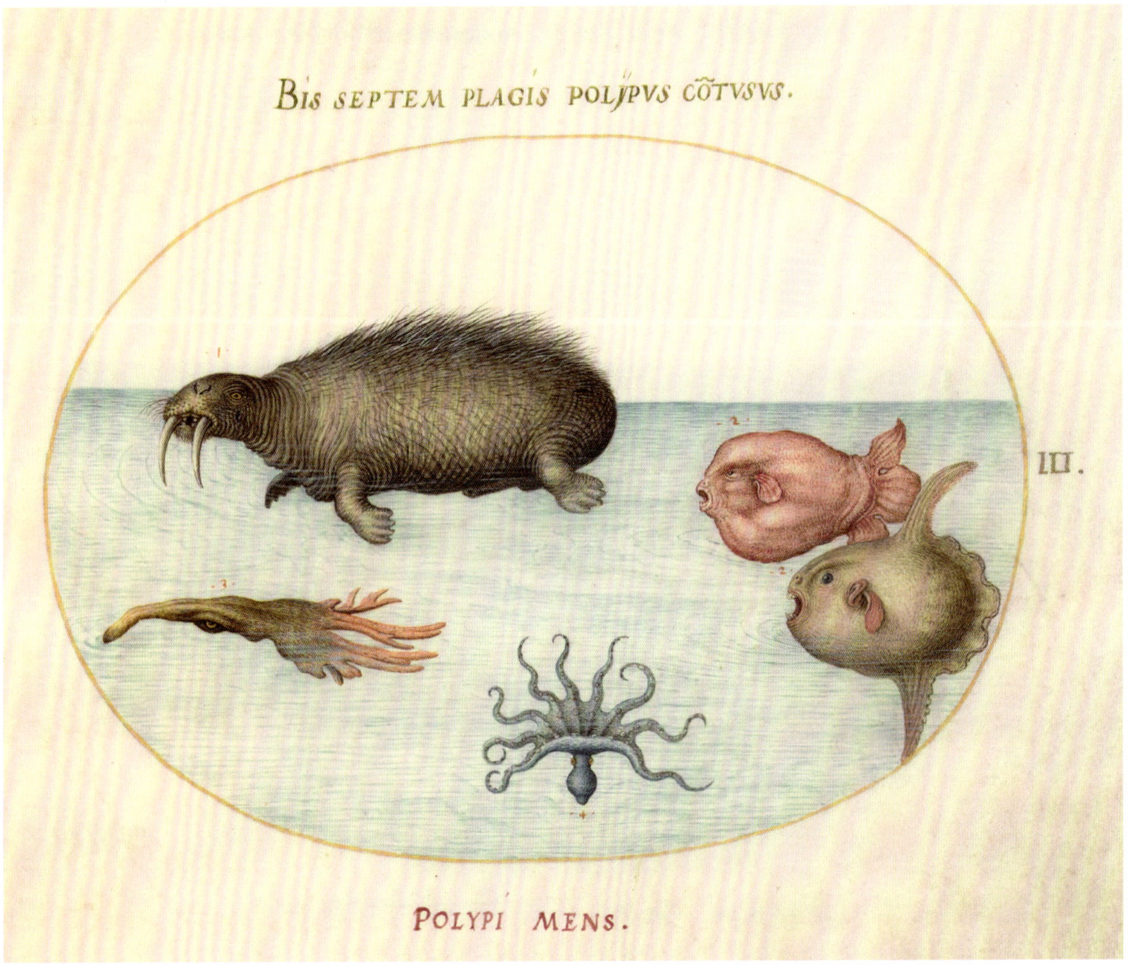

Joris Hoefnagel (1542-1601)

A Walrus, a Nine-Legged Octopus and Ocean Sunfish*, plate from *Animalia Rationalia et Insecta

Morse, pieuvre et poisson-lune*, planche de *Animalia Rationalia et Insecta

Ein Walross, ein Tintenfisch und ein Mondfisch*, Tafel aus: *Animalia Aqvatilia et Cochiliata

Una morsa, un pulpo de nueve patas y un pez luna*, placa de *Animalia Rationalia et Insecta

Uma morsa, um polvo e um peixe-sol do oceano*, ilustração de *Animalia Rationalia et Insecta

Een walrus, een negenarmige octopus en een maanvis*, plaat uit *Animalia Rationalia et Insecta

c. 1575-80, Watercolour and gouache on paper/Aquarelle et gouache sur papier, 14,3 × 18,4 cm, National Gallery of Art, Washington

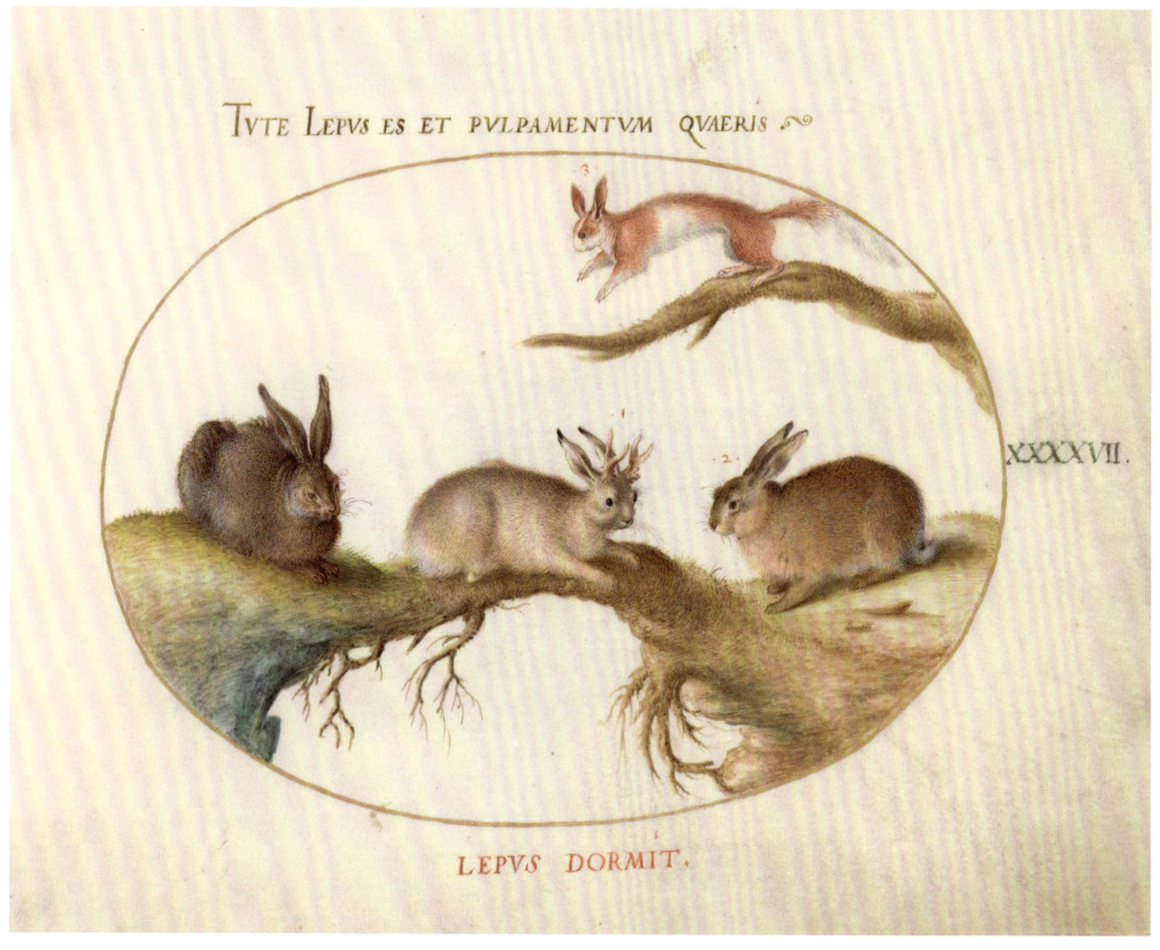

Joris Hoefnagel (1542-1601)

A Hare, "Jackalope", a Rabbit and a Spotted Squirrel, **plate from** ***Animalia Qvadrvpedia et Reptilia***

Un lièvre, une « chacalope », un lapin et un écureuil tacheté, **planche de** ***Animalia Qvadrvpedia et Reptilia***

Ein Hase, eine „Schakalope", ein Kaninchen und ein geflecktes Eichhörnchen, **Tafel aus:** ***Animalia Qvadrvpedia et Reptilia***

Una liebre, un "Jackalope", un Conejo y una Ardilla Moteada, **placa de** ***Animalia Qvadrvpedia et Reptilia***

Uma lebre, um "Jackalope", um coelho e um esquilo-do-campo manchado, **ilustração de** ***Animalia Qvadrvpedia et Reptilia***

Een haas, een "jackalope", een konijn en een gevlekte eekhoorn, **plaat uit** ***Animalia Qvadrvpedia et Reptilia***

c. 1575-80, Watercolour and gouache on paper/Aquarelle et gouache sur papier, 14,3 × 18,4 cm, National Gallery of Art, Washington

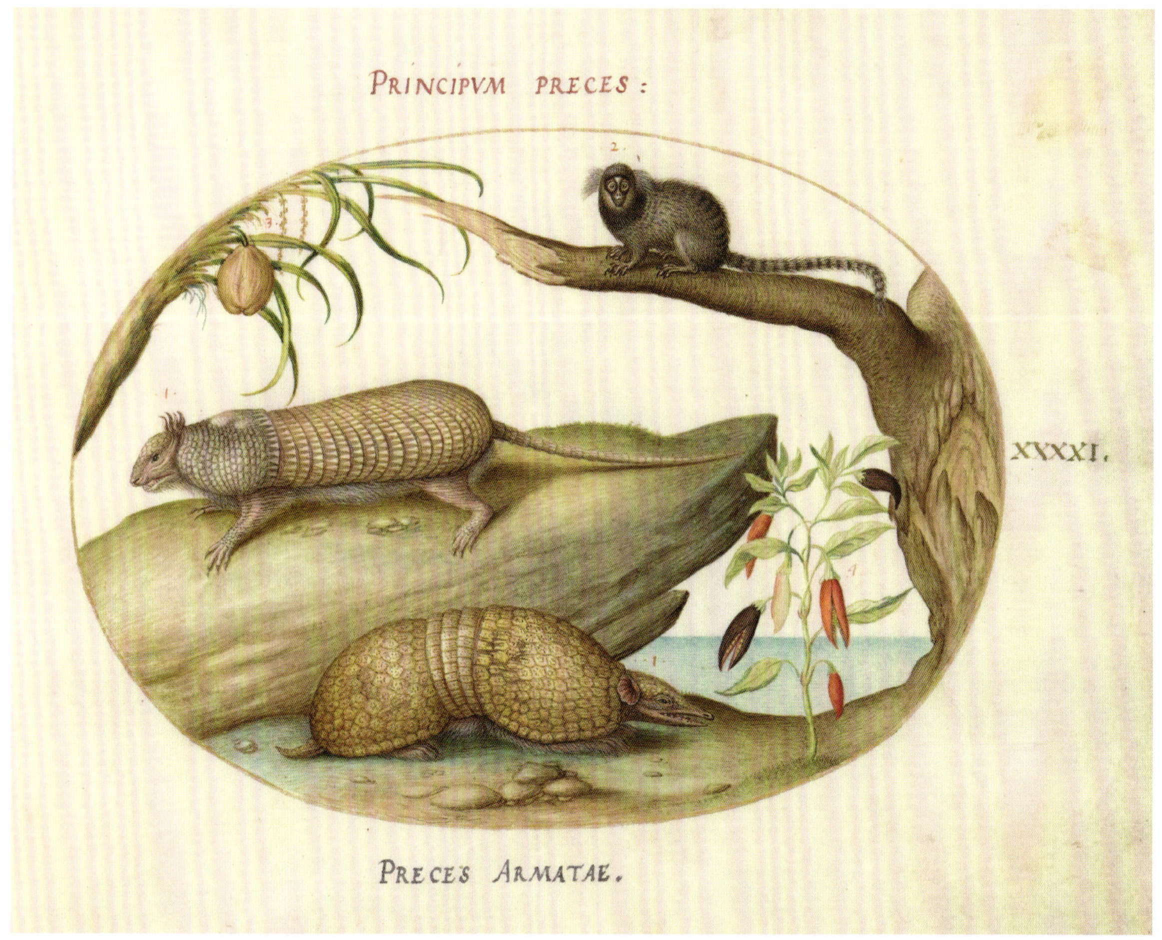

Joris Hoefnagel (1542-1601)

Two Types of Armadillos, with a Marmoset, a Coconut Palm and a Pepper Plant*, plate from *Animalia Qvadrvpedia et Reptilia

Deux types de tatous avec un ouistiti, un cocotier et un poivrier*, planche de *Animalia Qvadrvpedia et Reptilia

Zwei Arten von Gürteltieren, mit einem Pinseläffchen, einer Kokospalme und einer Pfefferpflanze*, Tafel aus: *Animalia Qvadrvpedia et Reptilia

Dos tipos de armadillos, con un tití, un cocotero y una planta de pimiento*, lámina de *Animalia Qvadrvpedia et Reptilia

Dois tipos de tatu com um saguim, um coqueiro e uma pimenteira*, ilustração de *Animalia Qvadrvpedia et Reptilia

Twee soorten gordeldieren met een marmot, een kokospalm en een peperplant*, plaat uit *Animalia Qvadrvpedia et Reptilia

c. 1575-80, Watercolour and gouache on paper/Aquarelle et gouache sur papier, 14,3 × 18,4 cm, National Gallery of Art, Washington

In the early 1580s, Arcimboldo was engaged on a project for the decoration of the Prague palace of Baron Hoffmann (1540-1607), president of the imperial chamberlain's office (Hofkammer), on the theme of silk, wool and linen manufacture. Only the thirteen drawings that accompanied his letter to Ferdinand Hoffmann von Grünbichl und Strechau, dated 1586-7, now testify to his knowledge of the silk manufacturing process.

A principios de la década de 1580, Arcimboldo participó en un proyecto para la decoración del palacio praguense del barón Hoffmann (1540-1607), presidente de la cámara imperial (Hofkammer), sobre el tema de la manufactura de la seda, la lana y el lino. Sólo los trece dibujos que acompañaban su carta a Ferdinand Hoffmann von Grünbichl und Strechau, fechada en 1586-7, atestiguan actualmente su conocimiento del proceso de fabricación de la seda.

Au début des années 1580, Giuseppe Arcimboldo travaille à un projet de décor sur le thème de la fabrication de la soie et du travail de la laine et du lin pour le palais praguois du baron Hoffmann (1540-1607), président de la chambre impériale des finances (*Hofkammer*). Seuls subsistent les 13 dessins accompagnant sa lettre adressée à Ferdinand Hoffmann von Grünbichl und Strechau, datée de 1586-1587, qui attestent ses connaissances en matière de séricìculture.

No início da década de 1580, Giuseppe Arcimboldo estava envolvido em um projeto para a decoração do palácio de Praga do Barão Hoffmann (1540-1607), presidente da Câmara Imperial de Finanças (Hofkammer), sobre o tema da produção de seda e do processamento de lã e linho. Apenas os treze desenhos que acompanharam sua carta a Ferdinand Hoffmann von Grünbichl und Strechau, datada de 1586-1587, permanecem como evidência de seu conhecimento sobre a sericultura.

Anfang der 1580er-Jahre war Arcimboldo mit einem Projekt für die Dekoration des Prager Palastes von Baron Hoffmann (1540–1607), dem Präsidenten der kaiserlichen Hofkammer, zum Thema Seiden-, Woll- und Leinenherstellung beschäftigt. Nur die dreizehn Zeichnungen, die seinem Brief an Ferdinand Hoffmann von Grünbichl und Strechau aus den Jahren 1586–7 beigefügt waren, zeugen heute noch von seinen Kenntnissen über die Seidenherstellung.

In het begin van de jaren 1580 werkte Arcimboldo aan een project voor de decoratie van het Praagse paleis van baron Hoffmann (1540-1607), voorzitter van de keizerlijke kamerheer (Hofkammer), met als thema de vervaardiging van zijde, wol en linnen. Alleen de dertien tekeningen bij zijn brief aan Ferdinand Hoffmann von Grünbichl und Strechau, gedateerd 1586-7, getuigen nu van zijn kennis van het zijdeproductieproces.

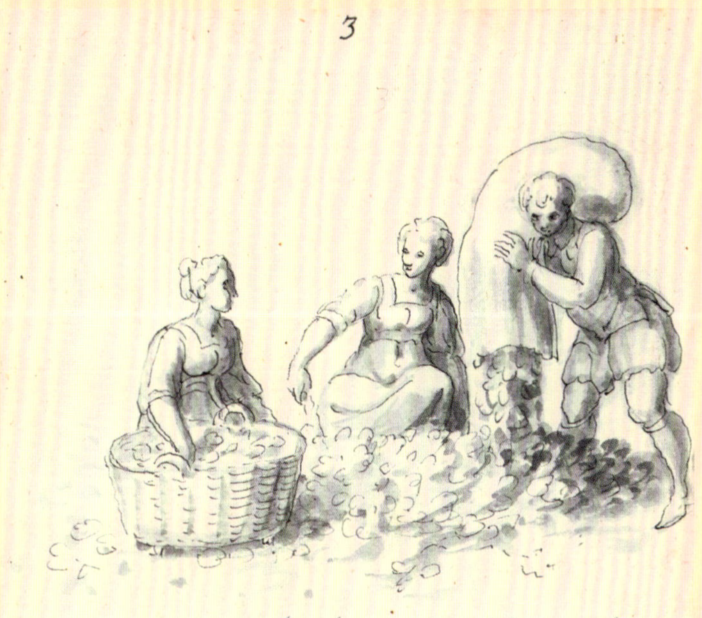

Letter to Baron Ferdinand Hoffmann

Lettre illustrée au baron Hoffmann

Brief an Baron Ferdinand Hoffmann

Carta al barón Ferdinand Hoffmann

Carta ilustrada para o Barão Hoffmann

Brief aan baron Ferdinand Hoffmann

c. 1586, Pen, blue ink and watercolour on paper/ Plume, encre bleue et aquarelle sur papier, 32 × 21,5 cm, Museum of Fine Arts, Boston

Costumes, scenery and festivities

In Vienna and later in Prague, even more than in Milan at the start of his career, Arcimboldo was busily employed on the design and staging of festivities, with a succession of coronations, weddings and triumphal entries punctuated by tournaments, armed combats and parades. The emperor and his entourage featured as the costumed heroes of the sumptuous processions that he choreographed in music and verse, against ephemeral backdrops. In 1585, he presented Rudolf II with several collections of drawings of festive costumes and accessories; of these, only a portfolio of 150 drawings in blue ink, now in the Uffizi Gallery in Florence, has survived.

Costumes, décors et festivités

Plus encore qu'à Milan au début de sa carrière, la conception et la mise en scène de festivités occupent Giuseppe Arcimboldo à Vienne, puis à Prague. Couronnements, noces et entrées triomphales se succèdent, ponctués de tournois, combats et autres défilés. L'empereur et ses proches sont les héros costumés des processions fastueuses que le Milanais chorégraphie, en musique et en vers, dans des décors éphémères. En 1585, il offre à Rodolphe II plusieurs recueils dessinés de costumes et d'accessoires de fête, dont seul le portfolio de 150 dessins à l'encre bleue conservé à la galerie des Offices de Florence subsiste.

Kostüme, Kulissen und Festlichkeiten

In Wien und später in Prag war Arcimboldo, mehr noch als in Mailand zu Beginn seiner Karriere, mit der Gestaltung und Inszenierung von Festlichkeiten beschäftigt, eine Reihe von Krönungen, Hochzeiten und triumphalen Einzügen, die von Turnieren, bewaffneten Kämpfen und Paraden untermalt wurden. Der Kaiser und sein Gefolge waren die kostümierten Helden der prächtigen Umzüge, die Arcimboldo mit Musik und Versen vor ephemeren Kulissen choreografierte. Im Jahr 1585 schenkte er Rudolf II. mehrere Sammlungen von Zeichnungen festlicher Kostüme und Accessoires, von denen nur eine Mappe mit 150 Zeichnungen in blauer Tinte erhalten ist, die sich heute in den Uffizien in Florenz befindet.

Study for Costume, Portfolio of Costumes and Drawings for Court Festivities and Tournaments

Étude de costume, dans Recueil de tournois, de costumes et de mascarades

Studie für Kostüm, Mappe mit Kostümen und Zeichnungen für höfische Feste und Turniere

Estudio para traje, Cartera de trajes y dibujos para fiestas y torneos de la corte

Estudo para traje, Portfólio de trajes e desenhos para festividades e torneios da corte

Studie voor kostuum, Portfolio van kostuums en tekeningen voor hoffeesten en toernooien

1585, Pen, ink and blue wash on paper/ Plume et lavis bleu sur papier, Gallerie degli Uffizi, Firenze

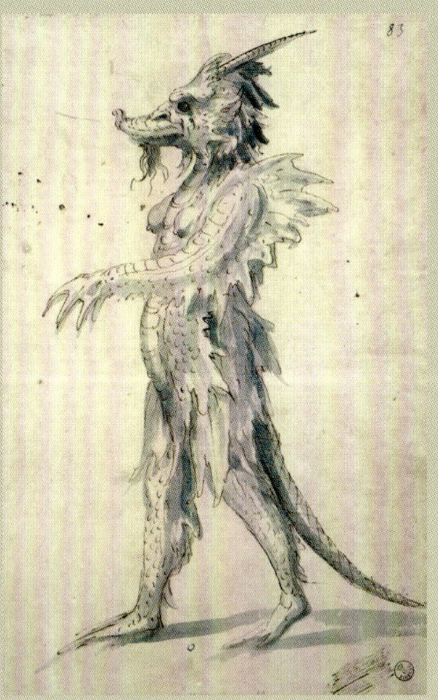

Trajes, decorados y fiestas
En Viena y más tarde en Praga, incluso más que en Milán al principio de su carrera, Arcimboldo se dedicó al diseño y puesta en escena de festividades, con una sucesión de coronaciones, bodas y entradas triunfales salpicadas de torneos, combates armados y desfiles. El emperador y su séquito eran los héroes disfrazados de las suntuosas procesiones que él coreografiaba con música y versos, sobre efímeros telones de fondo. En 1585, regaló a Rodolfo II varias colecciones de dibujos de trajes y accesorios festivos; de ellas, sólo se conserva una carpeta de 150 dibujos en tinta azul, hoy en la Galería de los Uffizi de Florencia.

Trajes, cenários e festividades
Em Viena e mais tarde em Praga, mais ainda do que em Milão no início da sua carreira, Arcimboldo dedicou-se ativamente à concepção e encenação de festividades, com uma sucessão de coroações, casamentos e entradas triunfais pontuadas por torneios, combates armados e desfiles. O imperador e sua corte eram os heróis fantasiados das suntuosas procissões que ele coreografava em música e verso, com cenários efêmeros. Em 1585, presenteou Rudolf II com várias coleções de desenhos de trajes e acessórios festivos; destes, apenas sobreviveu um portfólio de 150 desenhos em tinta azul, atualmente na Galeria Uffizi, em Florença.

Kostuums, decor en festiviteiten
In Wenen en later in Praag, nog meer dan in Milaan aan het begin van zijn carrière, was Arcimboldo druk bezig met het ontwerpen en ensceneren van festiviteiten, met een opeenvolging van kroningen, bruiloften en triomfantelijke intochten, afgewisseld met toernooien, gewapende gevechten en parades.
De keizer en zijn gevolg figureerden als de gekostumeerde helden van de weelderige processies die hij choreografeerde in muziek en vers, tegen vergankelijke coulissen. In 1585 schonk hij Rudolf II verschillende verzamelingen tekeningen van feestelijke kostuums en accessoires; hiervan is alleen een portfolio van 150 tekeningen in blauwe inkt bewaard gebleven, nu in de Uffizi Gallery in Florence.

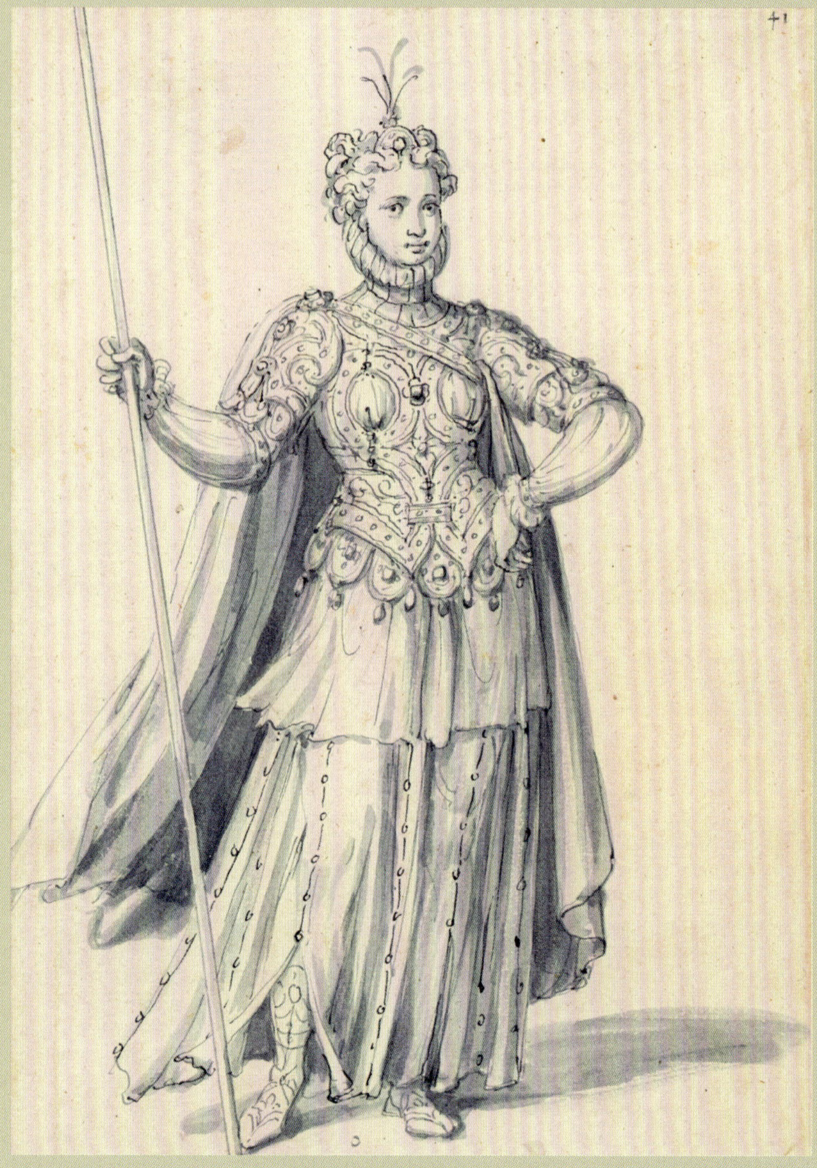

Study for Costume*, *Portfolio of Costumes and Drawings for Court Festivities and Tournaments

Étude de costume*, dans *Recueil de tournois, de costumes et de mascarades

Studie für Kostüm*, *Mappe mit Kostümen und Zeichnungen für höfische Feste und Turniere

Estudio para traje*, *Cartera de trajes y dibujos para fiestas y torneos de la corte

Estudo para traje*, *Portfólio de trajes e desenhos para festividades e torneios da corte

Studie voor kostuum*, *Portfolio van kostuums en tekeningen voor hoffeesten en toernooien

1585, Pen, ink and blue wash on paper/
Plume et lavis bleu sur papier,
Gallerie degli Uffizi, Firenze

Study for Costume, Portfolio of Costumes and Drawings for Court Festivities and Tournaments

Étude de costume,* dans *Recueil de tournois, de costumes et de mascarades

Studie für Kostüm, Mappe mit Kostümen und Zeichnungen für höfische Feste und Turniere

Estudio para traje, Cartera de trajes y dibujos para fiestas y torneos de la corte

Estudo para traje, Portfólio de trajes e desenhos para festividades e torneios da corte

Studie voor kostuum, Portfolio van kostuums en tekeningen voor hoffeesten en toernooien

1585, Pen, ink and blue wash on paper/ Plume et lavis bleu sur papier, Gallerie degli Uffizi, Firenze

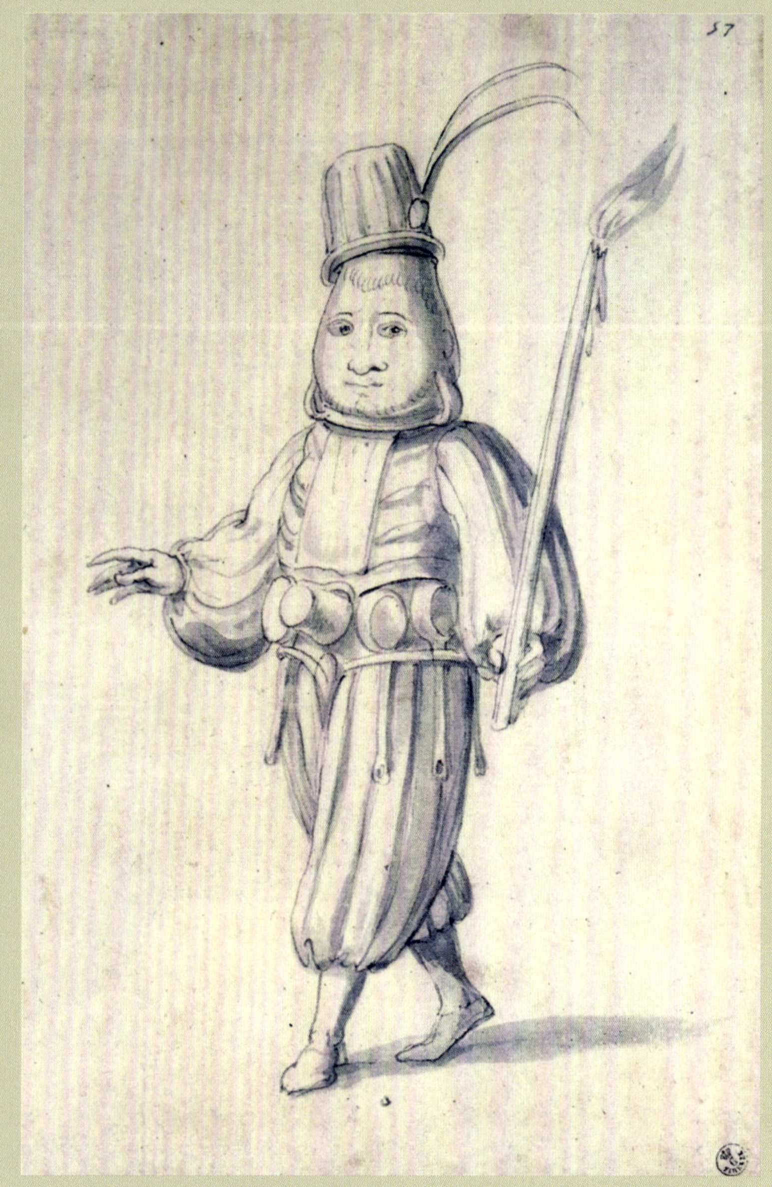

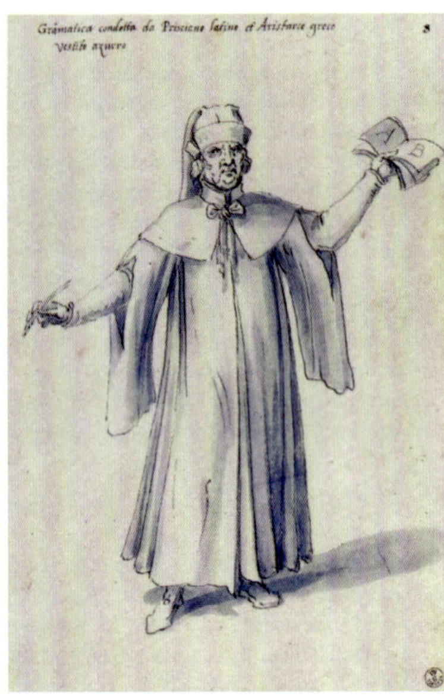

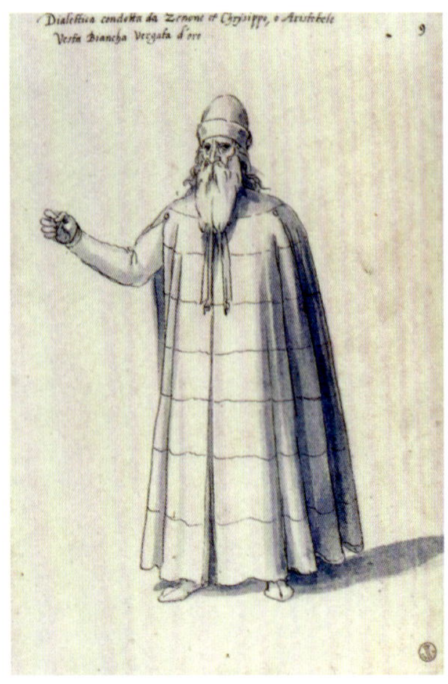

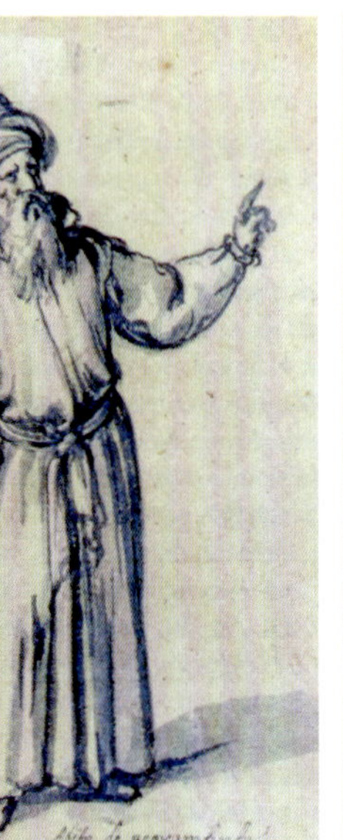

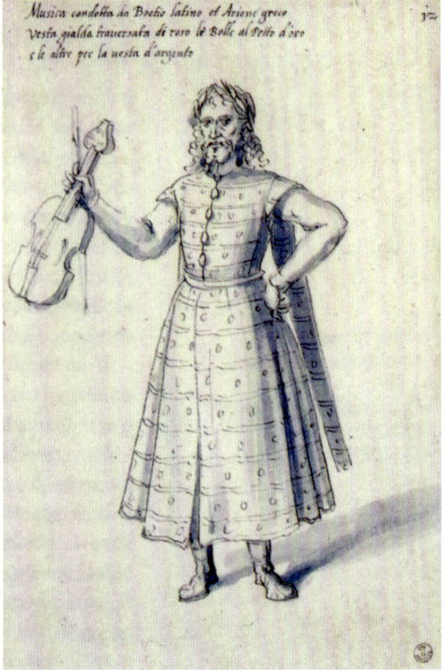

Studies for Costumes, Portfolio of Costumes and Drawings for Court Festivities and Tournaments

Études de costumes, **dans *Recueil de tournois, de costumes et de mascarades***

Studien für Kostüme, Mappe mit Kostümen und Zeichnungen für höfische Feste und Turniere

Estudios para trajes, Cartera de trajes y dibujos para fiestas y torneos de la corte

Estudos para trajes, Portfólio de trajes e desenhos para festividades e torneios da corte

Studies voor kostuums, Portfolio van kostuums en tekeningen voor hoffeesten en toernooien

1585, Pen, ink and blue wash on paper/ Plume et lavis bleu sur papier, Gallerie degli Uffizi, Firenze

Studies for Costumes, Portfolio of Costumes and Drawings for Court Festivities and Tournaments

Études de costumes,* dans *Recueil de tournois, de costumes et de mascarades

Studien für Kostüme, Mappe mit Kostümen und Zeichnungen für höfische Feste und Turniere

Estudios para trajes, Cartera de trajes y dibujos para fiestas y torneos de la corte

Estudos para trajes, Portfólio de trajes e desenhos para festividades e torneios da corte

Studies voor kostuums, Portfolio van kostuums en tekeningen voor hoffeesten en toernooien

1585, Pen, ink and blue wash on paper/ Plume et lavis bleu sur papier, Gallerie degli Uffizi, Firenze

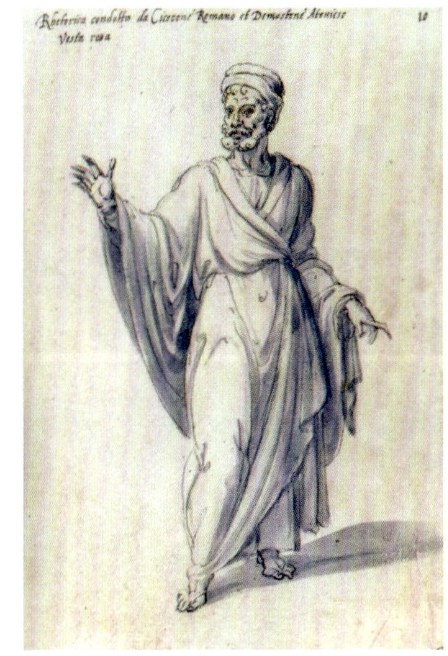

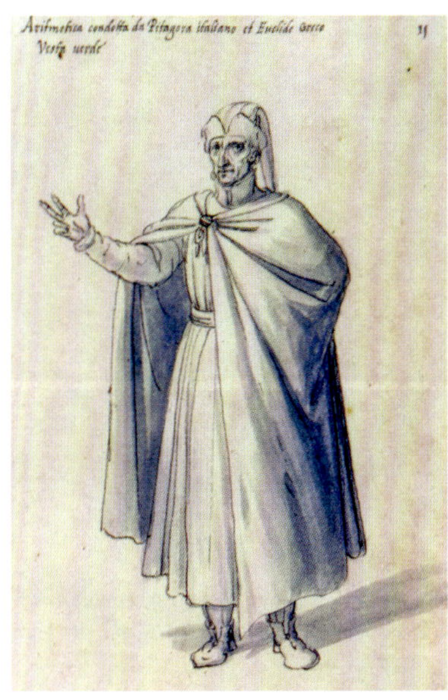

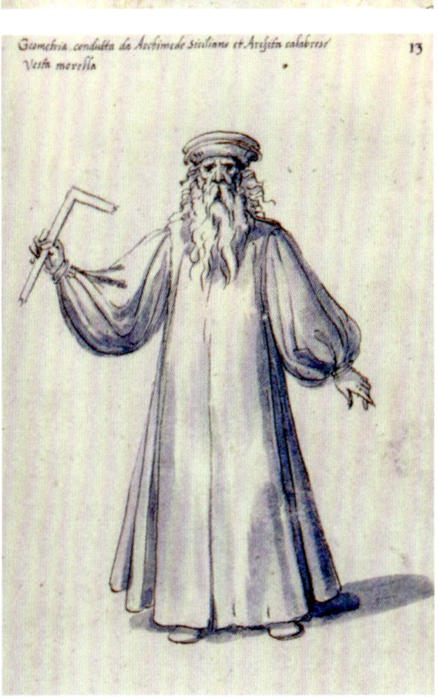

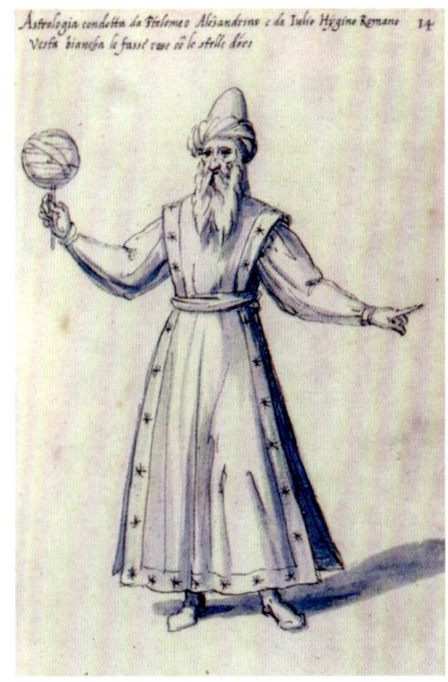

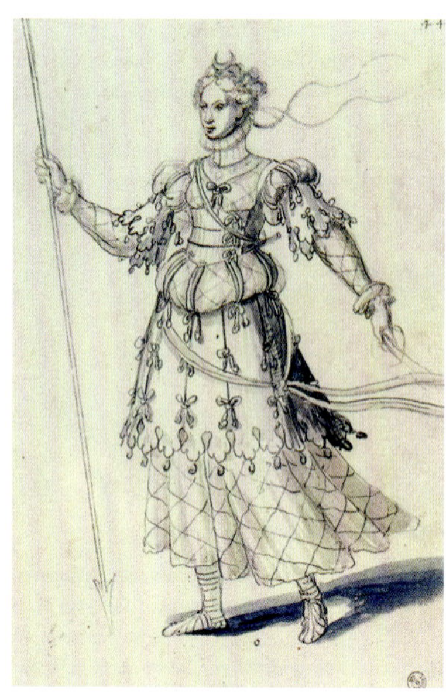

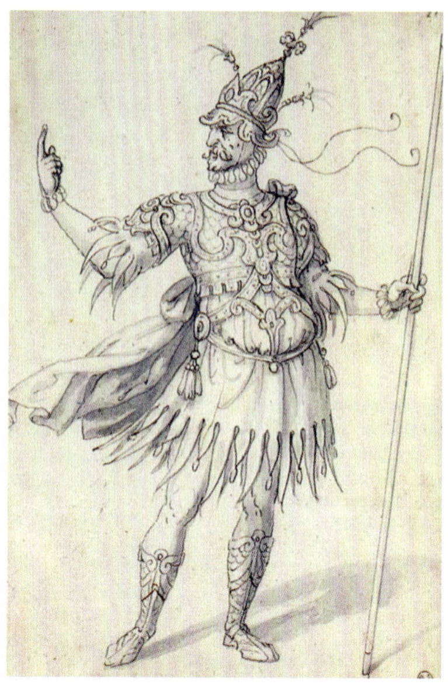

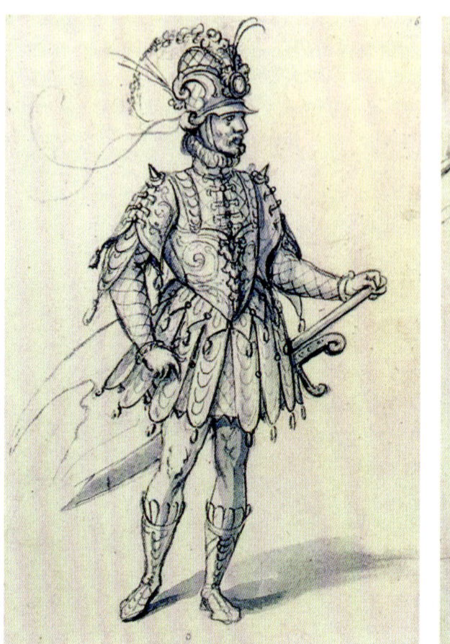

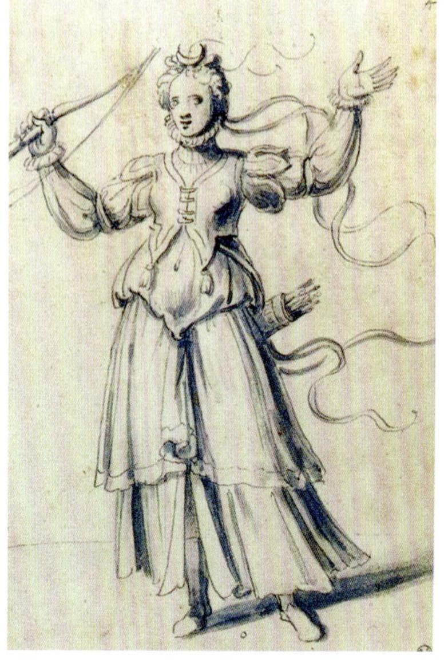

Studies for Costumes, Portfolio of Costumes and Drawings for Court Festivities and Tournaments

Études de costumes,* dans *Recueil de tournois, de costumes et de mascarades

Studien für Kostüme, Mappe mit Kostümen und Zeichnungen für höfische Feste und Turniere

Estudios para trajes, Cartera de trajes y dibujos para fiestas y torneos de la corte

Estudos para trajes, Portfólio de trajes e desenhos para festividades e torneios da corte

Studies voor kostuums, Portfolio van kostuums en tekeningen voor hoffeesten en toernooien

1585, Pen, ink and blue wash on paper/ Plume et lavis bleu sur papier, Gallerie degli Uffizi, Firenze

Studies for Costumes, Portfolio of Costumes and Drawings for Court Festivities and Tournaments

Études de costumes,* dans *Recueil de tournois, de costumes et de mascarades

Studien für Kostüme, Mappe mit Kostümen und Zeichnungen für höfische Feste und Turniere

Estudios para trajes, Cartera de trajes y dibujos para fiestas y torneos de la corte

Estudos para trajes, Portfólio de trajes e desenhos para festividades e torneios da corte

Studies voor kostuums, Portfolio van kostuums en tekeningen voor hoffeesten en toernooien

1585, Pen, ink and blue wash on paper/ Plume et lavis bleu sur papier, Gallerie degli Uffizi, Firenze

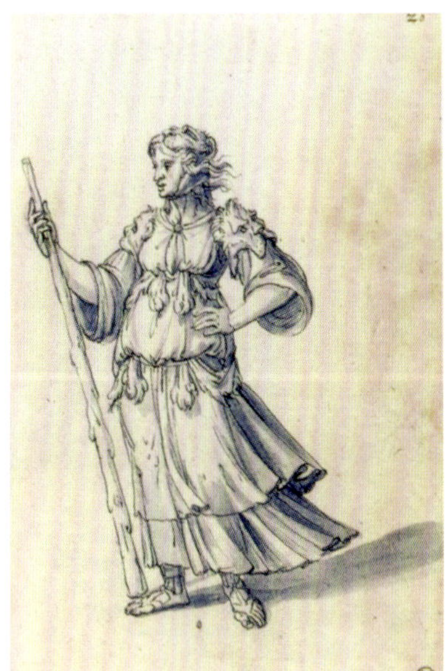

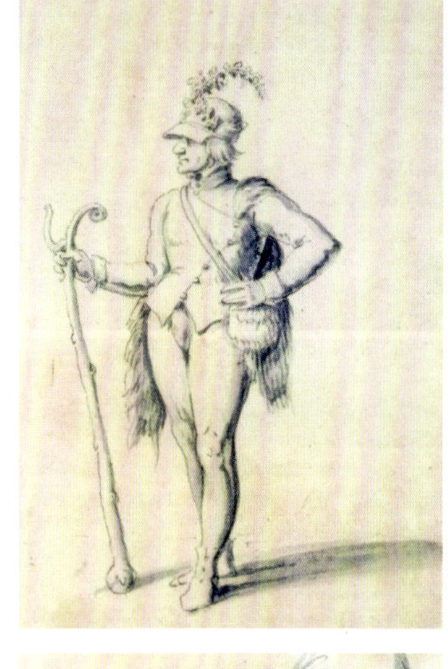

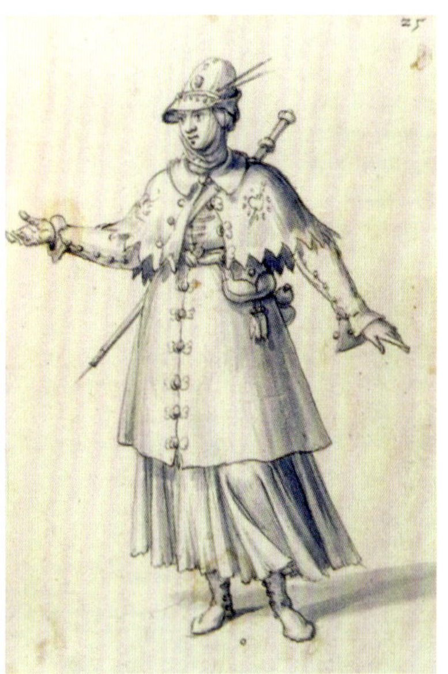

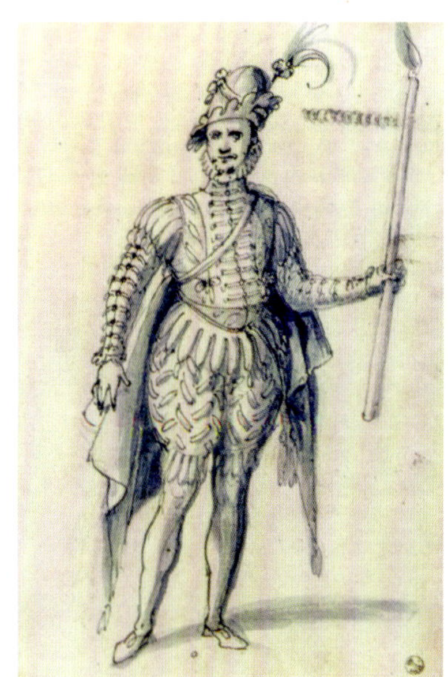

The fabulous collections of Rudolf II
In 1582, Rudolf II commissioned Arcimboldo to acquire antiques and objets d'art, as well as wonders from the animal and bird kingdoms of the New World, for the new wing of Prague Castle. Over 3,000 paintings were displayed on the first floor, while antique and contemporary statues from the imperial sculpture collection were installed in the "new hall" constructed above the stables. The *Wunderkammer*, which filled several rooms, included a collection of rare and remarkable *naturalia*, exceptional objets d'art, scientific instruments, clocks and numerous manuscripts and drawings

Les fabuleuses collections de Rodolphe II
En 1582, Rodolphe II charge Giuseppe Arcimboldo d'acquérir antiquités et objets d'art, animaux et oiseaux merveilleux du Nouveau Monde, rassemblés dans la nouvelle aile de son château du Hradschin, à Prague. Plus de 3 000 peintures y sont présentées au premier étage, tandis que les statues antiques et contemporaines de la glyptothèque sont installées dans la « nouvelle salle », construite au-dessus des écuries. Répartie entre plusieurs pièces, la *Wunderkammer* réunit des *naturalia* rares et extraordinaires, des

Die märchenhaften Sammlungen von Rudolf II.
Im Jahr 1582 beauftragte Rudolf II. Arcimboldo, für den neuen Flügel der Prager Burg Antiquitäten und Kunstgegenstände sowie Wunderwerke aus dem Tier- und Vogelreich der Neuen Welt zu erwerben. Über 3000 Gemälde wurden im ersten Stockwerk ausgestellt, während antike und zeitgenössische Statuen aus der kaiserlichen Skulpturensammlung im „Neuen Saal" über den Stallungen aufgestellt wurden. Die *Wunderkammer*, die mehrere Räume füllte, umfasste eine Sammlung seltener und bemerkenswerter *naturalia*,

Workshop of Wenzel Jamnitzer

Drinking Vessel in the form of a Hen

Récipient à boire en forme de poule

Trinkgefäß in Form einer Henne

Vaso para beber en forma de gallina

Vaso de bebida na forma de uma galinha

Drinkschaal in de vorm van een kip

End of 16th century, Nautilus shell, silver partially painted and gilded, enamel/Coquille de nautile, argent partiellement doré et peint et émail, h. 18,4 cm, Kunstkammer, Kunsthistorisches Museum, Wien

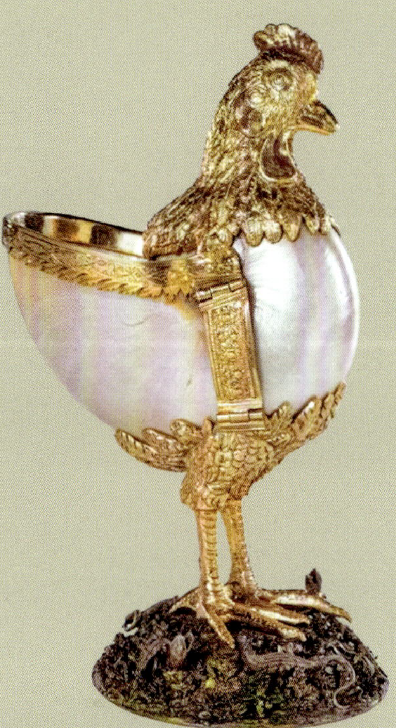

Las fabulosas colecciones de Rodolfo II

En 1582, Rodolfo II encargó a Arcimboldo que adquiriera antigüedades y objetos de arte, así como maravillas de los reinos animal y aviar del Nuevo Mundo, para la nueva ala del Castillo de Praga. Más de 3.000 cuadros se expusieron en la primera planta, mientras que las estatuas antiguas y contemporáneas de la colección de escultura imperial se instalaron en la «nueva sala» construida sobre las caballerizas. *La Wunderkammer,* que llenaba varias salas, incluía una colección de *naturalia* rara y notable, objetos de arte excepcionales, instrumentos científicos, relojes y

As fabulosas colecções de Rodolfo II

Em 1582, Rudolf II encarregou Arcimboldo de adquirir antiguidades e objetos de arte, bem como maravilhas dos reinos animal e aviário do Novo Mundo, para a nova ala do Castelo de Praga. Mais de 3.000 pinturas foram expostas no primeiro andar, enquanto as estátuas antigas e contemporâneas da coleção imperial de esculturas foram instaladas no "novo salão" construído acima dos estábulos. A *Wunderkammer*, que ocupava várias salas, incluía uma coleção de *naturalia* rara e notável, objetos de arte excepcionais, instrumentos científicos, relógios e numerosas

De fabelachtige collecties van Rudolf II

In 1582 gaf Rudolf II Arcimboldo de opdracht om antiquiteiten en kunstvoorwerpen te verwerven, evenals wonderen uit de dieren- en vogelrijken van de Nieuwe Wereld, voor de nieuwe vleugel van de Praagse Burcht. Meer dan 3000 schilderijen werden tentoongesteld op de eerste verdieping, terwijl antieke en hedendaagse beelden uit de keizerlijke beeldencollectie werden geïnstalleerd in de „nieuwe hal" die boven de stallen werd gebouwd. De *Wunderkammer*, die meerdere kamers vulde, bevatte een verzameling zeldzame en opmerkelijke *naturalia*, uitzonderlijke objets d'art,

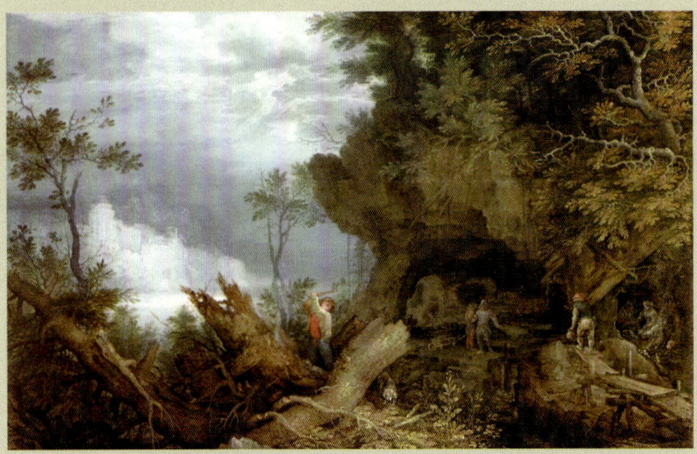

Roelandt Savery (1578-1639)

Mountainous Landscape with an Entrance to a Mine

Paysage montagneux avec l'entrée d'une mine

Gebirgslandschaft mit Eingang zu einem Bergwerk

Paisaje montañoso con entrada a una mina

Paisagem montanhosa com uma entrada para uma mina

Berglandschap met een ingang naar een mijn

c. 1612/13, Oil on panel/ Huile sur bois, 28,6 × 37,8 cm, Detroit Institute of Art, Detroit

collections, catalogued on the hundred or so pages of a surviving inventory.
Even more than his father Maximilian II, Rudolf II gained a reputation as an informed scientist, enlightened amateur of art and passionate collector. Enriching and expanding the already extravagant collections he had inherited, he also had them meticulously catalogued according to a complex classification system, following his ambition to create a *theatrum amplissimum*: an encyclopaedic collection classifying everything in existence, to be gazed upon and browsed through, dedicated as much to knowledge, pleasure and entertainment as to the admiration and respect of imperial power.

objets d'art prodigieux, des instruments scientifiques, des horloges et quantité de manuscrits et de recueils de dessins, listés sur la centaine de feuillets d'un inventaire conservé.
Plus encore que son père Maximilien II, Rodolphe II s'impose comme un scientifique averti, un amateur d'art éclairé et un collectionneur passionné. L'empereur enrichit et développe les collections pourtant déjà mirifiques de ses aïeux, soigneusement cataloguées selon une classification complexe, dans l'idée de constituer un *theatrum amplissimum*. Cette encyclopédie à contempler et à parcourir répertorie tout ce qui existe, vouée tant à la connaissance, à la délectation et au divertissement qu'à l'admiration et au respect de la puissance impériale.

außergewöhnlicher Kunstgegenstände, wissenschaftlicher Instrumente, Uhren und zahlreicher Manuskripte und Sammlungen von Zeichnungen, die auf rund hundert Seiten eines erhaltenen Inventars katalogisiert wurden.
Mehr noch als sein Vater Maximilian II. erwarb sich Rudolf II. den Ruf eines informierten Wissenschaftlers, aufgeklärten Kunstliebhabers und leidenschaftlichen Sammlers. Er bereicherte und erweiterte die bereits extravaganten Sammlungen, die er geerbt hatte, und ließ sie akribisch nach einem komplexen Klassifizierungssystem katalogisieren, wobei er seinem Ehrgeiz folgte, ein *theatrum amplissimum* zu schaffen: eine enzyklopädische Sammlung, die alles Existierende klassifizierte, zum Anschauen und Durchblättern, die dem Wissen, dem Vergnügen und der Unterhaltung ebenso diente wie der Bewunderung und dem Respekt vor der kaiserlichen Macht.

Giovanni Castrucci (1541-1595)

View of the Hradčany at Prague

Vue de Hradčany à Prague

Blick auf den Hradschin bei Prag

Vista del Hradčany de Praga

Vista do Hradčany em Praga

Gezicht op de Hradčany bij Praag

a. 1606, Pietre dure/ marqueterie de pierres dures, 11,5 × 23,8 cm, Kunstkammer, Kunsthistorisches Museum, Wien

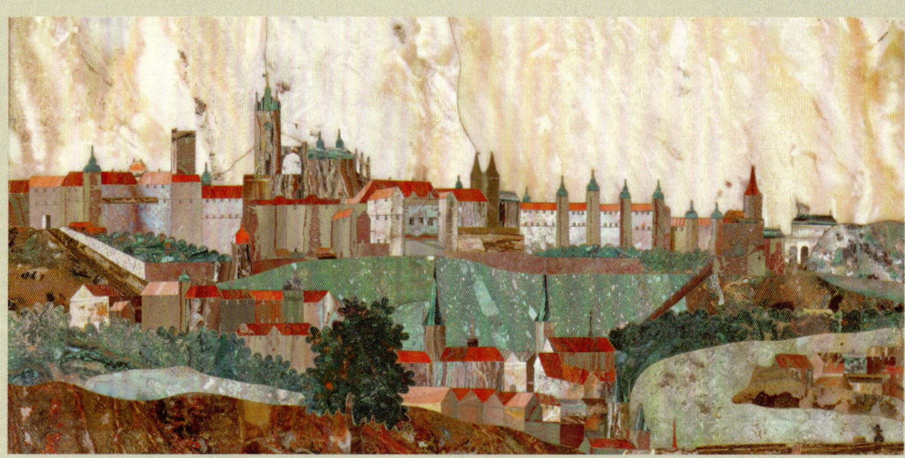

numerosas colecciones de manuscritos y dibujos, catalogados en el centenar de páginas de un inventario conservado. Incluso más que su padre Maximiliano II, Rodolfo II se labró una reputación de científico informado, ilustrado aficionado al arte y apasionado coleccionista. Enriqueciendo y ampliando las ya extravagantes colecciones que había heredado, también las hizo catalogar meticulosamente según un complejo sistema de clasificación, siguiendo su ambición de crear un *theatrum amplissimum*: una colección enciclopédica clasificadora de todo lo existente, para ser contemplada y hojeada, dedicada tanto al conocimiento, el placer y el entretenimiento como a la admiración y el respeto del poder imperial.

coleções de manuscritos e desenhos, catalogados nas cerca de cem páginas de um inventário sobrevivente.
Ainda mais do que o seu pai Maximiliano II, Rodolfo II ganhou reputação como cientista informado, amador esclarecido de arte e colecionador apaixonado. Enriquecendo e ampliando as já extravagantes coleções que herdara, mandou também catalogá-las meticulosamente de acordo com um complexo sistema de classificação, seguindo a sua ambição de criar um *theatrum amplissimum*: uma coleção enciclopédica que classificava tudo o que existia, para ser contemplada e folheada, dedicada tanto ao conhecimento, ao prazer e ao entretenimento como à admiração e ao respeito do poder imperial.

wetenschappelijke instrumenten, klokken en talrijke manuscripten en tekeningenverzamelingen, gecatalogiseerd op de ongeveer honderd pagina's van een bewaard gebleven inventaris.
Meer nog dan zijn vader Maximiliaan II, verwierf Rudolf II een reputatie als geïnformeerde wetenschapper, verlichte kunstliefhebber en gepassioneerd verzamelaar. Hij verrijkte en breidde de toch al extravagante collecties die hij had geërfd uit en liet ze ook nauwgezet catalogiseren volgens een complex classificatiesysteem, volgens zijn ambitie om een *theatrum amplissimum te* creëren: een encyclopedische verzameling waarin alles wat bestaat wordt geclassificeerd, om naar te staren en doorheen te bladeren, gewijd aan zowel kennis, plezier en vermaak als aan de bewondering en het respect van de keizerlijke macht.

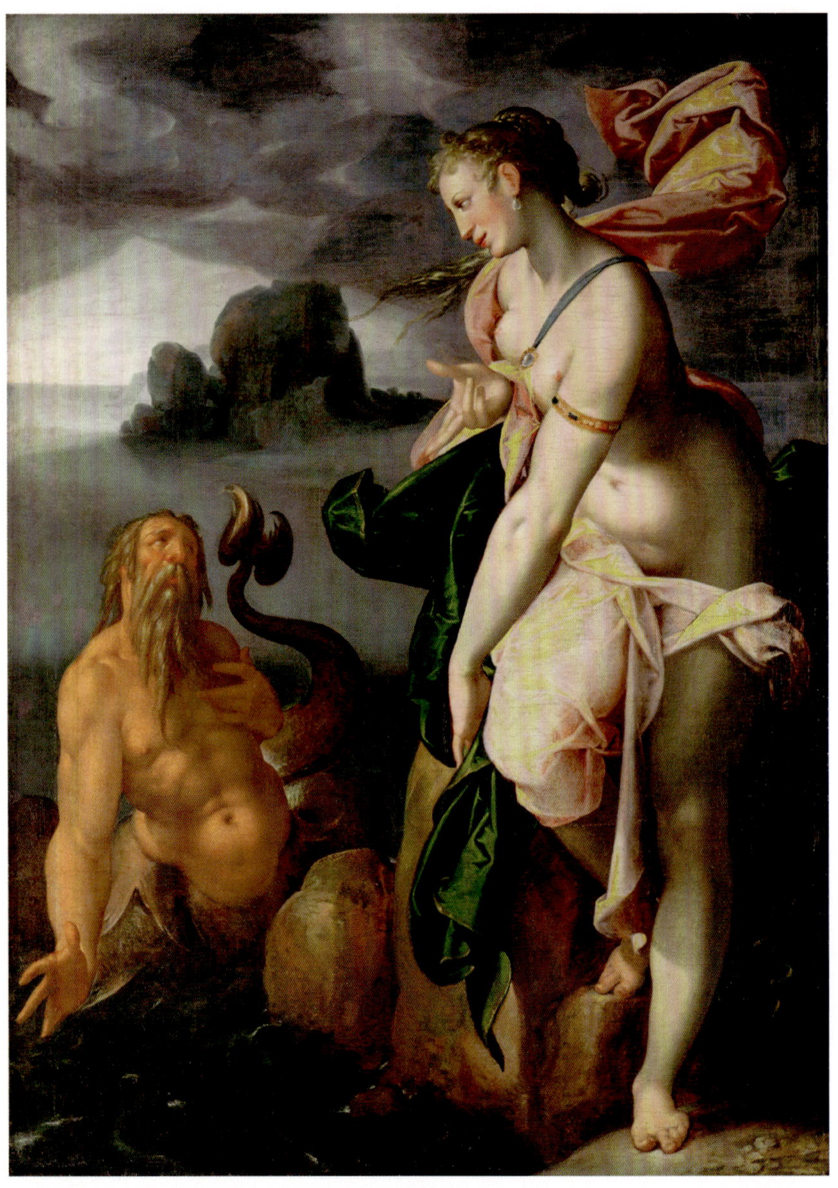

Bartholomeus Spranger (1546-1611)

Glaucus and Scylla

Glaucos et Scylla

Glaukos und Skylla

Glauco y Escila

Glauco e Scylla

Glaucus en Scylla

c. 1580-82, Oil on canvas/Huile sur toile, 110 × 81 cm, Kunsthistorisches Museum, Gemäldegalerie, Wien

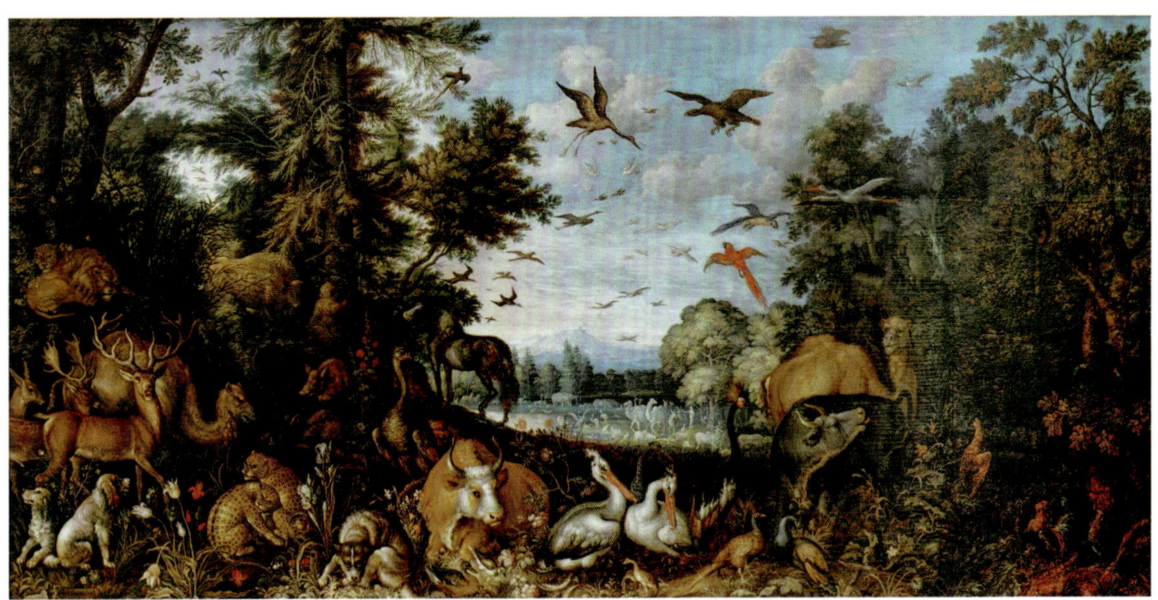

Roelandt Savery (1578-1639)

The Paradise

Le Paradis

Das Paradies

El paraíso

O Paraíso

Het Paradijs

1618, Oil on panel/Huile sur bois,
55 × 107 cm, Národní galerie, Praha

Milan: final years crowned with glory (1587–1593)

As he neared sixty, Arcimboldo – by now rich and famous – decided to return to his beloved homeland. On 12 August 1587, he obtained Rudolf II's consent to leave, after presenting him with 150 pen-and-ink drawings and undertaking to continue to work for him. Rudolf II guaranteed him an annual income of 300 florins and rewarded him with a payment of 1,200 florins. Once he was settled back in Milan, Arcimboldo purchased works of art for the emperor and his entourage and shipped them out to them.

Above all, he enjoyed the company of the small circle of friends, artists and poets who praised and admired his composite heads. These included the painter Giovanni Paolo Lomazzo and his most talented pupil Giovanni Ambrogio Figino

À Milan, les ultimes années auréolées de gloire (1587-1593)

Devenu riche et célèbre, Giuseppe Arcimboldo décide, la soixantaine se profilant, de revenir vivre dans sa chère patrie natale. Le 12 août 1587, il obtient l'accord de Rodolphe II, après lui avoir offert 150 dessins de sa plume et lui avoir promis de continuer à travailler pour lui. Ce dernier lui assure une rente annuelle de 300 florins et le gratifie d'une récompense de 1 200 florins.

Une fois réinstallé dans la capitale lombarde, Arcimboldo achète et expédie des œuvres d'art pour l'empereur et ses proches.

Surtout, il profite du petit cercle de ses amis, artistes et poètes, grands admirateurs et laudateurs de ses têtes composées. Parmi eux, le peintre Giovanni Paolo Lomazzo et son meilleur

Mailand: Die letzten Jahre waren von Ruhm gekrönt (1587–1593)

Als er auf die Sechzig zuging, beschloss Arcimboldo – der inzwischen reich und berühmt war –, in seine geliebte Heimat zurückzukehren. Am 12. August 1587 erhielt er die Zustimmung Rudolfs II. zur Abreise, nachdem er ihm 150 Feder- und Tuschzeichnungen vorgelegt und sich verpflichtet hatte, weiterhin für ihn zu arbeiten. Rudolf II. garantierte ihm ein jährliches Einkommen von 300 Gulden und belohnte ihn mit einer Zahlung von 1200 Gulden. Nach seiner Rückkehr nach Mailand kaufte Arcimboldo Kunstwerke für den Kaiser und sein Gefolge und schickte sie ihnen.

Vor allem aber genoss er die Gesellschaft des kleinen Kreises von Freunden, Künstlern und Dichtern, die seine zusammengesetzten Köpfe lobten

Vicenzo Campi (1536-1591)
Fruit Seller
La Marchande de fruits
Obstverkäufer
Vendedor de fruta
O Vendedor de frutas
Fruitverkoper
1578-81, Oil on canvas/ Huile sur toile, 143 × 213 cm, Pinacoteca di Brera, Milano

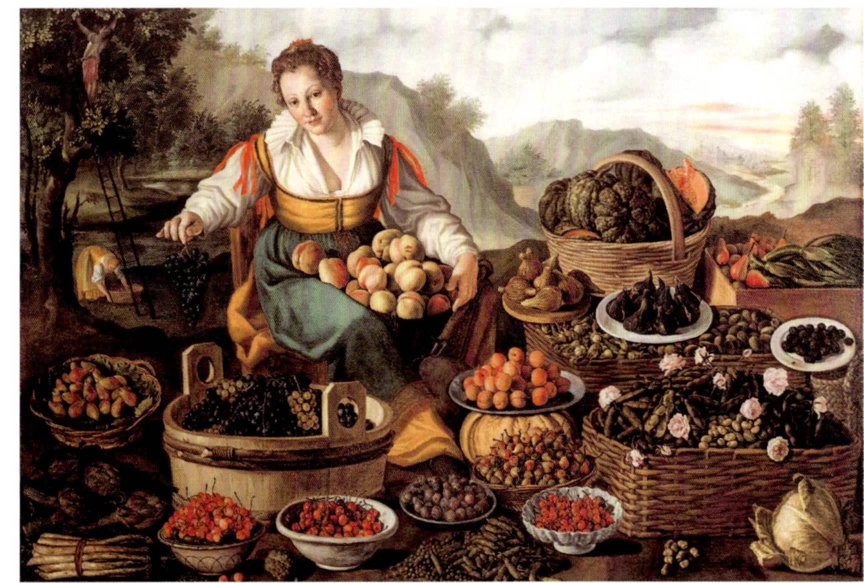

Milán: últimos años coronados de gloria (1587–1593)
Cuando se acercaba a los sesenta años, Arcimboldo, ya rico y famoso, decidió regresar a su amada patria. El 12 de agosto de 1587, obtuvo el consentimiento de Rodolfo II para marcharse, tras presentarle 150 dibujos a pluma y tinta y comprometerse a seguir trabajando para él. Rodolfo II le garantizó una renta anual de 300 florines y le recompensó con un pago de 1.200 florines. Una vez instalado de nuevo en Milán, Arcimboldo compró obras de arte para el emperador y su séquito y se las envió.
Sobre todo, disfrutaba de la compañía del pequeño círculo de amigos, artistas y poetas que alababan y admiraban sus cabezas compuestas. Entre ellos se encontraban el pintor Giovanni Paolo Lomazzo y su alumno más aventajado,

Milão: últimos anos coroados de glória (1587–1593)
Ao aproximar-se dos sessenta anos, Arcimboldo, já rico e famoso, decidiu regressar à sua querida terra natal. Em 12 de agosto de 1587, obteve o consentimento de Rodolfo II para partir, depois de lhe ter apresentado 150 desenhos a bico-de-pena e de se ter comprometido a continuar a trabalhar para ele. Rodolfo II garantiu-lhe um rendimento anual de 300 florins e recompensou-o com um pagamento de 1.200 florins. Assim que se estabeleceu em Milão, Arcimboldo comprou obras de arte para o imperador e sua corte e as enviou a eles.
Acima de tudo, apreciava a companhia do pequeno círculo de amigos, artistas e poetas que elogiavam e admiravam as suas cabeças compostas. Estes incluíam

Milaan: laatste jaren bekroond met glorie (1587–1593)
Toen hij de zestig naderde, besloot Arcimboldo – inmiddels rijk en beroemd – terug te keren naar zijn geliefde vaderland. Op 12 augustus 1587 kreeg hij toestemming van Rudolf II om te vertrekken, nadat hij hem 150 pentekeningen had overhandigd en had beloofd voor hem te blijven werken. Rudolf II garandeerde hem een jaarinkomen van 300 florijnen en beloonde hem met een betaling van 1200 florijnen. Eenmaal terug in Milaan kocht Arcimboldo kunstwerken voor de keizer en zijn gevolg en verscheepte deze naar hen.
Bovenal genoot hij van het gezelschap van de kleine kring vrienden, kunstenaars en dichters die zijn samengestelde hoofden prezen en bewonderden.

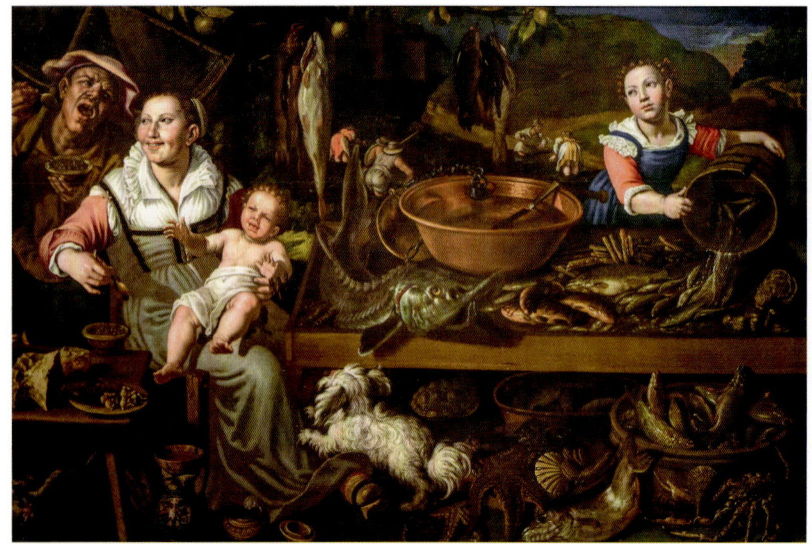

Vicenzo Campi (1536-1591)
Fishmongers
Les Marchandes de poissons
Fischhändler
Pescadero
Vendedores de peixe
Viswinkel

c 1588-91, Oil on canvas/ Huile sur toile, 144,5 × 217 cm, Pinacoteca di Brera, Milano

(1553–1608), Canon Gregorio Comanini (*c.*1550–1608) and the poet Giovanni Filippo Gherardini. All were members of the Accademia della Val di Blenio, founded in Milan in 1560 and named after a valley in the canton of Ticino, an association of artists who met up for burlesque, bacchic revels, all conducted in the local dialect.
Freed of the burdens of court life and enjoying the stimulating company of his close associates, Arcimboldo could now allow his own work to flourish. At last he could give free rein to his unique style and gift for invention. He painted fine composite heads of *Flora* (1589) and *Vertumnus* (1590) which he sent to Rudolf II in 1591, much to the latter's delight. To the floral portrait of the Roman goddess he appended a madrigal by Giovanni Filippo Gherardini and an allegory in verse by Gregorio Comanini featuring

élève, Giovanni Ambrogio Figino (1553-1608), le chanoine Gregorio Comanini (vers 1550-1608), ainsi que le poète Giovanni Filippo Gherardini. Membres de l'académie des Faquins du Val Blenio, fondée à Milan en 1560 et portant le nom d'une vallée du canton du Tessin, ils aiment se retrouver lors de réunions burlesques et conviviales, où le dialecte tessinois est de mise.
Libéré des charges inhérentes à la vie de cour, stimulé par ses proches, Arcimboldo profite de conditions de création propices. Son style et son invention peuvent enfin s'épanouir librement. Il peint les délicats bustes composés de *Flore* (1589) puis *Vertumne* (1590), qu'il envoie à Rodolphe II en 1591, pour son plus grand plaisir. Il joint à l'effigie fleurie de la déesse latine un madrigal de Giovanni Filippo Gherardini et un poème politique

und bewunderten. Dazu gehörten der Maler Giovanni Paolo Lomazzo und sein talentiertester Schüler Giovanni Ambrogio Figino (1553–1608), der Kanoniker Gregorio Comanini (ca. 1550–1608) und der Dichter Giovanni Filippo Gherardini. Sie alle waren Mitglieder der 1560 in Mailand gegründeten Accademia della Val di Blenio, benannt nach einem Tal im Kanton Tessin, einer Vereinigung von Künstlern, die sich zu burlesken, bacchantischen Vergnügungen trafen, die im lokalen Dialekt abgehalten wurden.
Befreit von den Lasten des Hoflebens und in der anregenden Gesellschaft seiner engen Mitarbeiter konnte Arcimboldo nun sein eigenes Werk aufblühen lassen. Endlich konnte er seinem einzigartigen Stil und seinem Erfindungsreichtum freien Lauf lassen. Er malte feine Kompositköpfe von *Flora* (1589) und *Vertumnus* (1590), die er 1591 an

Fede Galizia (1578-1630)

Pedestal Plate with Southern Fruit

Vase et coupe de fruits

Sockelteller mit Südfrüchten

Plato de pedestal con fruta del sur

Vaso e fruteira

Bord op voet met zuidvruchten

1602, Oil on panel/Huile sur bois, 26,1 × 35 cm, Muzeum Narodowe, Warsaw

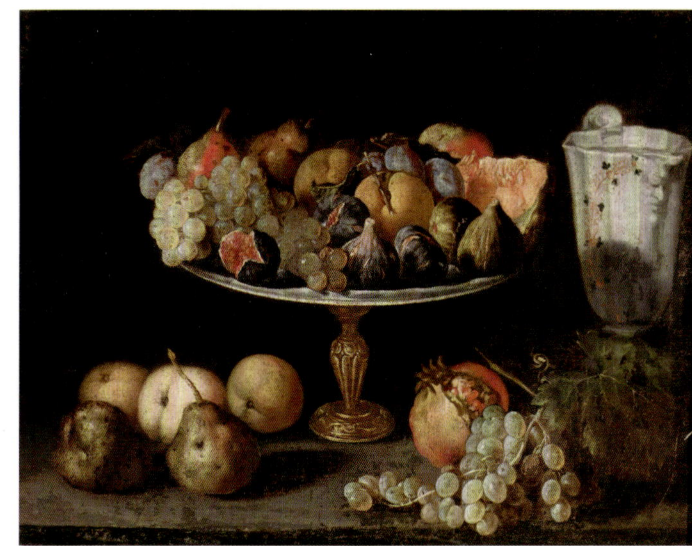

Giovanni Ambrogio Figino (1553–1608), el canónigo Gregorio Comanini (hacia 1550–1608) y el poeta Giovanni Filippo Gherardini. Todos ellos eran miembros de la Accademia della Val di Blenio, fundada en Milán en 1560 y bautizada con el nombre de un valle del cantón del Tesino, una asociación de artistas que se reunían para celebrar juergas burlescas y báquicas, todo ello en el dialecto local. Liberado de las cargas de la vida cortesana y disfrutando de la estimulante compañía de sus allegados, Arcimboldo pudo ahora permitir que floreciera su propia obra. Por fin podía dar rienda suelta a su estilo único y a su don de invención. Pintó hermosas cabezas compuestas de *Flora* (1589) y *Vertumno* (1590), que envió a Rodolfo II en 1591, para deleite de éste. Al retrato floral de la diosa romana adjuntó un madrigal de Giovanni Filippo Gherardini y una

o pintor Giovanni Paolo Lomazzo e o seu aluno mais talentoso Giovanni Ambrogio Figino (1553–1608), o cônego Gregorio Comanini (*c.*1550–1608) e o poeta Giovanni Filippo Gherardini. Todos eram membros da Accademia della Val di Blenio, fundada em Milão em 1560 e batizada em homenagem a um vale do cantão de Ticino, uma associação de artistas que se reuniam para festas burlescas e báquicas, todas elas realizadas no dialeto local.
Livre dos encargos da vida na corte e desfrutando da companhia estimulante dos seus colaboradores mais próximos, Arcimboldo podia agora permitir que o seu próprio trabalho florescesse. Finalmente ele pôde dar rédea solta ao seu estilo único e ao seu dom de invenção. Ele pintou belas cabeças compostas de *Flora* (1589) e *Vertumno* (1590), que enviou a Rodolfo II em 1591,

Dit waren onder andere de schilder Giovanni Paolo Lomazzo en zijn meest getalenteerde leerling Giovanni Ambrogio Figino (1553–1608), kanunnik Gregorio Comanini (*ca.* 1550–1608) en de dichter Giovanni Filippo Gherardini. Allen waren lid van de Accademia della Val di Blenio, opgericht in Milaan in 1560 en genoemd naar een vallei in het kanton Ticino, een vereniging van kunstenaars die samenkwamen voor burleske, bacchische feesten, allemaal uitgevoerd in het lokale dialect.
Bevrijd van de lasten van het hofleven en genietend van het stimulerende gezelschap van zijn naaste medewerkers, kon Arcimboldo nu zijn eigen werk tot bloei laten komen. Eindelijk kon hij zijn unieke stijl en vindingrijkheid de vrije loop laten. Hij schilderde prachtige samengestelde portretten van *Flora* (1589) en *Vertumnus* (1590) die hij in 1591

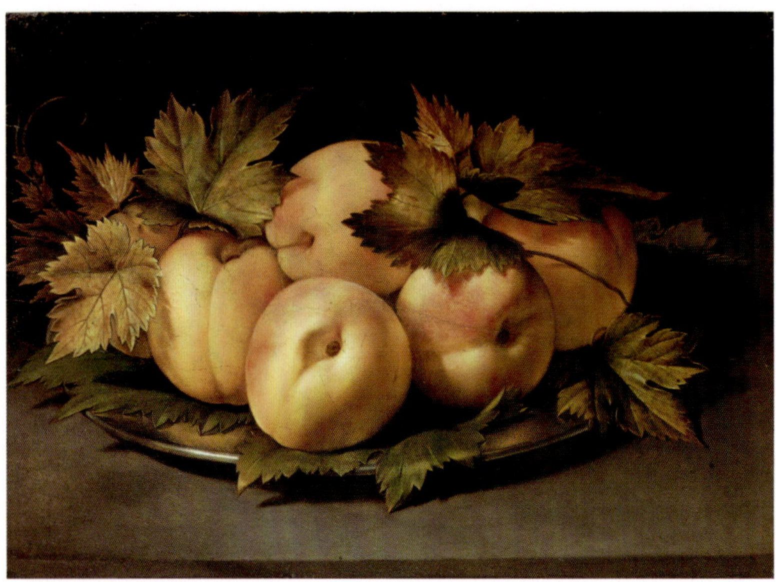

Giovanni Ambrogio Figino (1540-1608)

Metal Plate with Peaches and Vine Leaves

Plat métallique avec des pêches et des feuilles de vigne

Metallteller mit Pfirsichen und Weinblättern

Plato de metal con melocotones y hojas de parra

Prato de metal com pêssegos e folhas de videira

Metalen bord met perziken en wijnbladeren

c. 1590/91, Oil on panel/ Huile sur bois, 21 × 29,41 cm, Private collection

Rudolf as the deity of abundance and metamorphosis. Also at this time, he presented Comanini with *Four Seasons in One Head*, a portrait shrouded in melancholy that was to be his final variation on the formula that had made his fortune.
On 1 May 1592, in tribute to his talent and in recognition of his long and faithful service, Rudolf II appointed Arcimboldo a Count Palatine (*comes palatinus*). Giuseppe Arcimboldo died in Milan on 11 July 1593, aged sixty-six or sixty-seven, surrounded by his friends and crowned with fame.

de Gregorio Comanini, à l'allégorie de l'empereur germanique en dieu de l'abondance et de la métamorphose. À la même période, il offre à Comanini *Quatre Saisons en une seule tête*, un portrait nimbé de mélancolie qui est l'ultime déclinaison de la formule qui a fait sa fortune.
Le 1er mai 1592, Rodolphe II nomme Arcimboldo comte palatin (*comes palatinus*), en hommage à son talent et en remerciement de ses longs et loyaux services. L'artiste s'éteint à Milan le 11 juillet 1593, à l'âge de 66 ou 67 ans, auréolé de gloire et entouré de ses amis.

Rudolf II. schickte, sehr zu dessen Freude. Dem Blumenporträt der römischen Göttin fügte er ein Madrigal von Giovanni Filippo Gherardini und eine Allegorie in Versen von Gregorio Comanini bei, die Rudolf als Gottheit des Überflusses und der Verwandlung darstellten. Ebenfalls zu dieser Zeit schenkte er Comanini die *Vier Jahreszeiten in einem Kopf*, ein von Melancholie umhülltes Porträt, das seine letzte Variation der Formel sein sollte, mit der er seinen Ruhm begründet hatte.
Am 1. Mai 1592 ernannte Rudolf II. Arcimboldo in Würdigung seines Talents und in Anerkennung seiner langen und treuen Dienste zum Pfalzgrafen (*comes palatinus*). Giuseppe Arcimboldo starb am 11. Juli 1593 im Alter von sechsundsechzig oder siebenundsechzig Jahren in Mailand, umgeben von seinen Freunden und gekrönt von Ruhm.

Michelangelo Merisi da Caravaggio (1571-1610)

Basket of Fruit

Corbeille de fruits

Korb mit Obst

Cesta de fruta

Cesta de frutas

Mand met fruit

c. 1597-1600, Oil on canvas/ Huile sur toile, 54,5 × 67,5 cm, Pinacoteca Ambrosiana, Milano

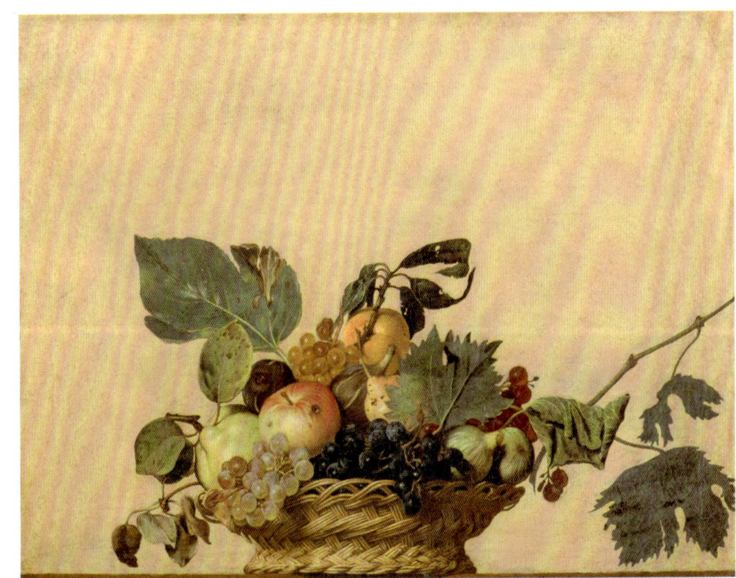

alegoría en verso de Gregorio Comanini que presentaba a Rodolfo como la deidad de la abundancia y la metamorfosis. También en esta época, regaló a Comanini *Cuatro estaciones en una cabeza*, un retrato envuelto en melancolía que iba a ser su última variación de la fórmula que había hecho su fortuna.

El 1 de mayo de 1592, en homenaje a su talento y en reconocimiento a sus largos y fieles servicios, Rodolfo II nombró a Arcimboldo conde palatino (*comes palatinus*). Giuseppe Arcimboldo murió en Milán el 11 de julio de 1593, a la edad de sesenta y seis o sesenta y siete años, rodeado de sus amigos y coronado por la fama.

para grande deleite deste último. Ao retrato floral da deusa romana anexou um madrigal de Giovanni Filippo Gherardini e uma alegoria em verso de Gregorio Comanini, que apresenta Rodolfo como a divindade da abundância e da metamorfose. Também nesta altura, presenteou Comanini com *Quatro Estações em Uma Cabeça*, um retrato envolto em melancolia que seria a sua última variação da fórmula que tinha feito a sua fortuna.

Em 1° de maio de 1592, em homenagem ao seu talento e em reconhecimento aos seus longos e fiéis serviços, Rudolf II nomeou Arcimboldo Conde Palatino (*comes palatinus*). Giuseppe Arcimboldo morreu em Milão a 11 de julho de 1593, com sessenta e seis ou sessenta e sete anos, rodeado pelos seus amigos e coroado de fama.

naar Rudolf II stuurde, tot diens grote vreugde. Bij het bloemenportret van de Romeinse godin voegde hij een madrigaal van Giovanni Filippo Gherardini en een allegorie in vers van Gregorio Comanini met Rudolf als de godheid van overvloed en metamorfose. In deze tijd presenteerde hij Comanini ook *Vier seizoenen in één hoofd*, een portret gehuld in melancholie dat zijn laatste variatie zou worden op de formule die hem fortuin had gemaakt.

Op 1 mei 1592 benoemde Rudolf II Arcimboldo tot graaf palatijn (*comes palatinus*), als eerbetoon aan zijn talent en als erkenning voor zijn lange en trouwe dienst. Giuseppe Arcimboldo stierf in Milaan op 11 juli 1593, zesenzestig of zevenenzestig jaar oud, omringd door zijn vrienden en gekroond met roem.

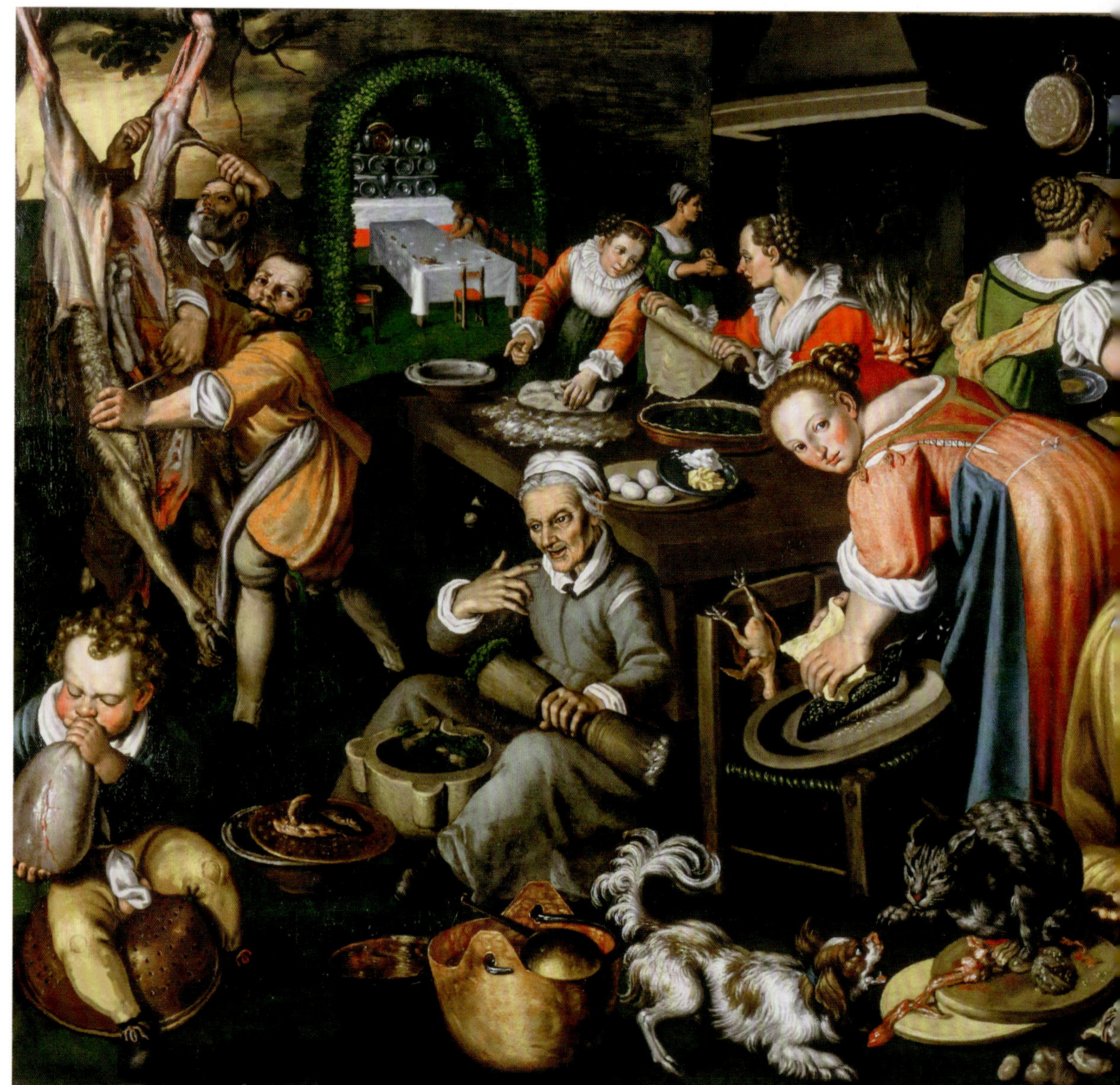

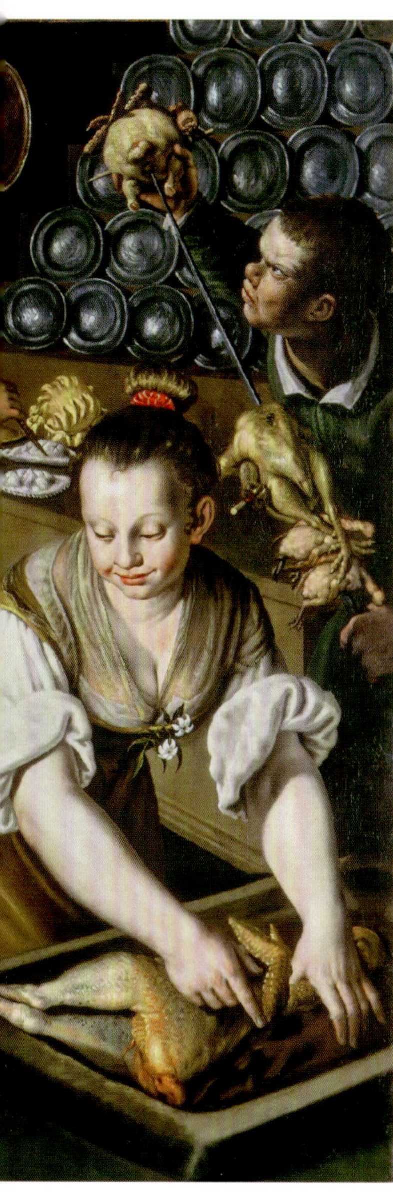

Vicenzo Campi (1536-1591)

The Kitchen

La Cuisine

Die Küche

La cocina

A cozinha

De keuken

c. 1580, Oil on canvas/
Huile sur toile, 145 × 220 cm,
Pinacoteca di Brera, Milano

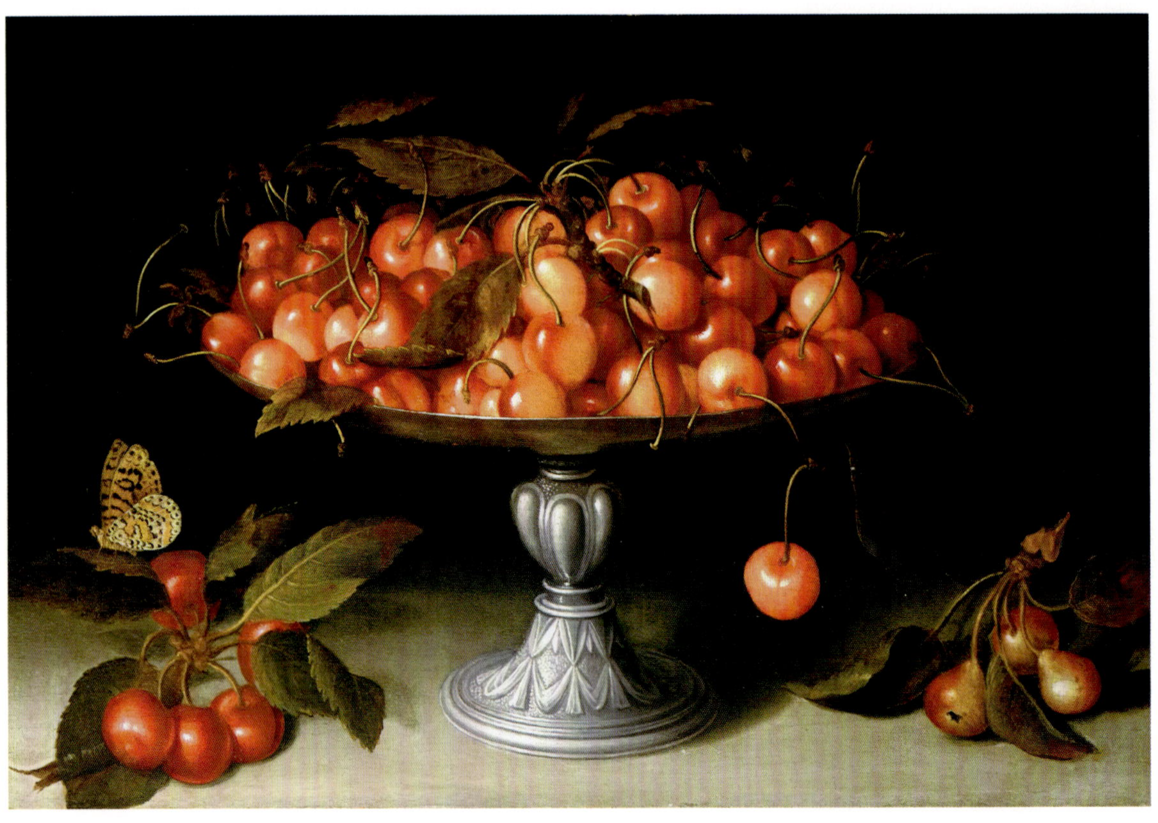

Fede Galizia (1578-1630)

Cherries in a Silver Compote with Crabapples on a Stone Ledge and a Fritillary Butterfly

Cerises dans une coupe d'argent et un papillon

Kirschen in einer silbernen Schale mit Holzäpfeln und einem Schmetterling

Cerezas en compota de plata con arándanos sobre un canto de piedra y una mariposa fritillaria

Cerejas em uma compota de prata com abacaxis em uma borda de pedra e uma borboleta fritilária

Kersen in een zilveren compote met krabappels op een stenen richel en een parelmoervlinder

n. d., Oil on panel/Huile sur bois, 28,2 × 42,2 cm, Wallace and Wilhelmina Holladay Collection, Washington

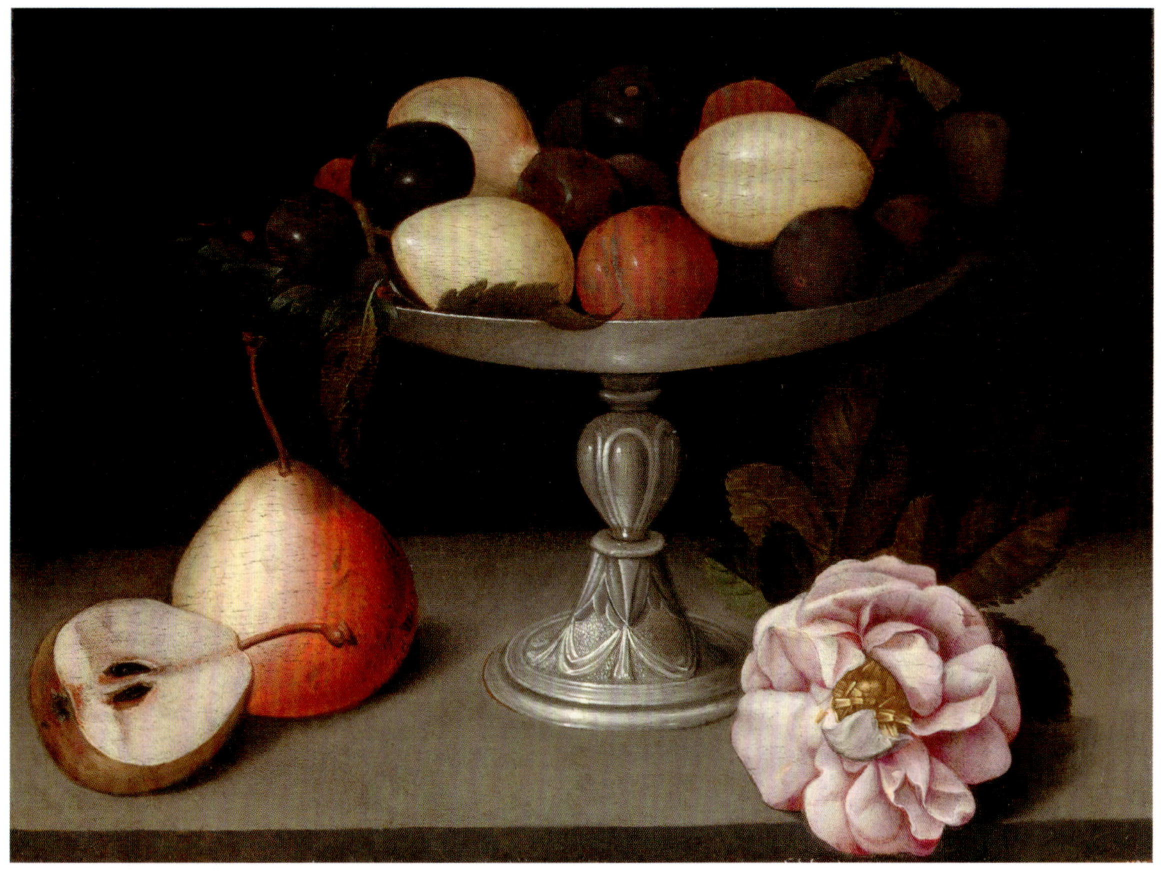

Fede Galizia (1578-1630)

Stand with Plums, Pears and a Rose

Prunes, poires et une rose

Pflaumen, Birnen und eine Rose

Stand con ciruelas, peras y una rosa

Ameixas, peras e uma rosa

Schaal met pruimen, peren en een roos

c. 1602, Oil on panel/Huile sur bois, 26,1 × 35 cm, Private collection

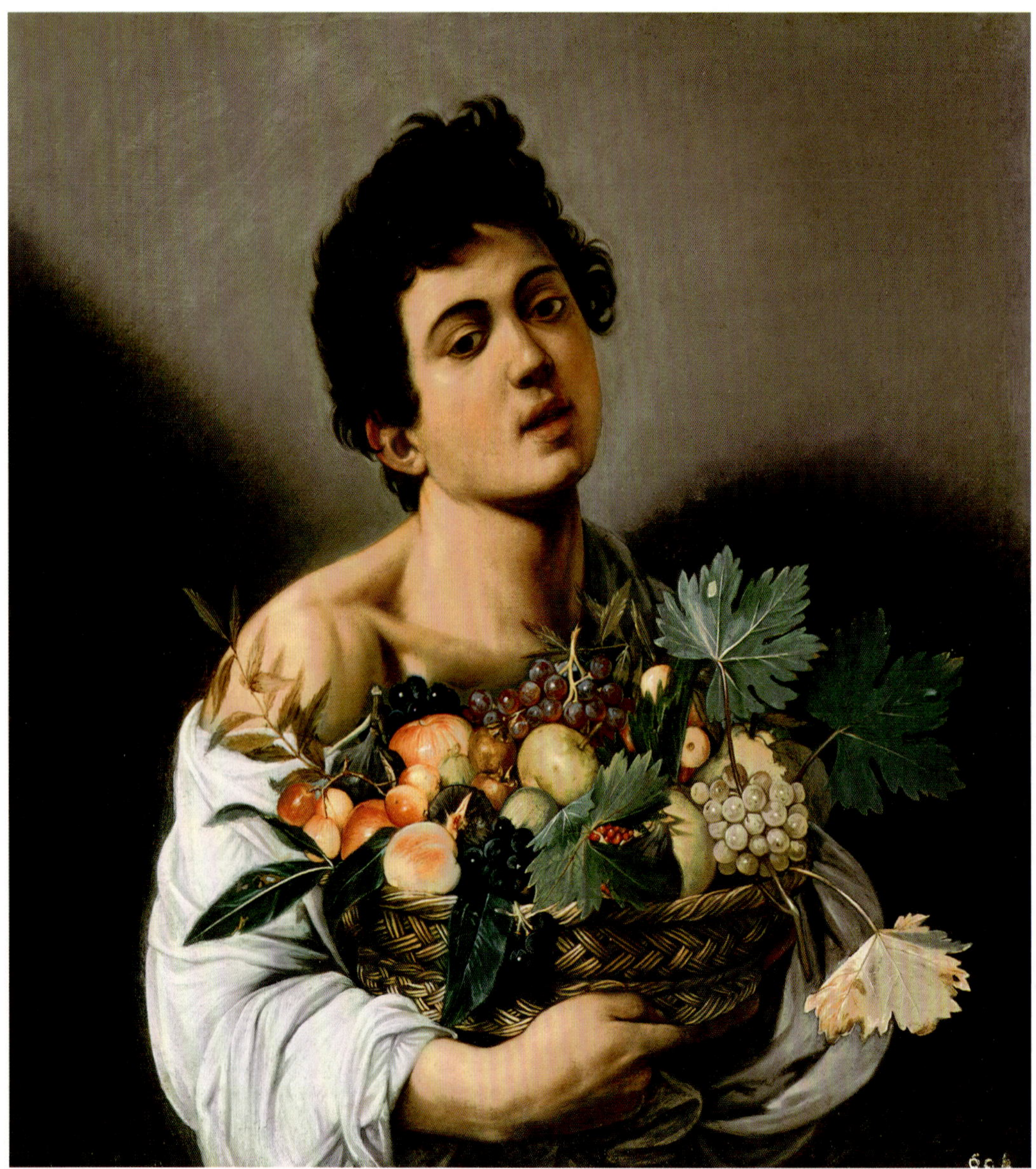

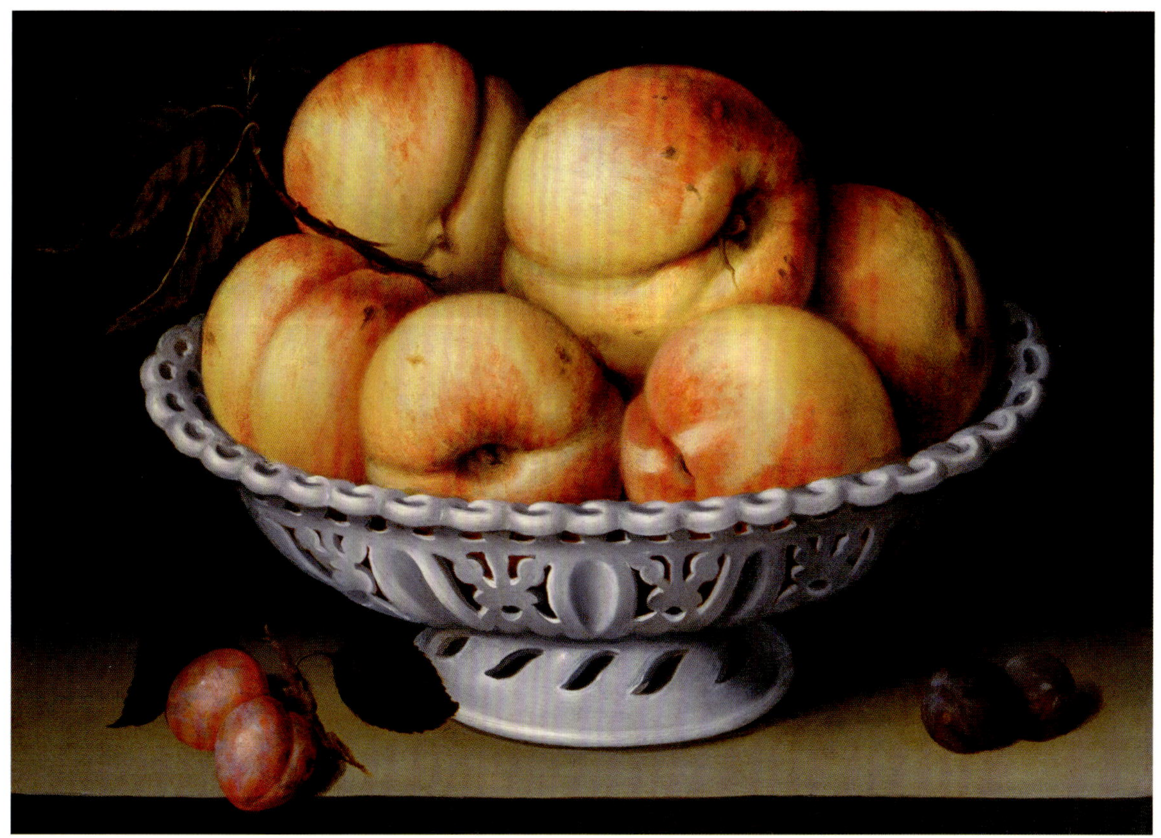

Michelangelo Merisi da Caravaggio (1571-1610)

Boy with a Basket of Fruit

Garçon avec une corbeille de fruits

Junge mit einem Korb voller Obst

Niño con cesta de fruta

Menino com uma cesta de frutas

Jongen met een mand fruit

c. 1595, Oil on canvas/Huile sur toile, 70 × 67 cm, Galleria Borghese, Roma

Fede Galizia (1578-1630)

White Ceramic Bowl with Peaches and Red and Blue Plums

Pêches dans une coupe de céramique

Weiße Keramikschüssel mit Pfirsichen und roten und blauen Pflaumen

Cuenco de cerámica blanca con melocotones y ciruelas rojas y azules

Tigela de cerâmica branca com pêssegos e ameixas vermelhas e azuis

Kom van wit keramiek met perziken en rode en blauwe pruimen

c. 1600, Oil on panel/Huile sur bois, 30 × 40,5 cm, Private collection

Giuseppe Arcimboldo was around sixty and about to leave Prague for Milan when he created this self-portrait assembled from strips of paper, interleaved, scrolled, cut and folded. In this virtuoso formal and conceptual exercise, he portrayed himself as a man of letters, both literally and figuratively. At the same time this was also an expression of his desire for recognition as a poet and humanist, as a fully-fledged Renaissance man.

Giuseppe Arcimboldo a autour de 60 ans lorsqu'il réalise cet autoportrait fait de feuilles de papier enchevêtrées, enroulées, découpées et pliées. Il s'apprête à quitter Prague pour Milan. Dans cet exercice de virtuosité formelle et conceptuelle, il se représente en homme de lettres, au sens propre comme au sens figuré. Exprimant ainsi son désir d'être reconnu en tant que poète et humaniste, en démiurge assumé.

Giuseppe Arcimboldo war etwa sechzig Jahre alt und im Begriff, Prag in Richtung Mailand zu verlassen, als er dieses Selbstporträt schuf, das aus ineinander verschachtelten, gerollten, geschnittenen und gefalteten Papierstreifen zusammengesetzt ist. In dieser in formaler wie in konzeptioneller Hinsicht virtuosen Übung stellt er sich als Literat im wörtlichen und übertragenen Sinne dar. Gleichzeitig drückt er damit auch seinen Wunsch nach Anerkennung als Dichter und Humanist, als vollwertiger Renaissance-Mensch aus.

Giuseppe Arcimboldo tenía alrededor de sesenta años y estaba a punto de partir de Praga hacia Milán cuando creó este autorretrato ensamblado a partir de tiras de papel, intercaladas, enrolladas, cortadas y plegadas. En este virtuoso ejercicio formal y conceptual, se retrató a sí mismo como un hombre de letras, tanto en sentido literal como figurado. Al mismo tiempo, era también una expresión de su deseo de ser reconocido como poeta y humanista, como un hombre del Renacimiento hecho y derecho.

Giuseppe Arcimboldo tinha cerca de sessenta anos e estava prestes a deixar Praga e ir para Milão quando criou esse autorretrato feito com tiras de papel emaranhadas, enroladas, cortadas e dobradas. Nesse virtuoso exercício formal e conceitual, ele se retratou como um homem de letras, tanto literal quanto figurativamente. Ao fazer isso, ele expressa o seu desejo de reconhecimento como poeta e humanista, como um homem renascentista de pleno direito.

Giuseppe Arcimboldo was rond de zestig en stond op het punt om van Praag naar Milaan te vertrekken toen hij dit zelfportret maakte, samengesteld uit stroken papier, door elkaar gerold, gerold, geknipt en gevouwen. In deze virtuoze formele en conceptuele oefening portretteerde hij zichzelf als een man van letters, zowel letterlijk als figuurlijk. Tegelijkertijd was dit ook een uiting van zijn verlangen naar erkenning als dichter en humanist, als een volwaardige Renaissance man.

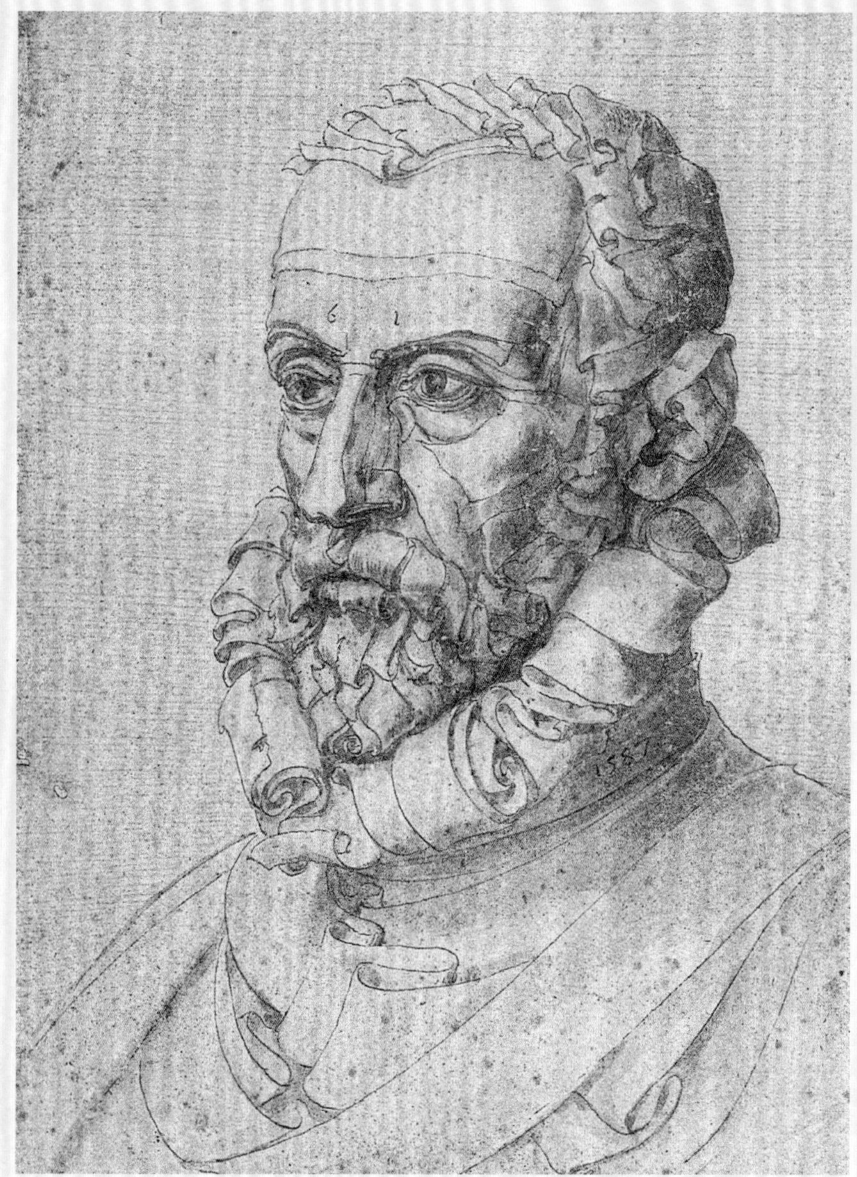

***Self Portrait on Paper* (or *Man of Letters*)**

***Autoportrait en papier* (ou *L'Homme de lettres*)**

***Selbstporträt auf Papier* (oder *Literat*)**

***Autorretrato sobre papel* (u *hombre de letras*)**

***Autorretrato em papel* (ou *homem das letras*)**

***Zelfportret op papier* (of *Letterkundige*)**

1587, Pencil, pen, with watercoloured ink and grey wash on paper/Crayon, plume et pinceau, encre et lavis gris sur papier, 44,2 × 31,8 cm, Palazzo Rosso, Genova

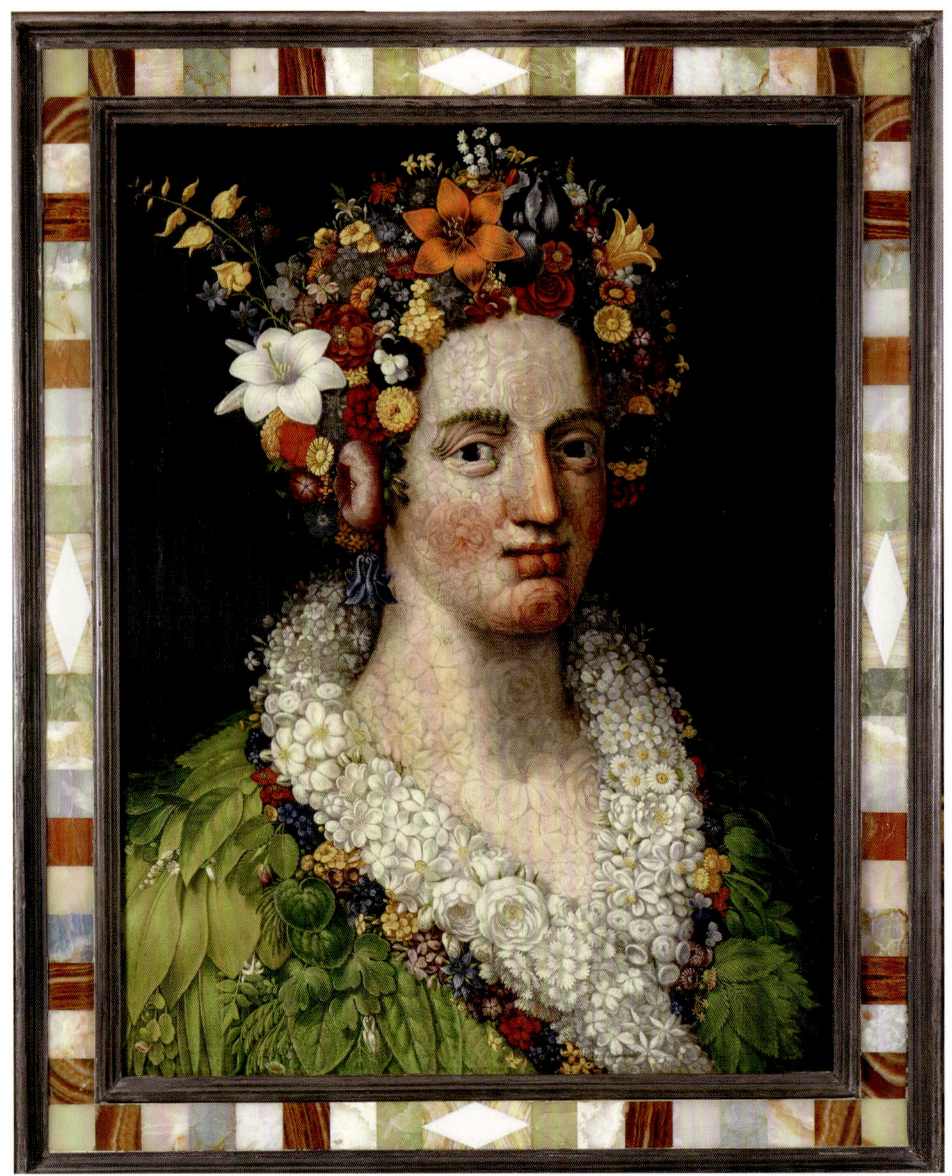

Flora **(with frame in coloured stones)**

Flore **(avec cadre en pierres colorées)**

Flora **(mit Rahmen aus bunten Steinen)**

Flora **(con marco de piedras de colores)**

Flora **(com moldura em pedras coloridas)**

Flora **(met lijst in gekleurde stenen)**

c. 1590, Oil on panel/ Huile sur bois, Private collection

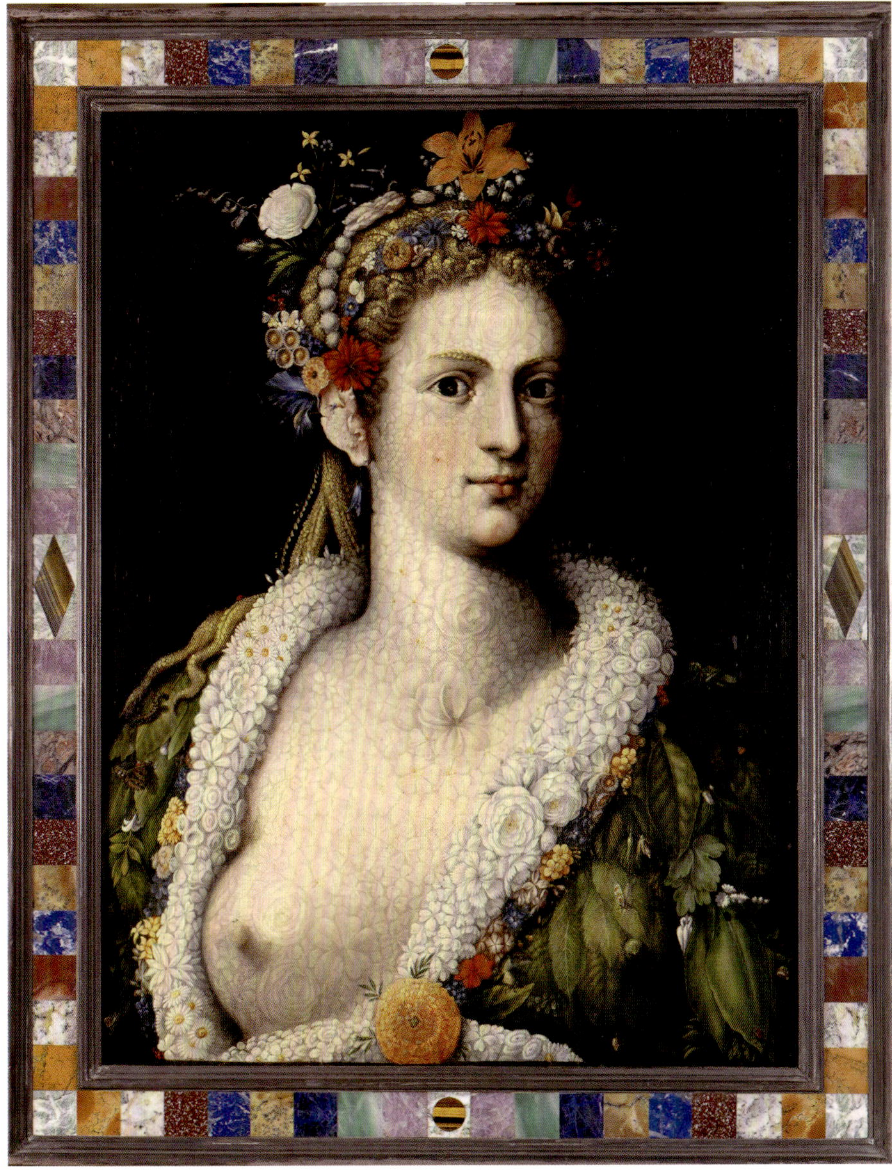

***Flora Meretrix* (with frame in coloured stones)**

***Flora Meretrix* (avec cadre en pierres colorées)**

***Flora Meretrix* (mit Rahmen aus bunten Steinen)**

***Flora Meretrix* (con marco de piedras de colores)**

***Flora Meretrix* (com moldura em pedras coloridas)**

***Flora Meretrix* (met lijst in gekleurde stenen)**

c. 1590, Oil on panel/ Huile sur bois, Private collection

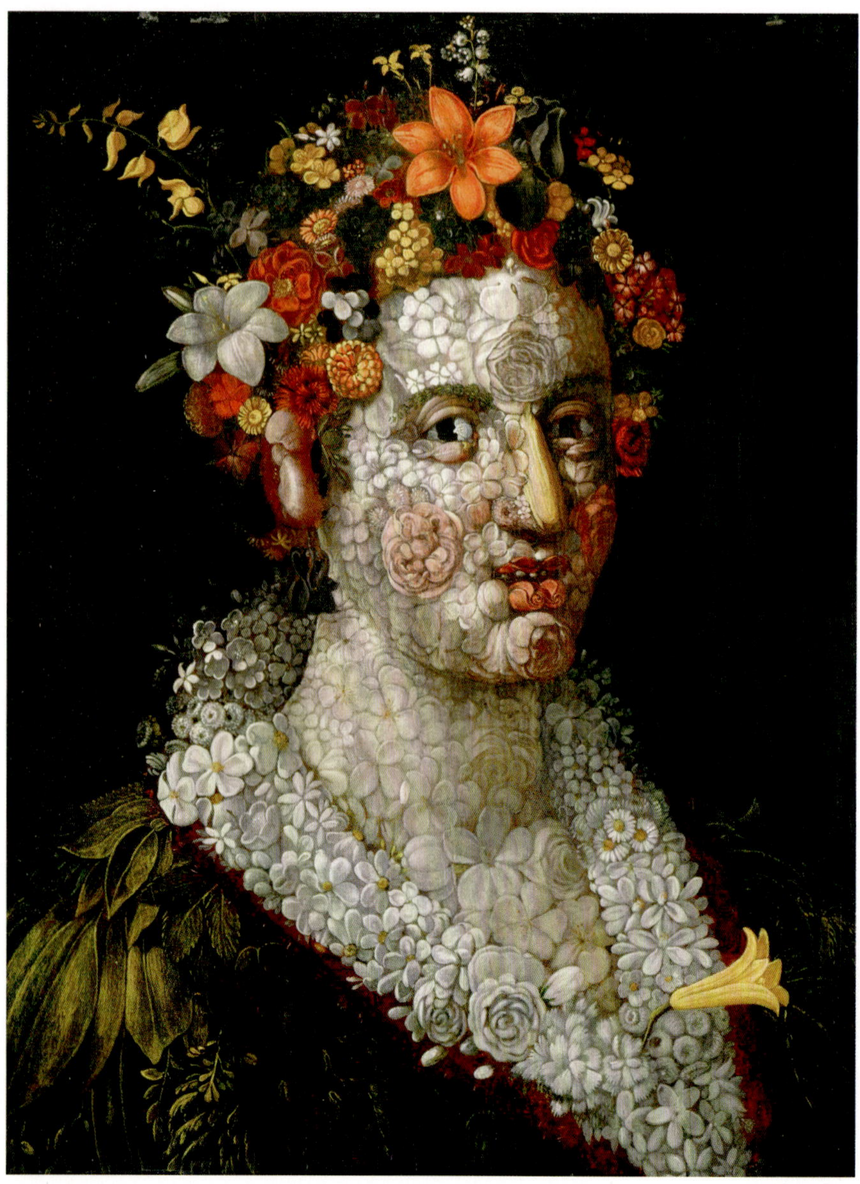

Flora Meretrix

*c. 1591, Oil on panel/
Huile sur bois, 72,8 × 56,3 cm,
Private collection*

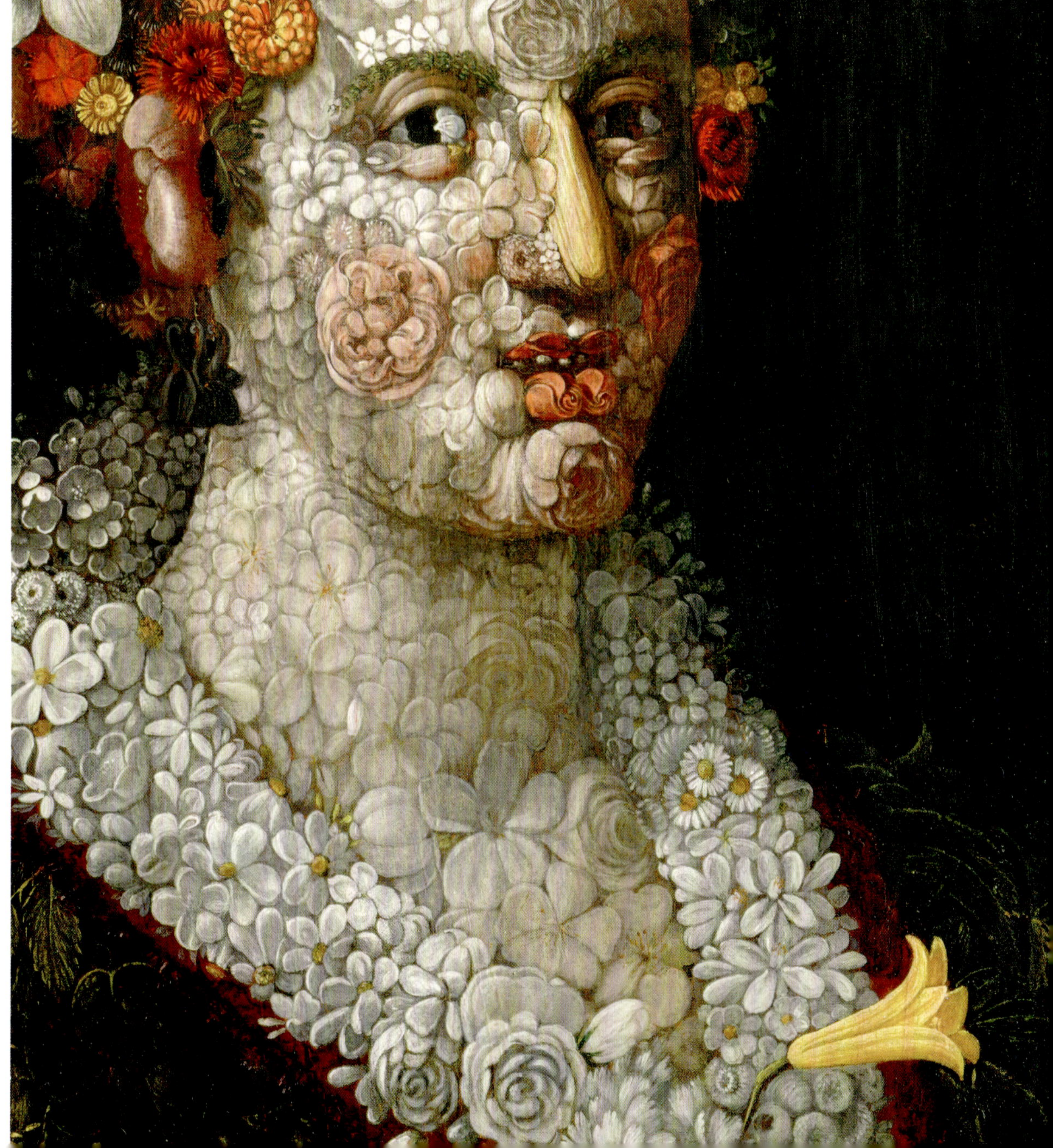

Arcimboldo painted this portrait of Rudolf II as Vertumnus in Milan, some months before sending it to him in Prague in 1591, together with the composite head of Flora (1589). An allegory of abundance in the form of a portrait of the Roman god of fertility and an ode to the glory of imperial power, it was a tribute to a Holy Roman Emperor who ruled over the natural, political and spiritual universe while also ensuring the continuation of the Habsburg dynasty.

Giuseppe Arcimboldo peint ce portrait de Rodolphe II en Vertumne à Milan, plusieurs mois avant de le lui expédier à Prague, en 1591, avec le buste composé de Flore (1589). Allégorie de l'abondance à l'effigie du dieu grec de la fertilité et ode à la gloire du pouvoir impérial, il est un hommage rendu à celui qui règne sur l'univers naturel, politique et spirituel, tout en faisant perdurer la lignée des Habsbourg.

Arcimboldo malte dieses Porträt Rudolfs II. als Vertumnus in Mailand, einige Monate bevor er es ihm 1591 zusammen mit dem zusammengesetzten Kopf der Flora (1589) nach Prag schickte. Als Allegorie des Überflusses in Form eines Porträts des römischen Gottes der Fruchtbarkeit und als Ode an die Herrlichkeit der kaiserlichen Macht war es eine Hommage an einen Kaiser des Heiligen Römischen Reiches, der über das natürliche, politische und geistige Universum herrschte und gleichzeitig den Fortbestand der habsburgischen Dynastie sicherte.

Arcimboldo pintó este retrato de Rodolfo II como Vertumno en Milán, unos meses antes de enviárselo a Praga en 1591, junto con la cabeza compuesta de Flora (1589). Alegoría de la abundancia en forma de retrato del dios romano de la fertilidad y oda a la gloria del poder imperial, era un homenaje a un emperador del Sacro Imperio Romano Germánico que dominaba el universo natural, político y espiritual, al tiempo que aseguraba la continuidad de la dinastía de los Habsburgo.

Arcimboldo pintou esse retrato de Rodolfo II como Vertumne em Milão, alguns meses antes de enviá-lo a ele em Praga em 1591, junto com a cabeça composta de Flora (1589). Uma alegoria da abundância na forma de um retrato do deus grego da fertilidade e uma ode à glória do poder imperial, foi um tributo a um Sacro Imperador Romano que governou o universo natural, político e espiritual e, ao mesmo tempo, garantiu a continuação da linhagem dos Habsburgos.

Arcimboldo schilderde dit portret van Rudolf II als Vertumnus in Milaan, enkele maanden voordat hij het hem in 1591 in Praag stuurde, samen met het samengestelde hoofd van Flora (1589). Het was een allegorie van overvloed in de vorm van een portret van de Romeinse god van de vruchtbaarheid en een ode aan de glorie van de keizerlijke macht. Het was een eerbetoon aan een Heilige Roomse keizer die heerste over het natuurlijke, politieke en spirituele universum en tegelijkertijd de voortzetting van de Habsburgse dynastie verzekerde.

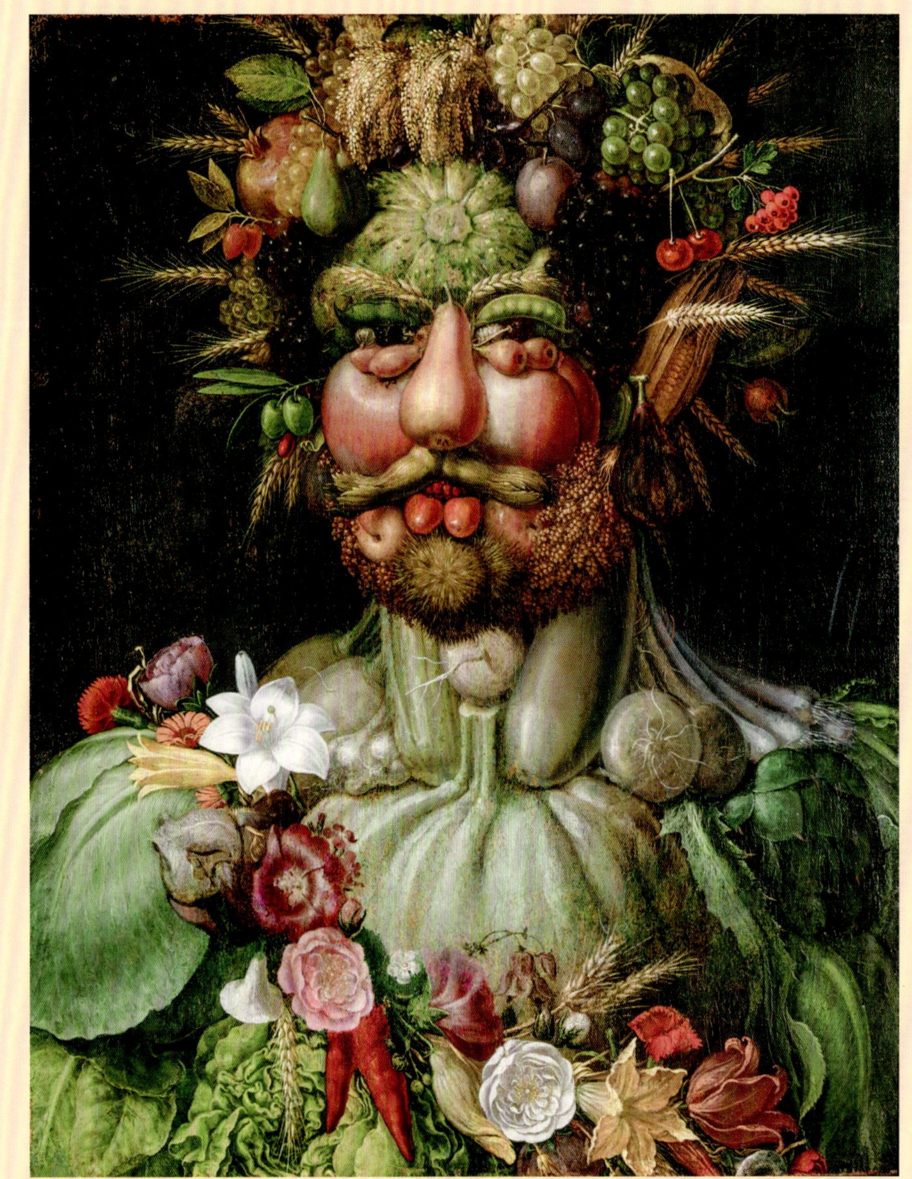

Vertumnus

Vertumne

Vertumnus

Vertumnus

Vertumno

Vertumnus

c. 1590, Oil on panel/
Huile sur bois, 68 × 56 cm,
Skoklosters slott, Sverige

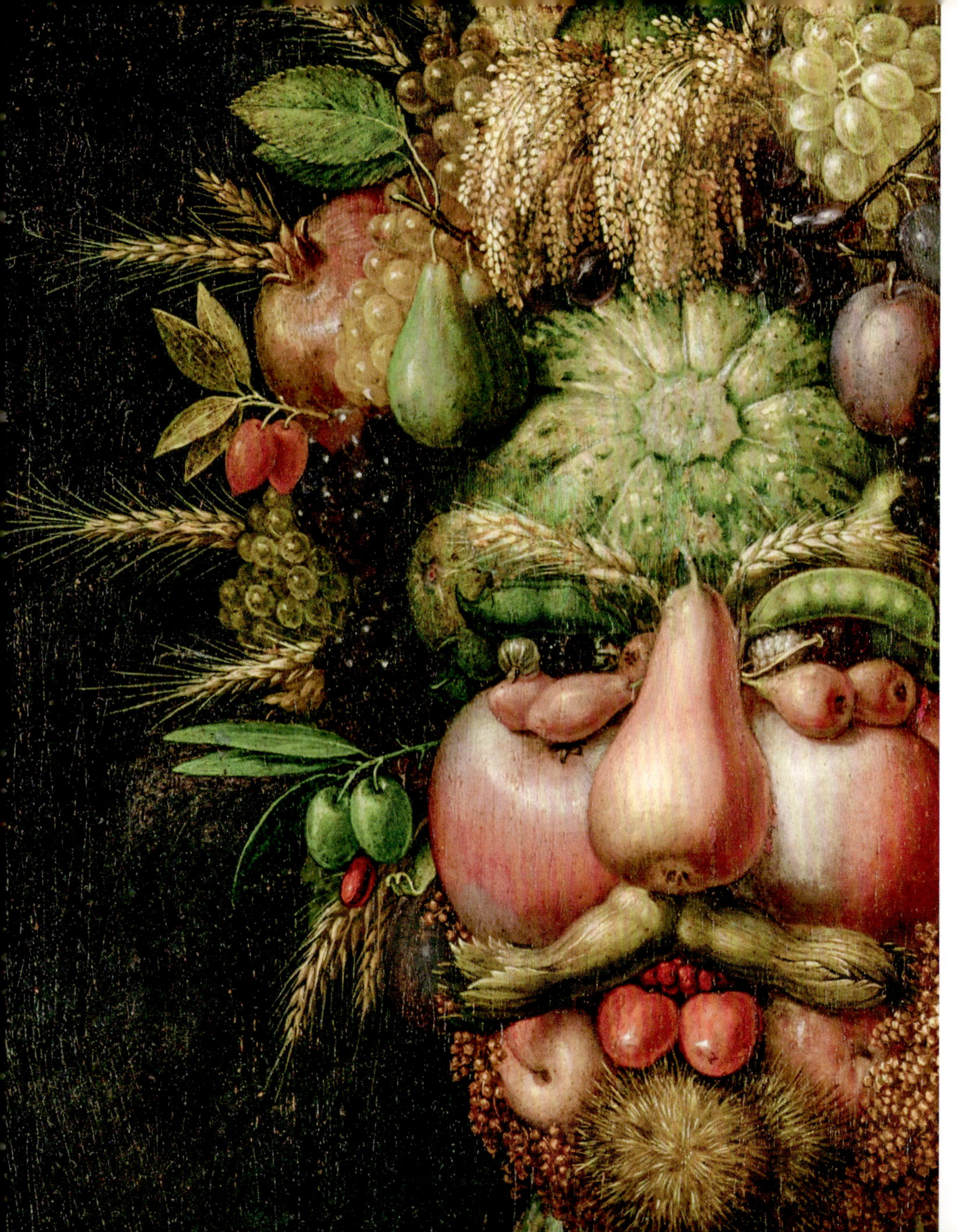

Vertumnus (details)

Vertumne (détails)

Vertumnus (Details)

Vertumnus (detalles)

Vertumno (particolares)

Vertumnus (details)

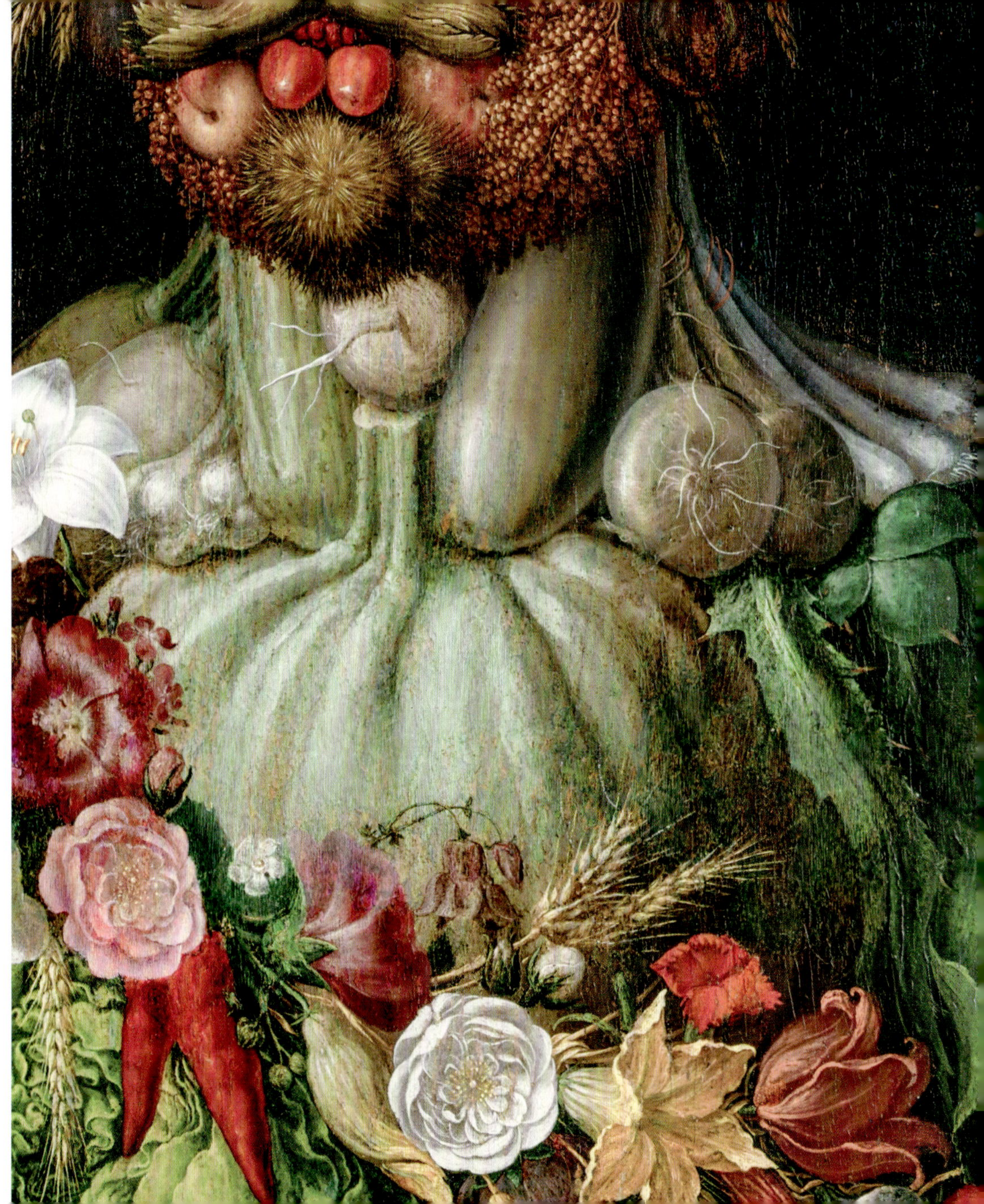

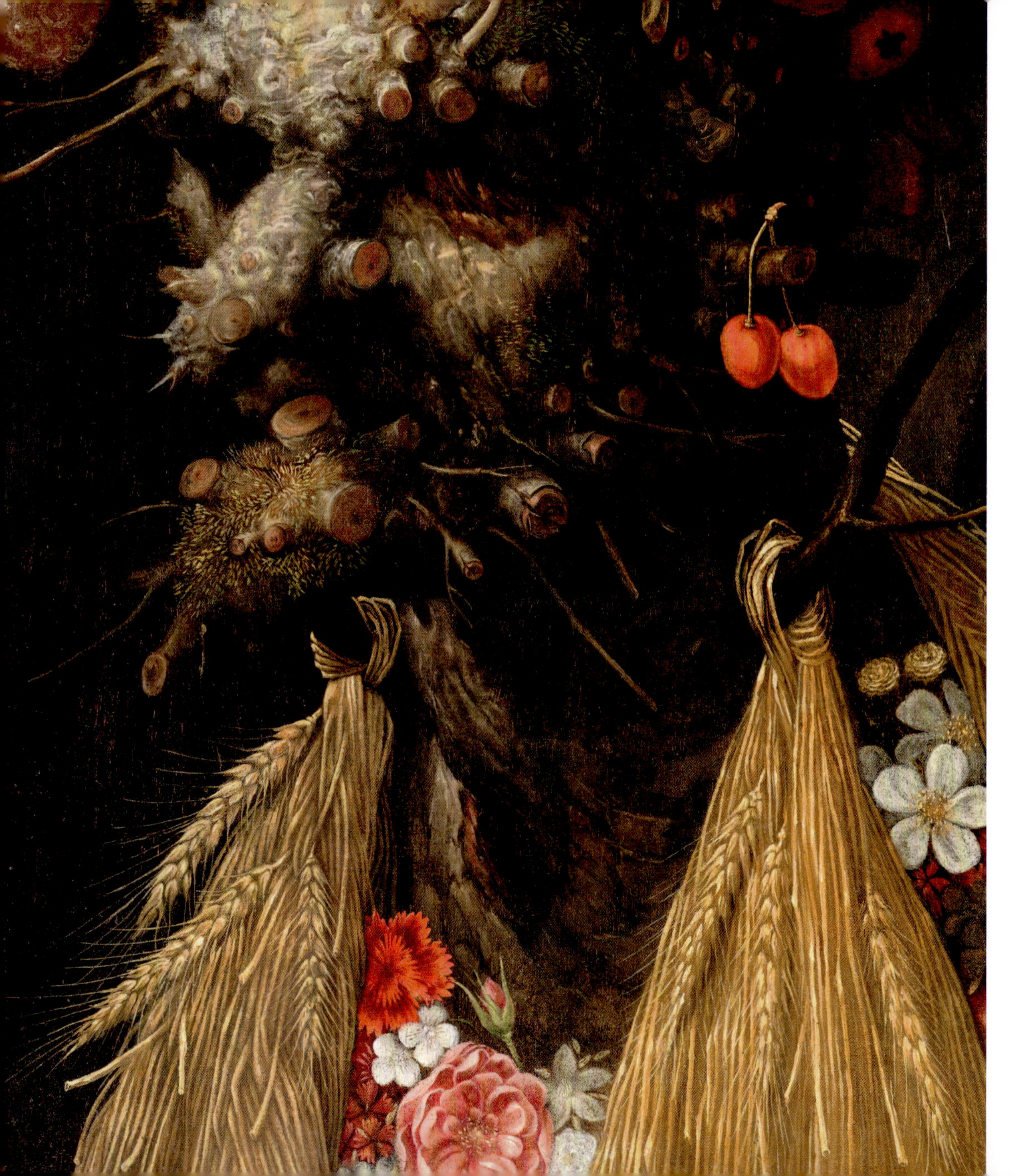

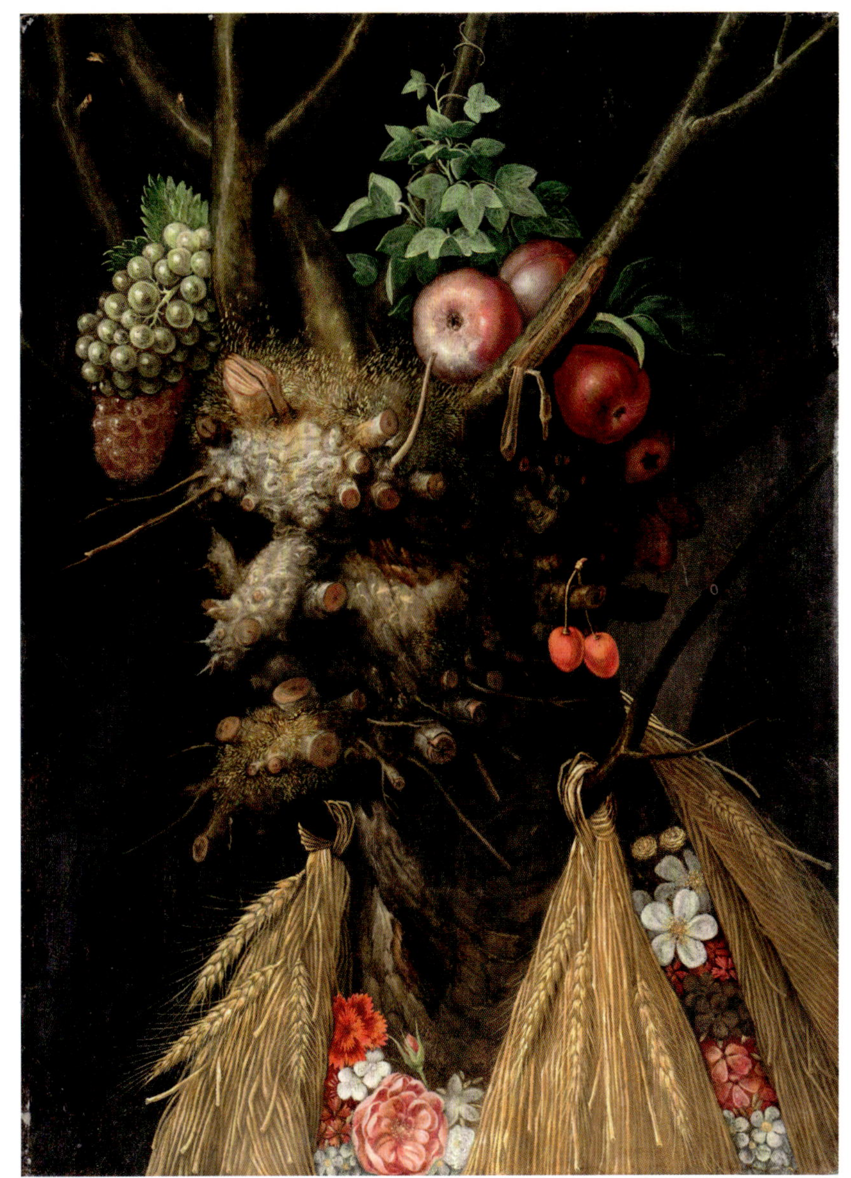

Four Seasons in One Head

Quatre saisons en une seule tête

Vier Jahreszeiten in einem Kopf

Cuatro estaciones en una cabeza

Quatro estações em uma só cabeça

Vier seizoenen in één hoofd

*c. 1590, Oil on panel/
Huile sur bois, 60,4 × 44,7 cm,
National Gallery of Art, Washington*

Viewed upside down, this bowl of vegetables transforms into a ribald portrait with a suggestively phallic nose. Some twenty years earlier, Arcimboldo had painted a cook who – on the same principle – was also a roast on a plate. The notion of the ridiculous was one of the common themes of his reversible paintings, which were at once anthropomorphic still lifes, games of hidden clues and feasts of visual surprises

Visto al revés, este cuenco de verduras se transforma en un retrato socarrón con una sugerente nariz fálica. Unos veinte años antes, Arcimboldo había pintado a un cocinero que, según el mismo principio, era también un asado en un plato. La noción de lo ridículo era uno de los temas comunes de sus cuadros reversibles, que eran a la vez bodegones antropomórficos, juegos de pistas ocultas y festines de sorpresas visuales.

Une fois retourné, ce saladier de légumes se meut en personnage hilare, doté d'un nez-phallus à connotation obscène. Une vingtaine d'années auparavant, Giuseppe Arcimboldo a déjà peint un cuisinier qui était aussi un rôti sur une assiette, selon le même principe. Le ridicule est un des traits communs de ses tableaux réversibles, véritables natures mortes anthropomorphes, jeux de cache-cache et de surprises visuelles.

Vista de cabeça para baixo, essa tigela de legumes se transforma em um retrato obsceno com um nariz sugestivamente fálico. Cerca de vinte anos antes, Arcimboldo havia pintado um cozinheiro que - segundo o mesmo princípio - também era um assado em um prato. A noção do ridículo era um dos temas comuns de suas pinturas reversíveis, que eram ao mesmo tempo naturezas-mortas antropomórficas, jogos de pistas ocultas e banquetes de surpresas visuais.

Auf den Kopf gestellt, verwandelt sich diese Gemüseschale in ein anzügliches Porträt mit einer angedeuteten Phallusnase. Rund zwanzig Jahre zuvor hatte Arcimboldo nach demselben Prinzip eine Köchin gemalt, die ebenfalls ein Braten auf dem Teller war. Die Idee des Lächerlichen war eines der Themen, die seine reversiblen Gemälde gemeinsam hatten, die zugleich anthropomorphe Stillleben, Versteckspiele und visuelle Überraschungen waren.

Op zijn kop bekeken verandert deze schaal met groenten in een ribbelig portret met een suggestief fallische neus. Zo'n twintig jaar eerder had Arcimboldo een kok geschilderd die - volgens hetzelfde principe - ook een gebraad op een bord was. De notie van het belachelijke was een van de gemeenschappelijke thema's van zijn omkeerbare schilderijen, die tegelijkertijd antropomorfe stillevens, spelletjes met verborgen aanwijzingen en feesten van visuele verrassingen waren.

The Vegetable Gardener

L'Homme-potager (Priape)

Der Gemüsegärtner

El hortelano

O Jardineiro

De groentetuinman

c. 1590, Oil on panel/ Huile sur bois, 35,8 × 24,2 cm, Museo Civico Ala Ponzone, Cremona

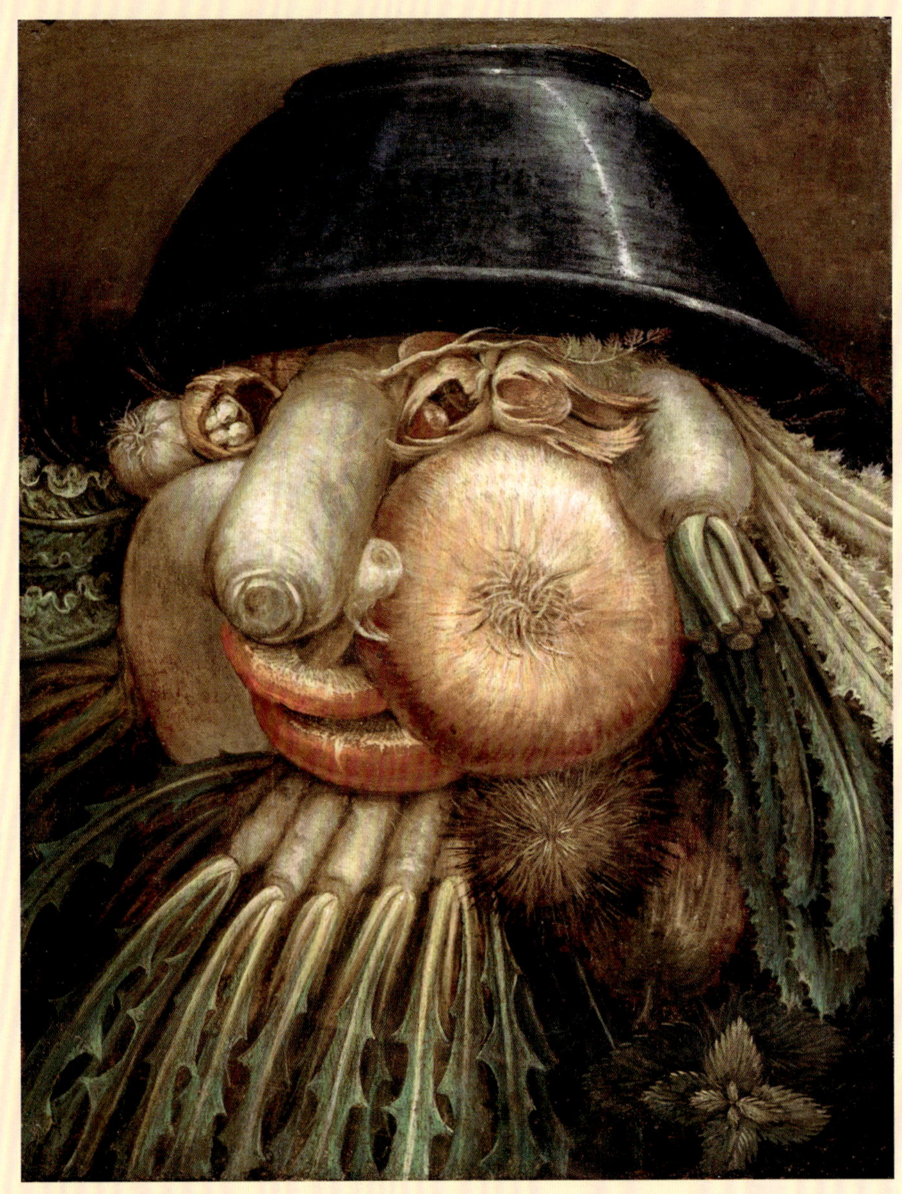

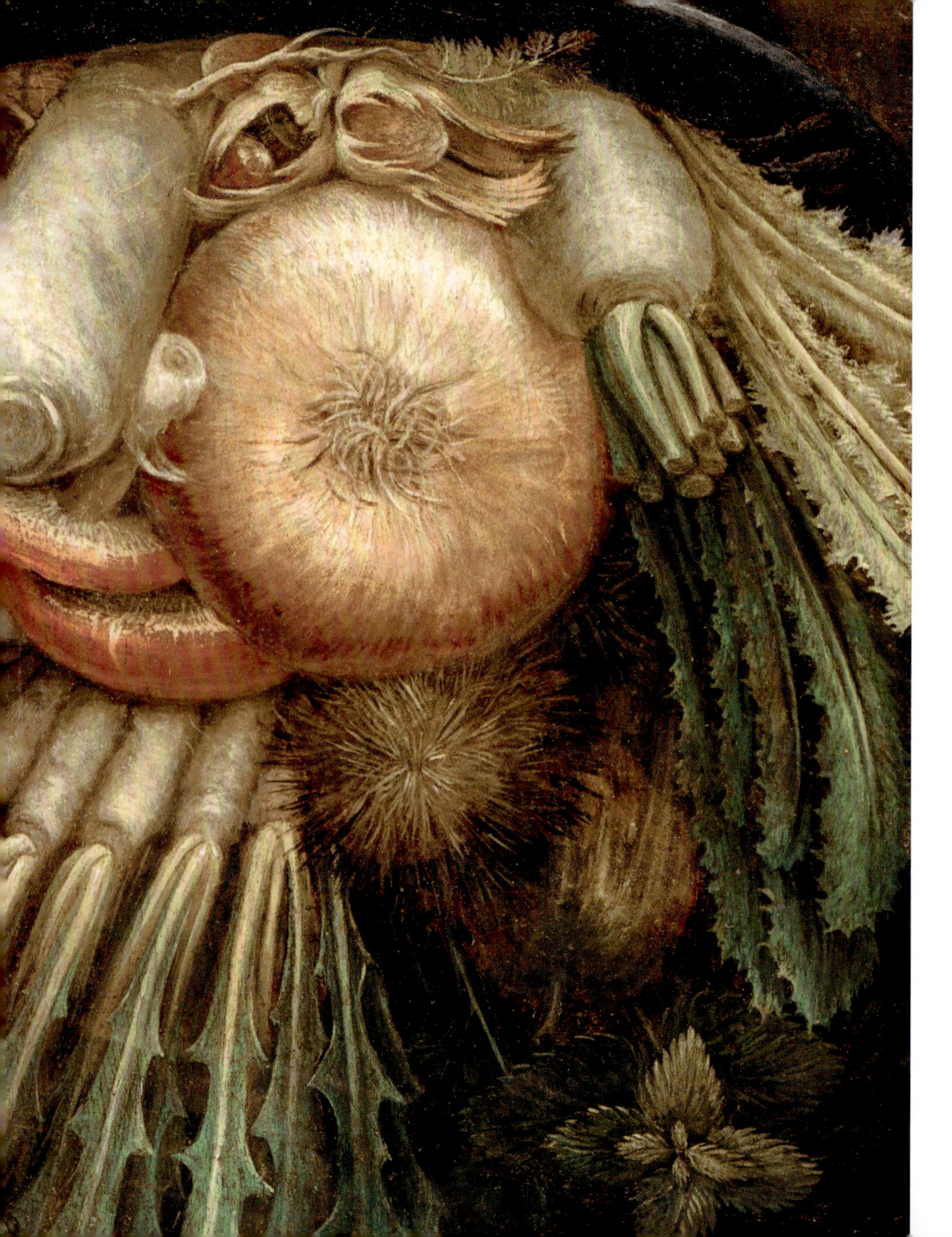

The Vegetable Gardener (detail)

L'Homme-potager (Priape) (détail)

Der Gemüsegärtner (Detail)

El hortelano (detalle)

O Jardineiro (particolare)

De groentetuinman (detail)

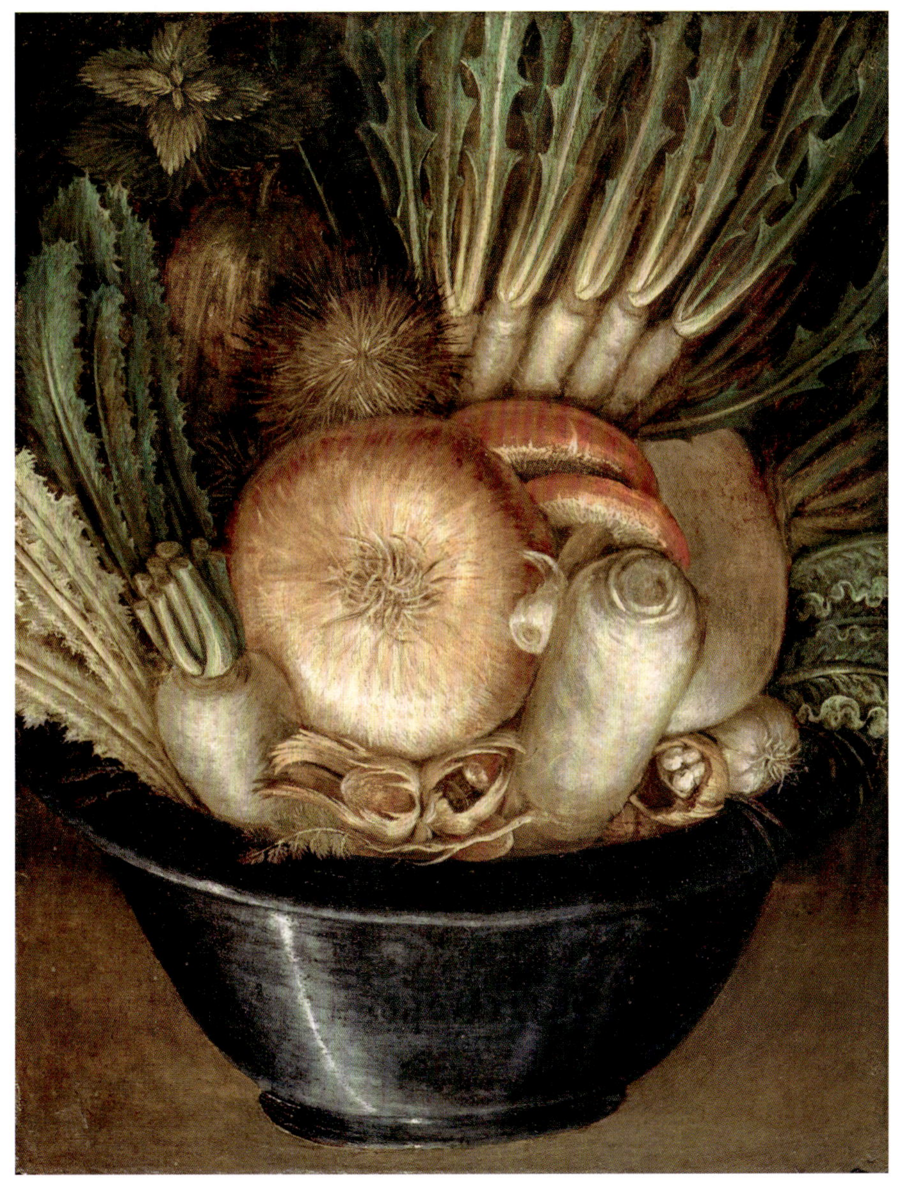

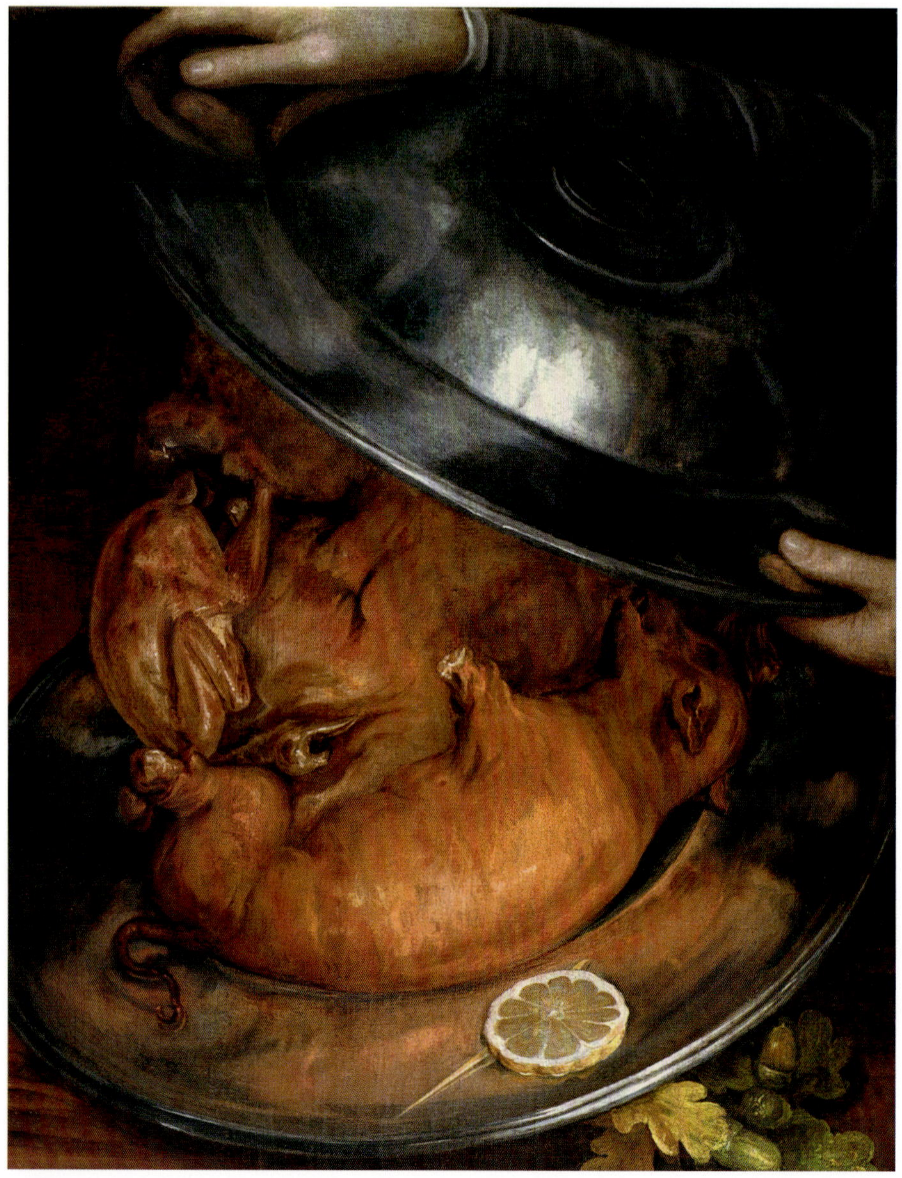

The Cook

Le Cuisinier

Der Koch

El cocinero

O Cozinheiro

De kok

c. 1590, Oil on panel/
Huile sur bois,
52,5 × 41 cm,
Nationalmuseum, Stockholm

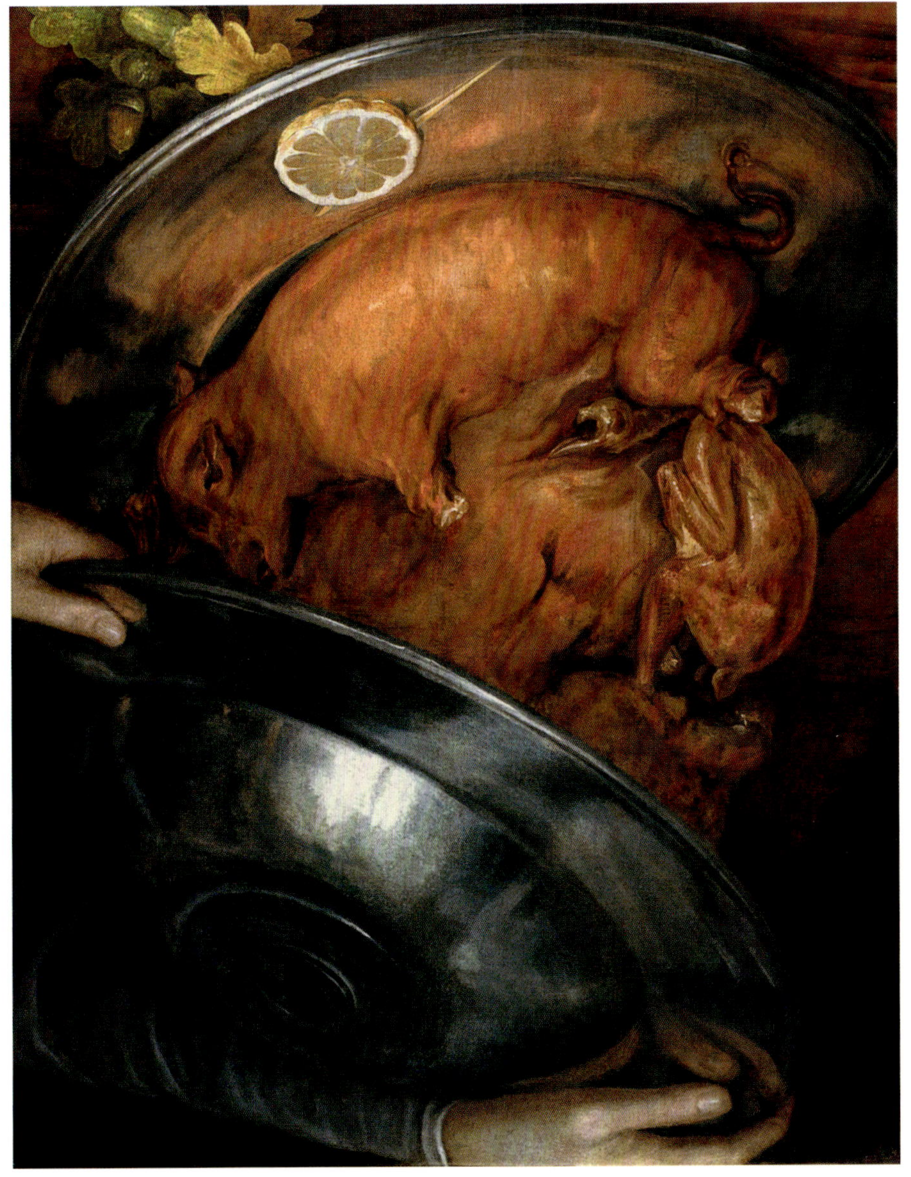

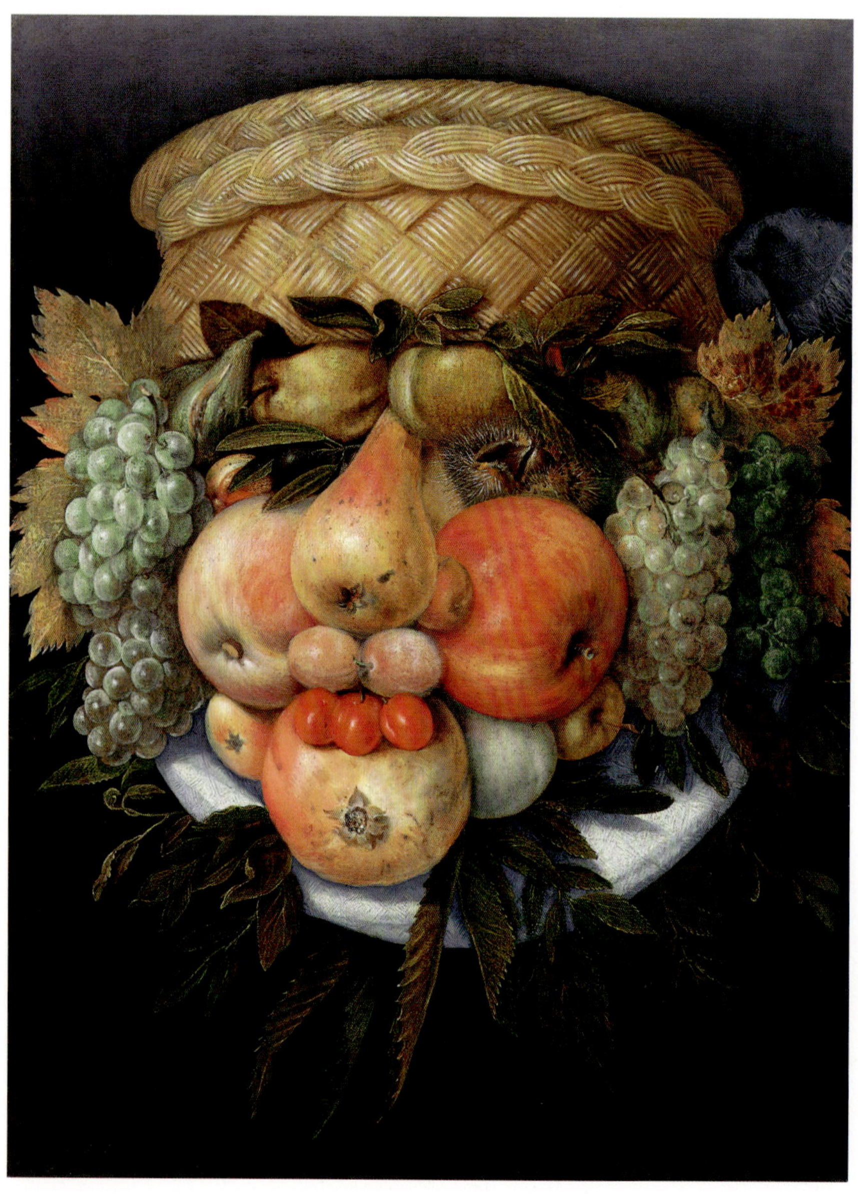

Attributed to Giuseppe Arcimboldo

Reversible Head with a Basket of Fruit

Tête et corbeille de fruits

Wendekopf mit einem Korb voller Früchte

Cabeza reversible con cesta de fruta

Cabeça reversível com uma cesta de frutas

Omkeerbaar hoofd met fruitmand

c. 1591/92, Oil on panel/Huile sur bois, 55,9 × 41,6 cm, Private collection

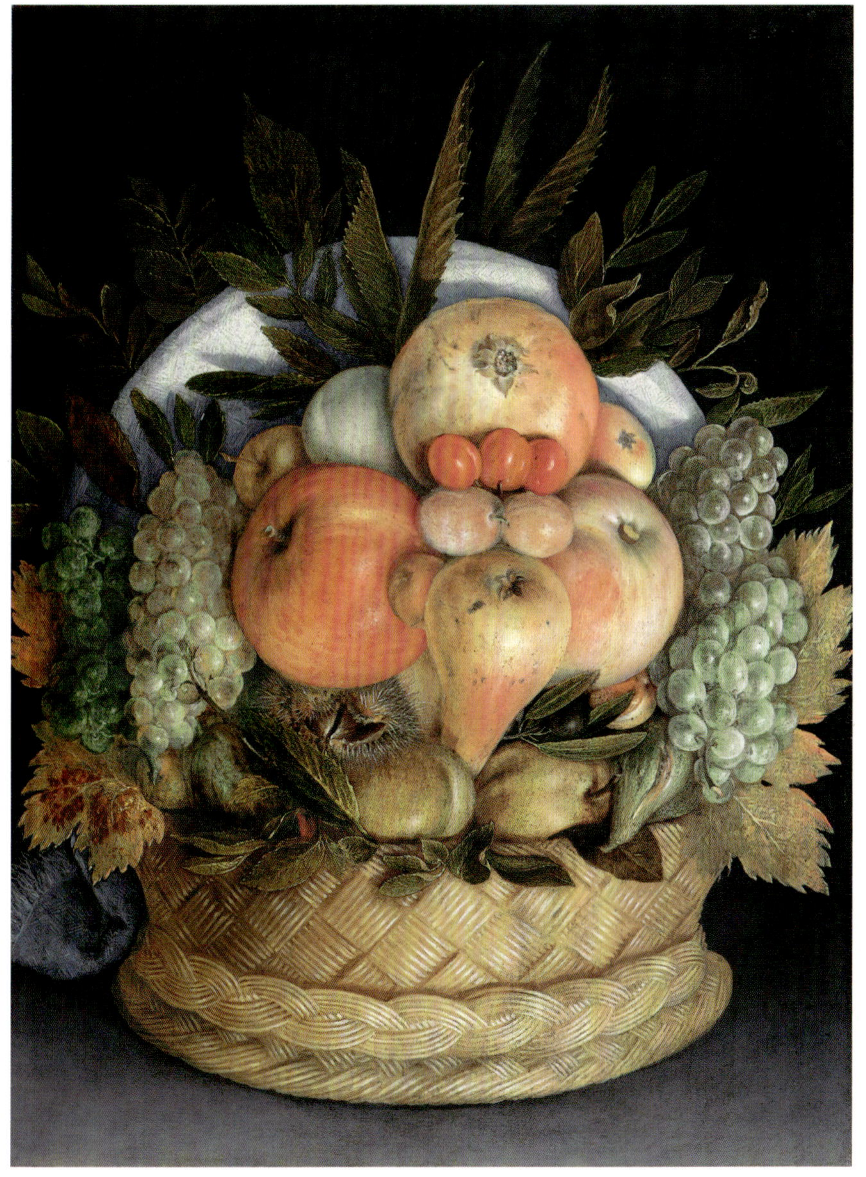

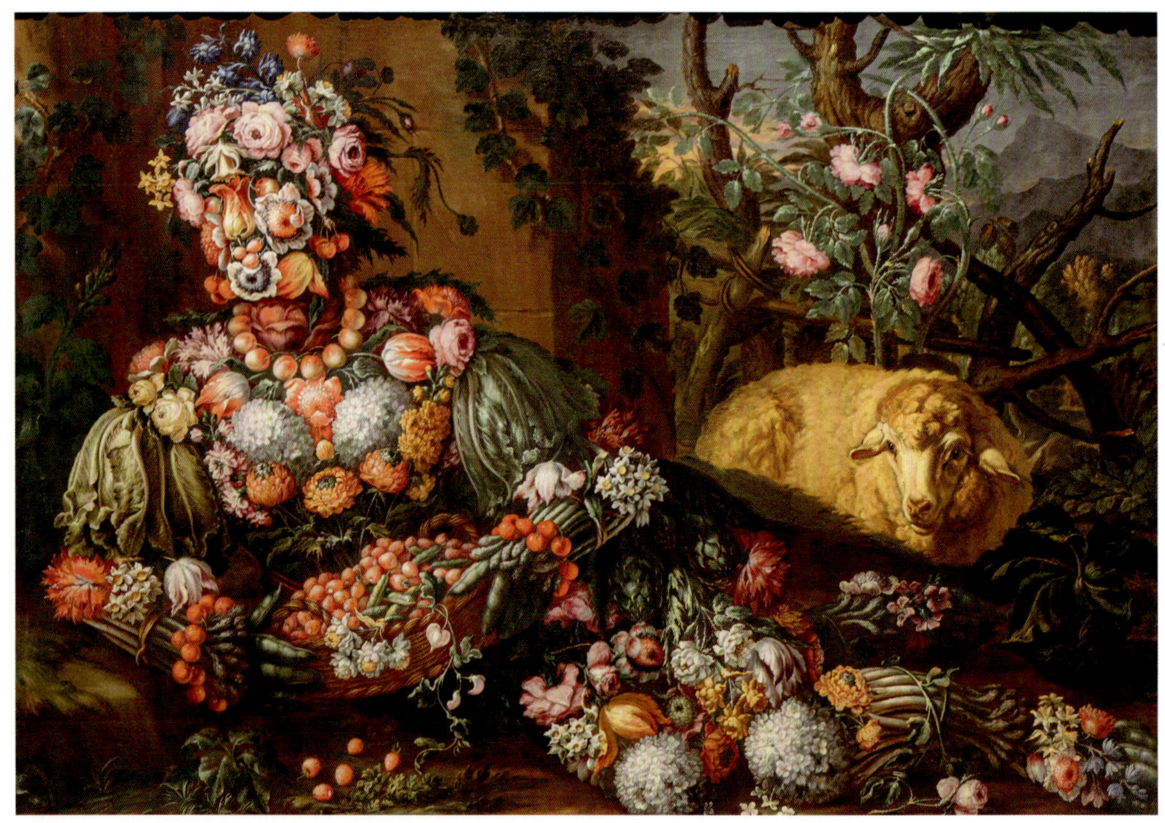

Attributed to Antonio Rasio (active 17th century)

Spring

Printemps

Frühling

Primavera

Primavera

Lente

1685-87, Oil on canvas/Huile sur toile, 96 × 141 cm,
Civici Musei e Fondazione Brescia Musei,
museo Tosio Martinengo, Brescia

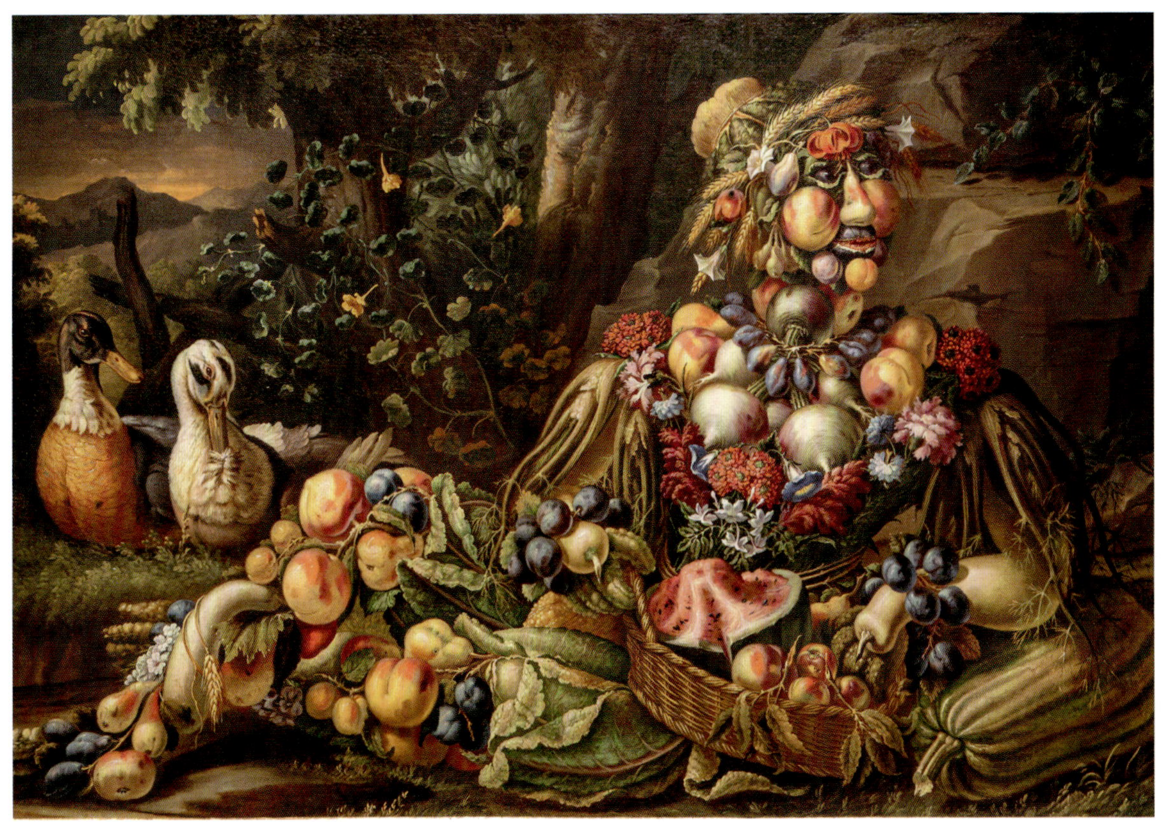

Attributed to Antonio Rasio (active 17th century)

Summer

Été

Sommer

Verano

Verão

Zomer

1685-87, Oil on canvas/Huile sur toile, 96 × 141 cm,
Civici Musei e Fondazione Brescia Musei,
museo Tosio Martinengo, Brescia

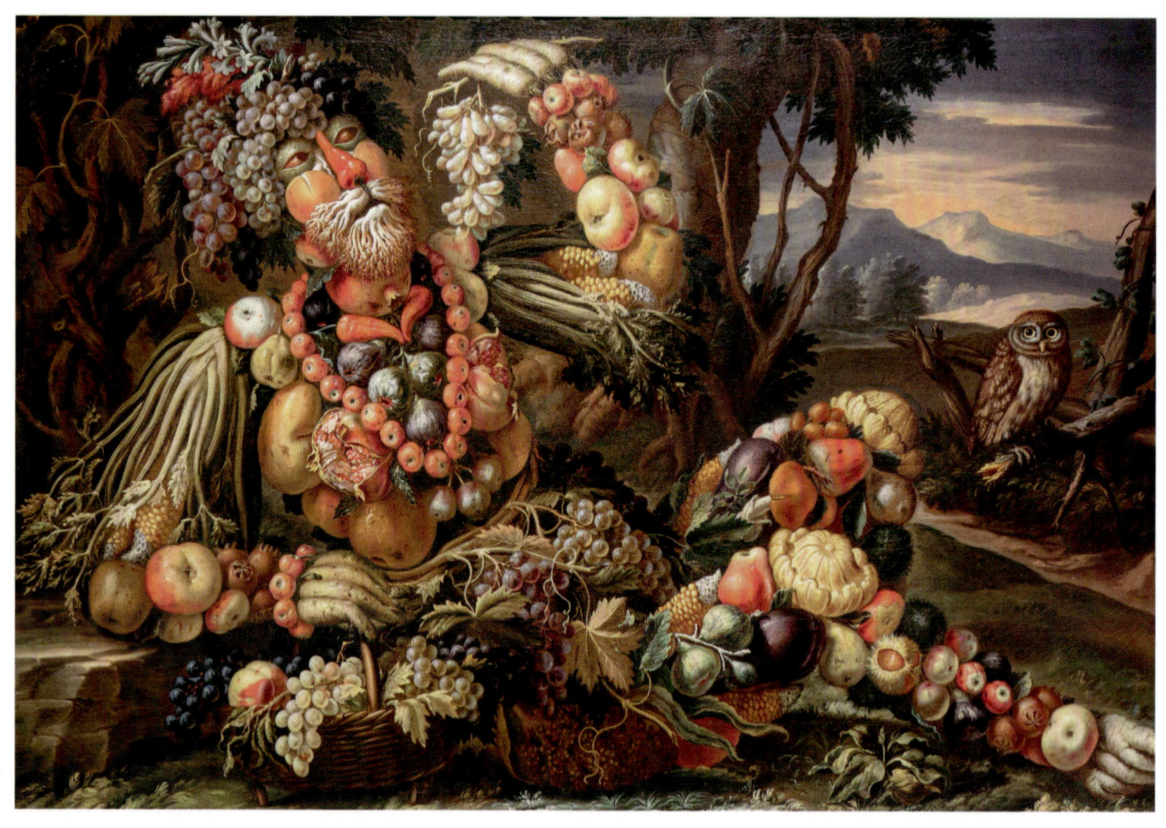

Attributed to Antonio Rasio (active 17th century)

Autumn

Automne

Herbst

Otoño

Outono

Herfst

1685-87, Oil on canvas/Huile sur toile, 96 × 141 cm,
Civici Musei e Fondazione Brescia Musei,
museo Tosio Martinengo, Brescia

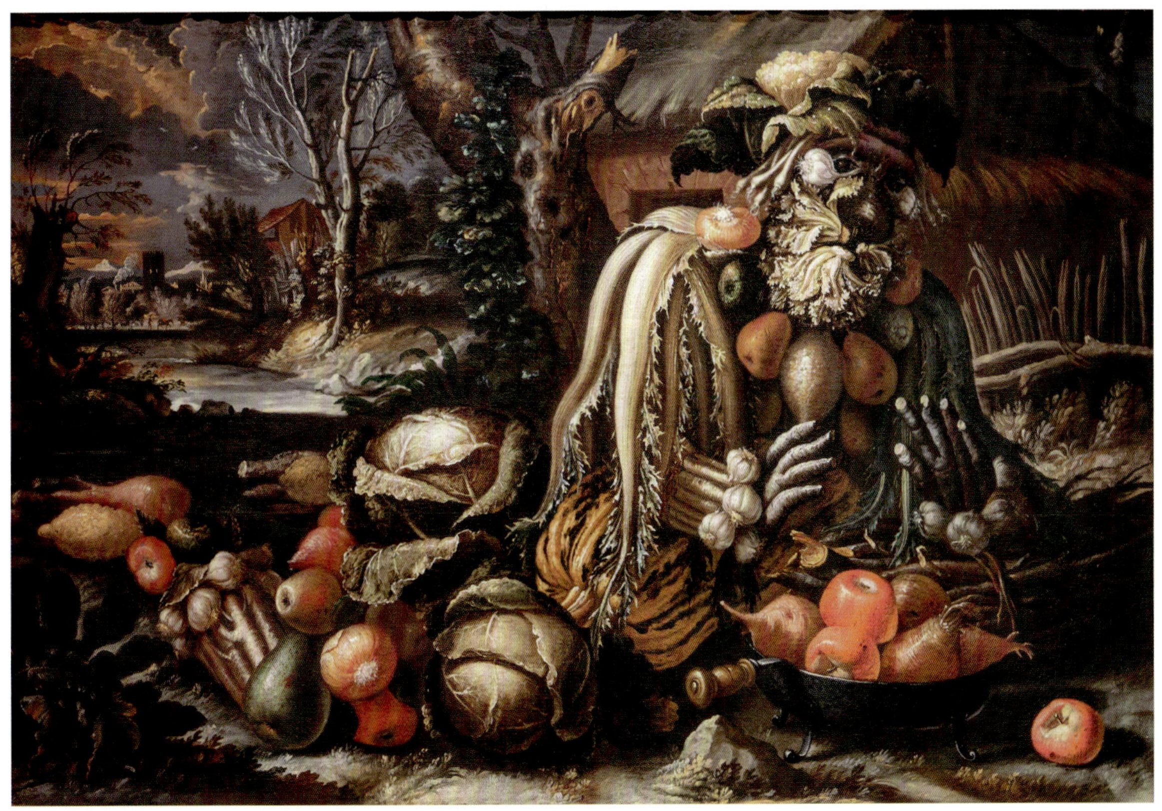

Attributed to Antonio Rasio (active 17th century)

Winter

Hiver

Winter

Invierno

Inverno

Winter

1685-87, Oil on canvas/Huile sur toile, 96 × 141 cm,
Civici Musei e Fondazione Brescia Musei,
museo Tosio Martinengo, Brescia

Wenceslas Hollar (1607-1677)

Landscape shaped like a face

Paysage en forme de visage

Landschaft in Form eines Gesichts

Paisaje en forma de cara

Paisagem no formato de um rosto

Landschap in de vorm van een gezicht

b. 1662, Engraving/Gravure, 12,8 × 19,9 cm

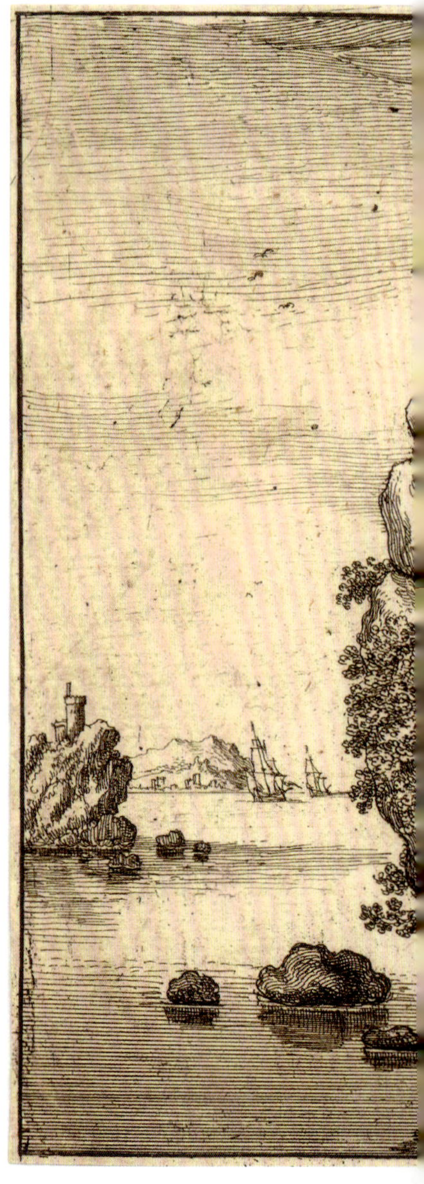

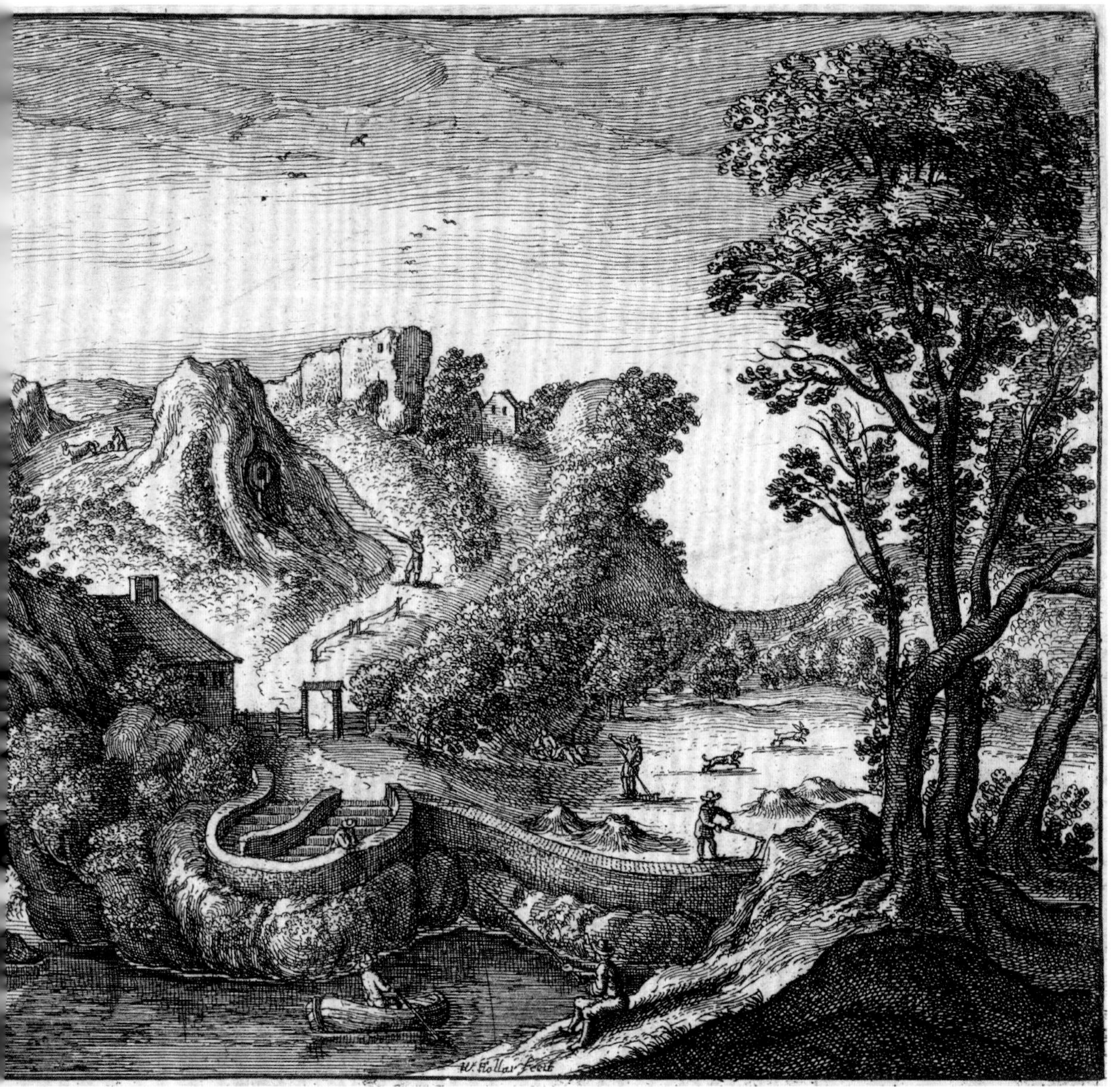

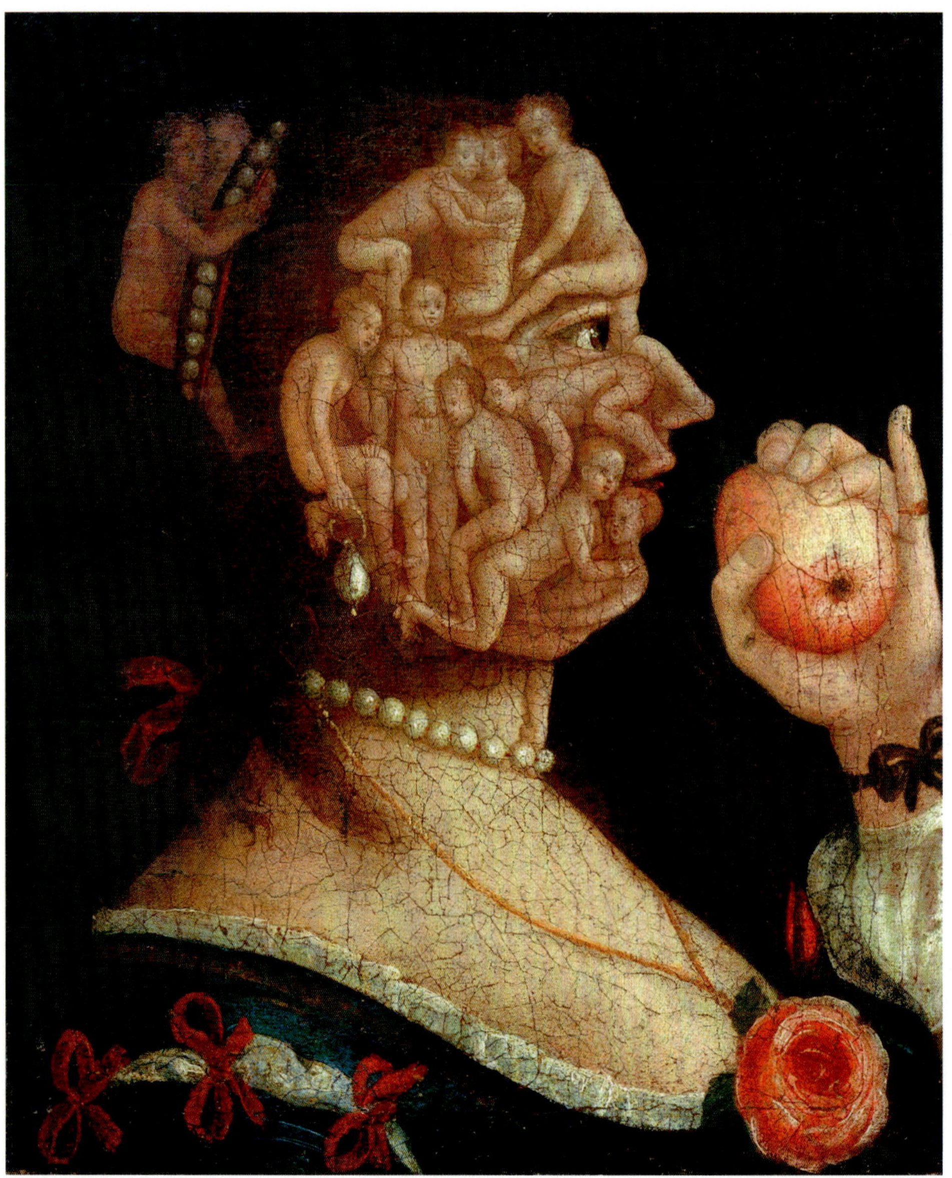

Follower of Giuseppe Arcimboldo

Eve

Eva

17th century, Oil on canvas/Huile sur toile, 43,5 × 36 cm, Private collection

Follower of Giuseppe Arcimboldo

Adam

Adán

Adão

17th century, Oil on canvas/Huile sur toile, 43,5 × 36 cm, Private collection

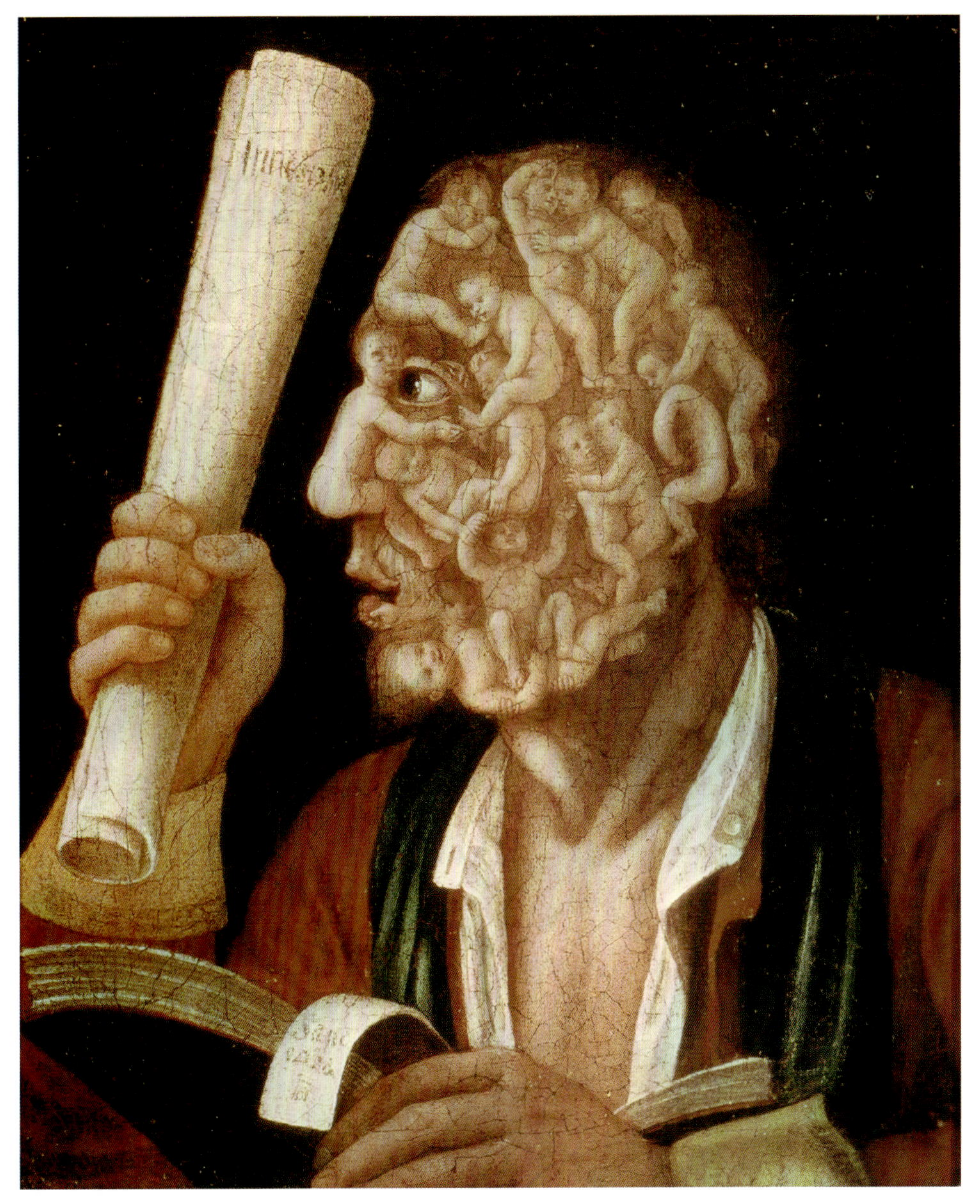

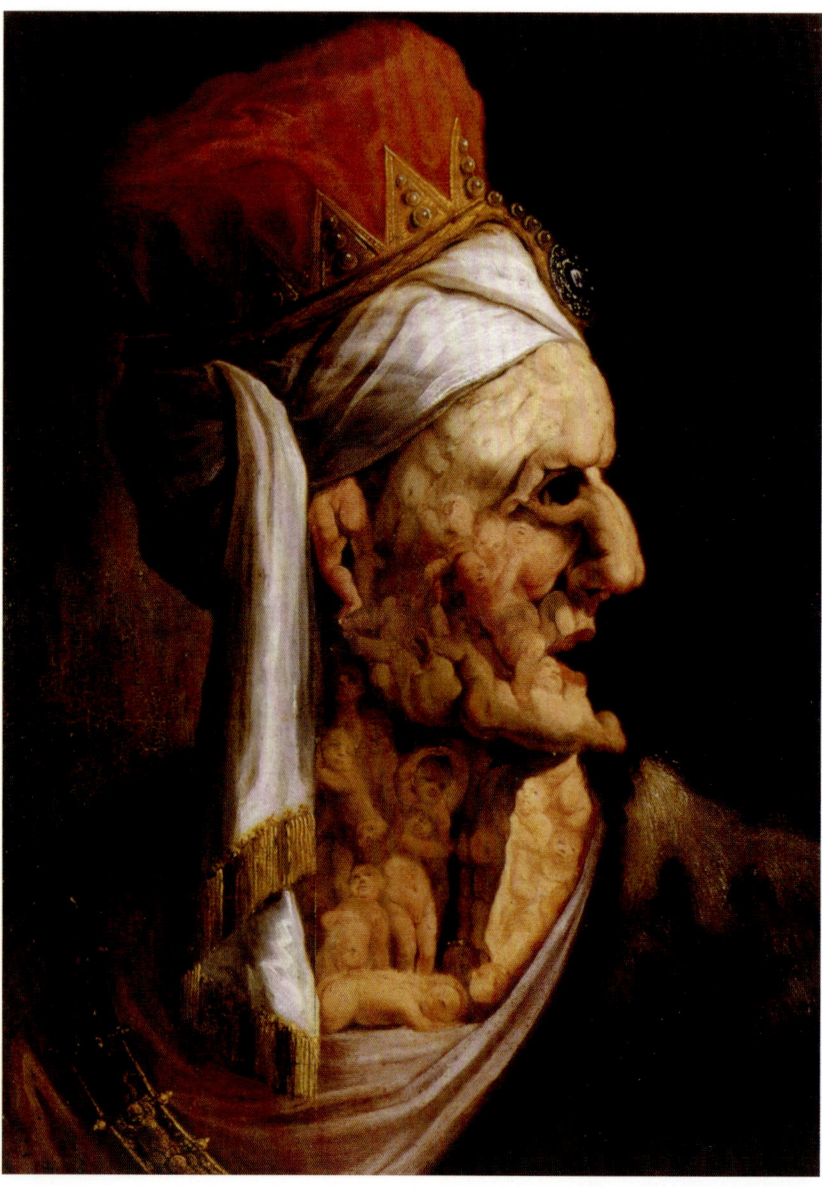

Follower of Giuseppe Arcimboldo

Herod, King of the Jews

Hérode, roi des Juifs

Herodes, König der Juden

Herodes, rey de los judíos

Herodes, rei dos judeus

Herodes, koning der Joden

*17th century, Oil on panel/
Huile sur bois, Private collection*

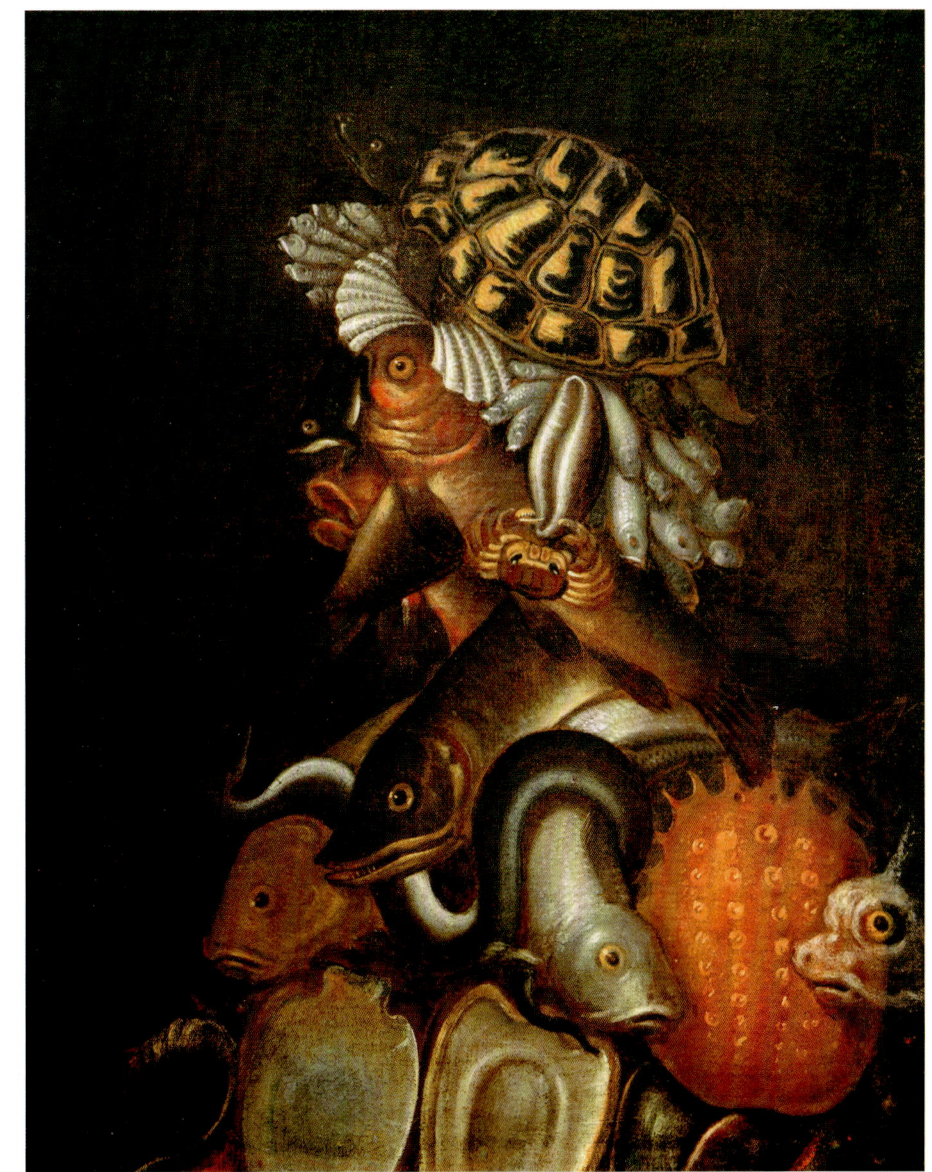

Follower of Giuseppe Arcimboldo

Allegory of Water

Allégorie de l'eau

Allegorie des Wassers

Alegoría del agua

Alegoria da água

Allegorie van water

17th century, Oil on canvas/ Huile sur toile, 82 × 65 cm, Private collection

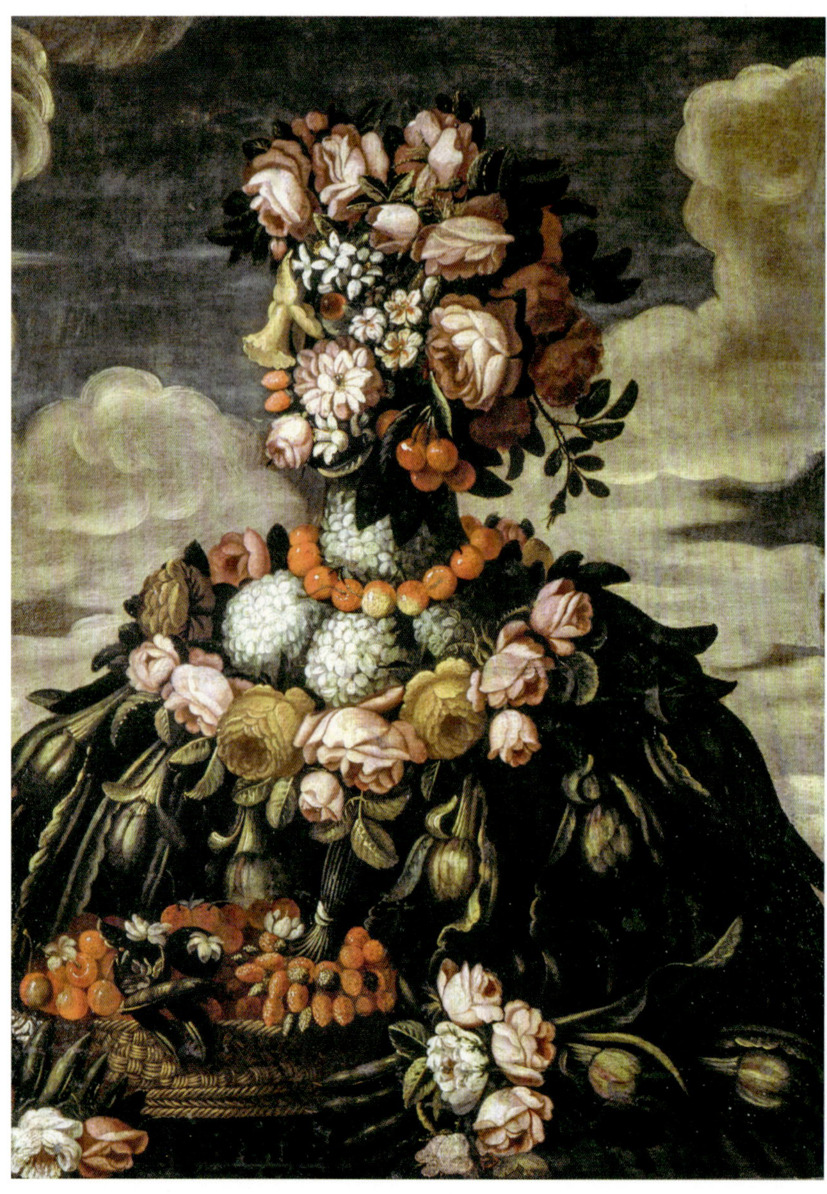

Follower of Giuseppe Arcimboldo

Spring

Le Printemps

Frühling

Primavera

Primavera

Lente

17th century, Oil on canvas/Huile sur toile, Castello Sforzesco, Milano

Follower of Giuseppe Arcimboldo

Spring

Le Printemps

Frühling

Primavera

Primavera

Lente

c. 1580-1600, Oil on canvas/ Huile sur toile, 96,8 × 73 cm, Yale University Art Gallery, New Haven

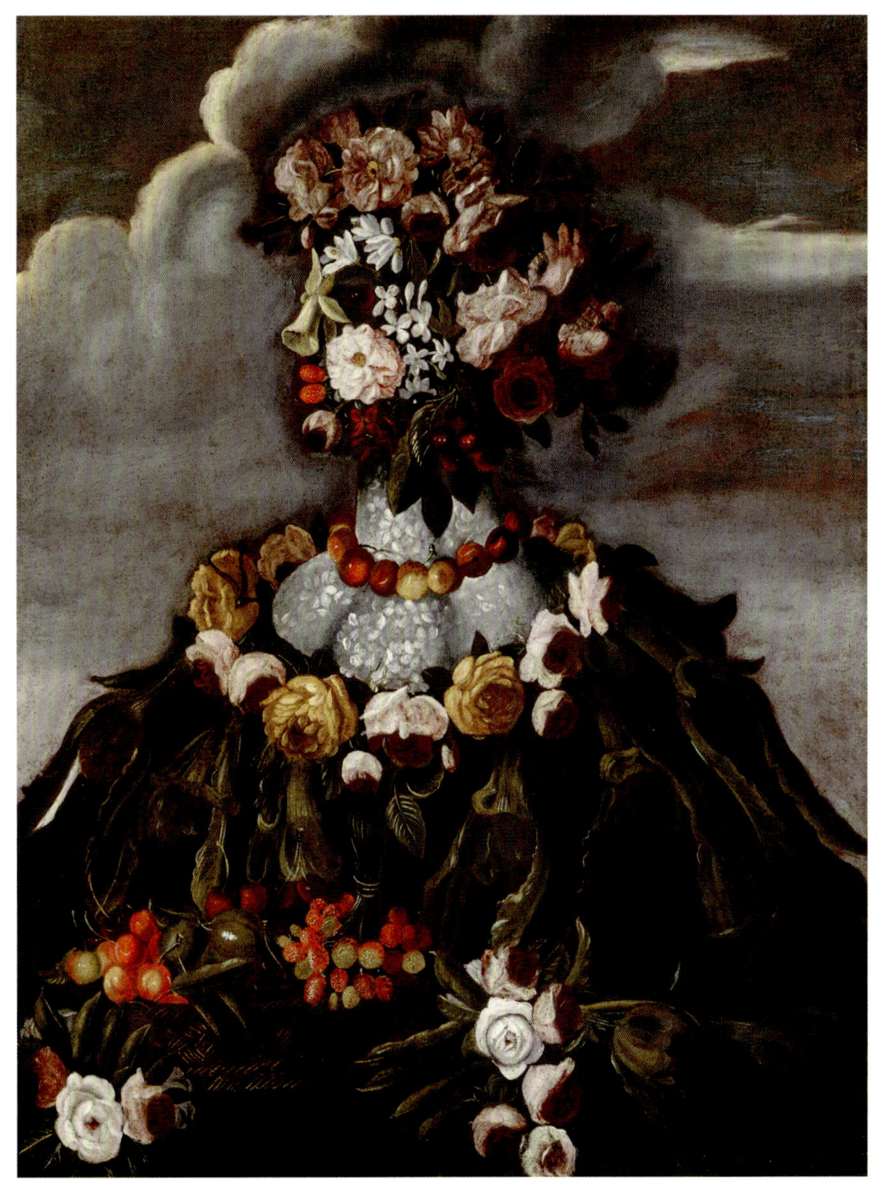

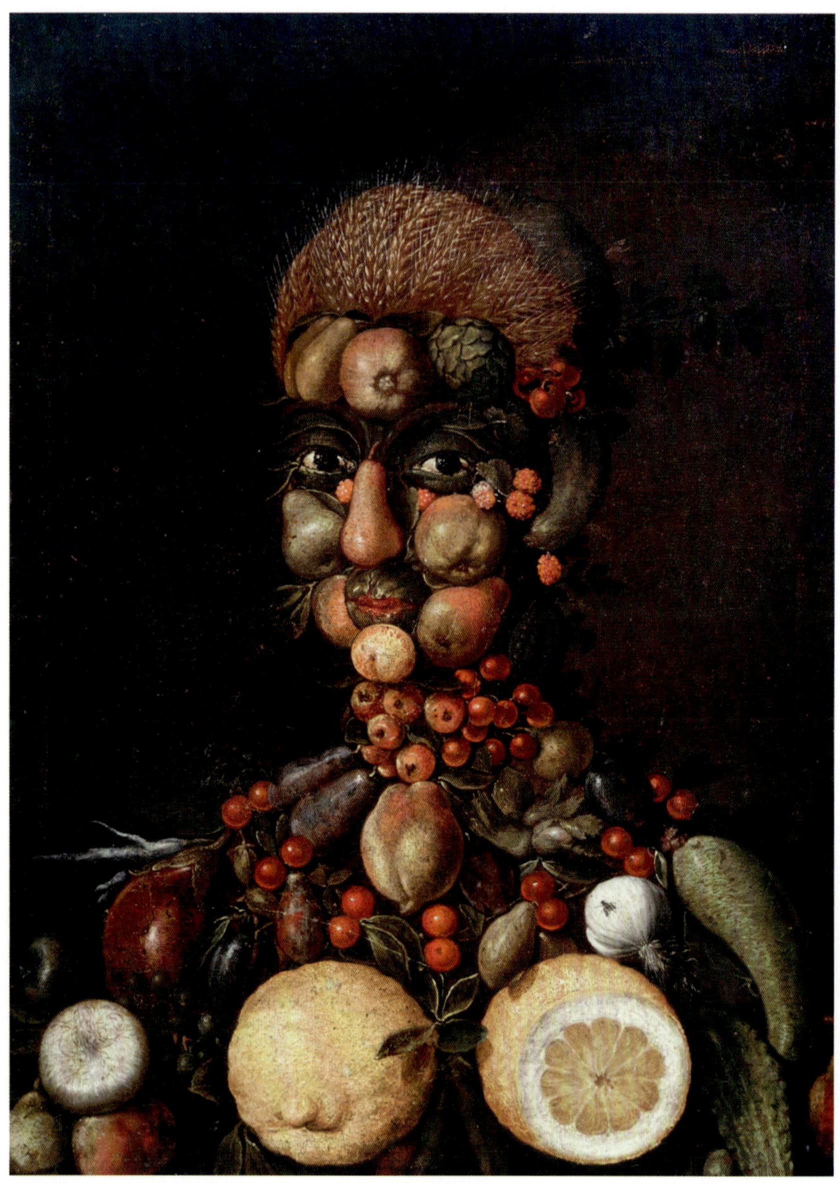

Francesco Zucchi (15??-1620)

Composite Head

Composition arcimboldesque

Zusammengesetzter Kopf

Cabeza compuesta

Composição arcimboldesca

Samengesteld hoofd

16th century, Oil on canvas/ Huile sur toile, 65 × 48 cm, Museo Capodimonte, Napoli

Follower of Giuseppe Arcimboldo

The Admiral

L'Amiral

Der Admiral

El Almirante

O Almirante

De admiraal

n. d., Oil on panel/ Huile sur bois, Private collection

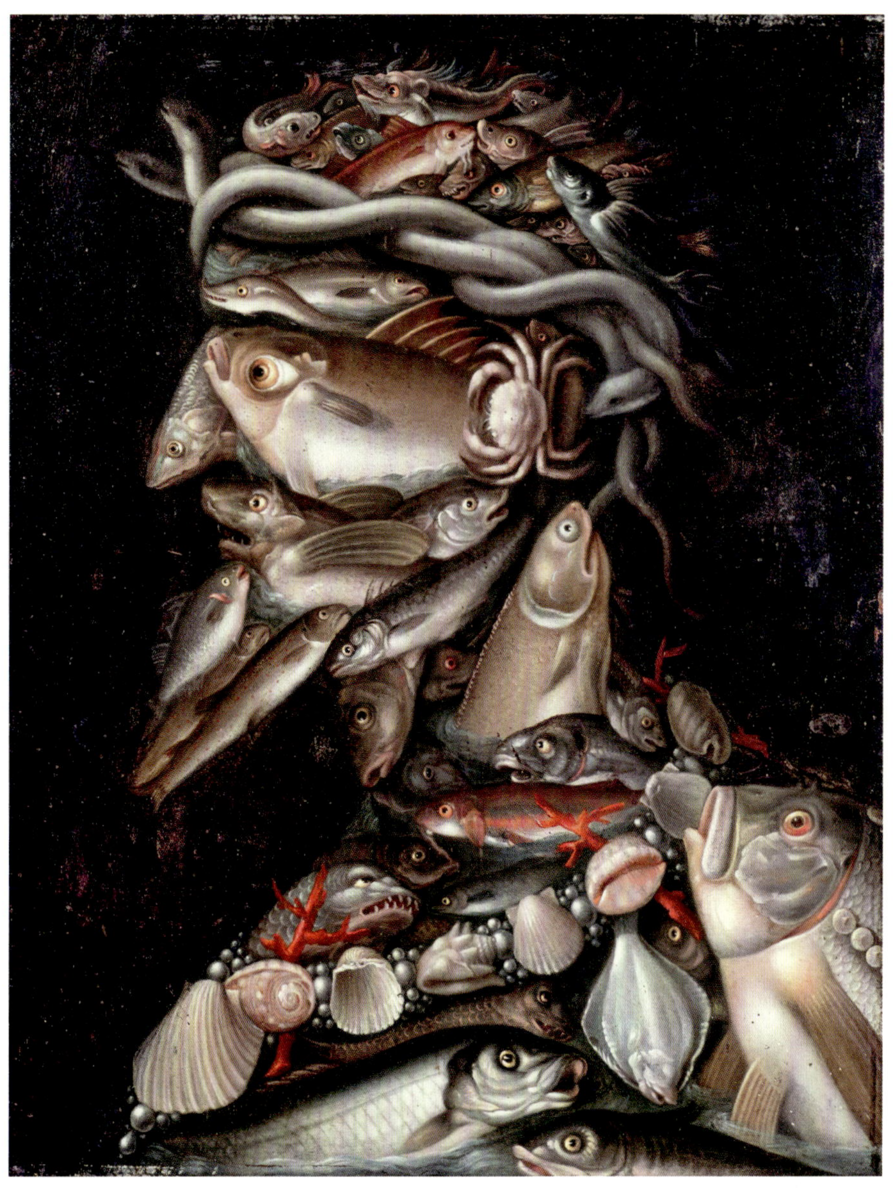

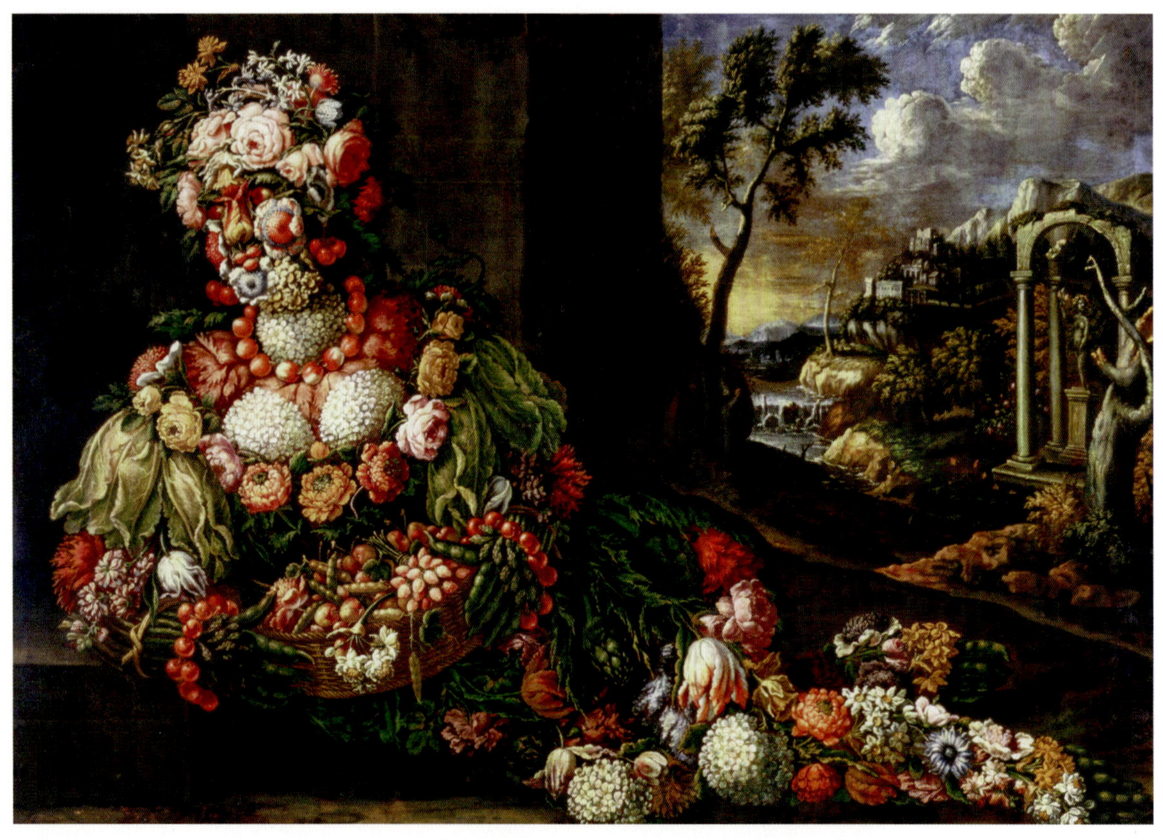

Francesco Zucchi (15??-1620)

Spring	***Frühling***	***Primavera***
Le Printemps	***Primavera***	***Lente***

n. d., Oil on canvas/Huile sur toile, 97,8 × 139,7 cm, Wadsworth Atheneum Museum of Art, Hartford

Follower of Giuseppe Arcimboldo

Summer

L'Été

Sommer

Verano

Verão

Zomer

n. d., Oil on canvas/
Huile sur toile, Private collection

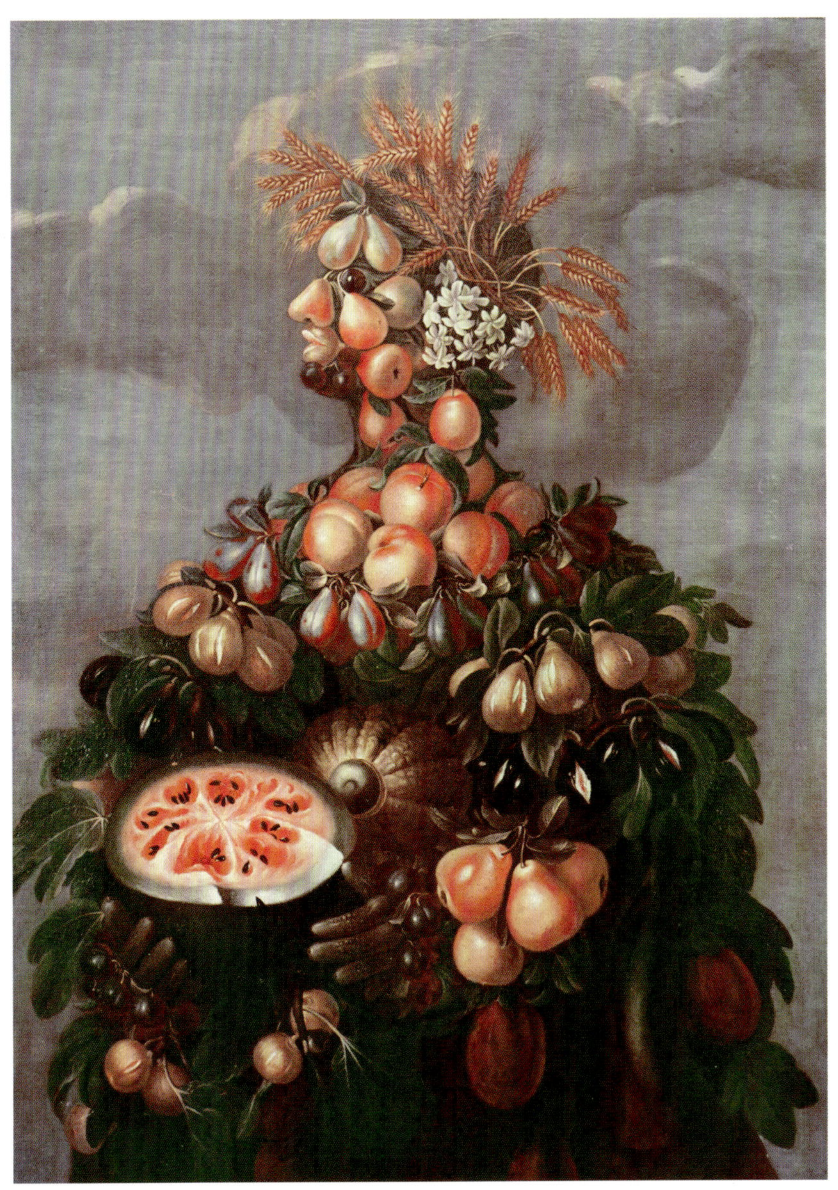

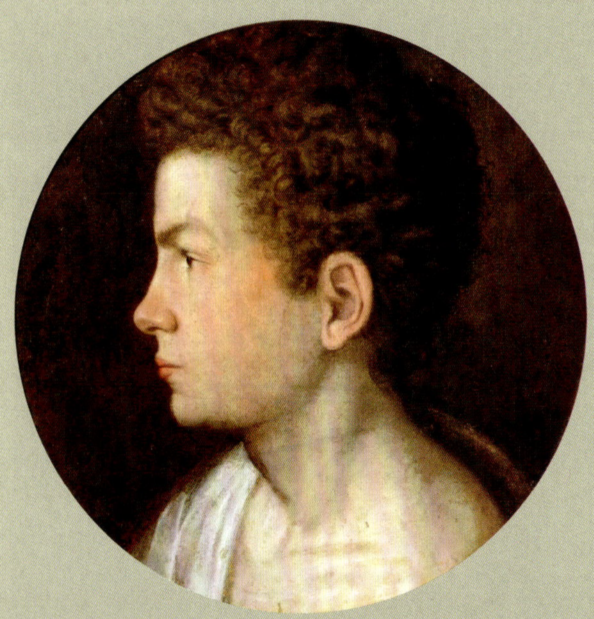

Giovanni Paolo Lomazzo (1538-1592)
Self Portrait
Autoportrait
Selbstporträt
Autorretrato
Autorretrato
Zelfportret
c. 1560, Oil on panel/Huile sur bois, d. 39 cm, Kunsthistorisches Museum, Gemäldegalerie, Wien

Friends, biographers and adulators
Although he left no biographical writings, Arcimboldo took care to have his life transcribed by his Milanese friends Paolo Morigia (1525–1604), Giovanni Paolo Lomazzo and Gregorio Comanini, who produced texts that are more akin to hagiographies than objective biographies. Valuable sources of information nonetheless, they help us to understand the myth that Arcimboldo himself helped to create. After slipping into obscurity as early as the seventeenth century, his name was rediscovered in the archives two centuries later and restored to fame in the 1930s. Ever since, Giuseppe Arcimboldo has been viewed as a forerunner of the avant-garde and modernism.

Amis biographes et laudateurs
S'il n'a pas laissé d'écrits biographiques, Giuseppe Arcimboldo a pris soin de faire raconter sa vie à ses amis milanais Paolo Morigia (1525-1604), Giovanni Paolo Lomazzo et Gregorio Comanini. Leurs textes s'apparentent toutefois plus à des hagiographies qu'à des biographies objectives. Précieuses sources d'information, ils aident à comprendre le mythe que l'artiste a lui-même contribué à construire. Oublié dès le XVIIe siècle, son nom sera redécouvert dans les archives deux siècles plus tard et sa renommée, restaurée dans les années 1930. Il fait, depuis, figure de précurseur de l'avant-garde et de la modernité.

Freunde, Biografen und Bewunderer
Obwohl er keine biografischen Schriften hinterließ, ließ Arcimboldo sein Leben von seinen Mailänder Freunden Paolo Morigia (1525–1604), Giovanni Paolo Lomazzo und Gregorio Comanini niederschreiben, die Texte verfassten, die eher Hagiografien als objektive Biografien sind. Dennoch sind sie wertvolle Informationsquellen, die uns helfen, den Mythos zu verstehen, den Arcimboldo selbst mit geschaffen hat. Nachdem sein Name bereits im 17. Jahrhundert in Vergessenheit geraten war, wurde er zwei Jahrhunderte später in den Archiven wiederentdeckt und erlangte in den 1930er-Jahren neuen Ruhm. Seitdem gilt Giuseppe Arcimboldo als Wegbereiter der Avantgarde und der Moderne.

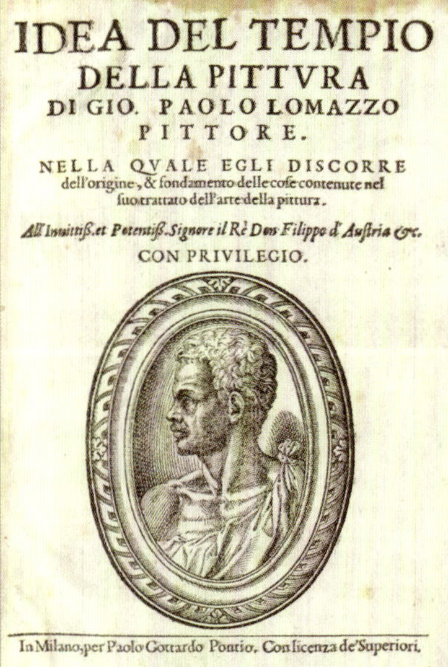

IDEA DEL TEMPIO
DELLA PITTVRA
DI GIO. PAOLO LOMAZZO
PITTORE.

NELLA QVALE EGLI DISCORRE
dell'origine, & fondamento delle cose contenute nel
suo trattato dell'arte della pittura.

All'Inuittiss. et Potentiss. Signore il Rè Don Filippo d'Austria &c.
CON PRIVILEGIO.

In Milano, per Paolo Gottardo Pontio. Con licenza de' Superiori.

Frontispiece to *Idea del tempio della pittura di Gio. Paolo Lomazzo pittore*

Frontispice de *Idea del tempio della pittura di Gio. Paolo Lomazzo pittore*

Frontispiz zu *Idea del tempio della pittura di Gio. Paolo Lomazzo pittore*

Frontispicio de *Idea del tempio della pittura di Gio. Paolo Lomazzo pittore*

Frontispício *Idea del tempio della pittura di Gio. Paolo Lomazzo pittore*

Frontispice van *Idea del tempio della pittura di Gio. Paolo Lomazzo pittore*

1590

Amigos, biógrafos y aduladores

Aunque no dejó ningún escrito biográfico, Arcimboldo se preocupó de hacer transcribir su vida a sus amigos milaneses Paolo Morigia (1525–1604), Giovanni Paolo Lomazzo y Gregorio Comanini, que elaboraron textos más parecidos a hagiografías que a biografías objetivas. Valiosas fuentes de información, nos ayudan a comprender el mito que el propio Arcimboldo contribuyó a crear. Tras caer en el olvido ya en el siglo XVII, su nombre fue redescubierto en los archivos dos siglos más tarde y devuelto a la fama en la década de 1930. Desde entonces, Giuseppe Arcimboldo ha sido considerado un precursor de las vanguardias y el modernismo.

Amigos, biógrafos e aduladores

Embora não tenha deixado escritos biográficos, Arcimboldo teve o cuidado de fazer com que a sua vida fosse transcrita pelos seus amigos milaneses Paolo Morigia (1525–1604), Giovanni Paolo Lomazzo e Gregorio Comanini, que produziram textos que se assemelham mais a hagiografias do que a biografias objetivas. No entanto, são fontes de informação valiosas que nos ajudam a compreender o mito que o próprio Arcimboldo ajudou a criar. Depois de ter caído na obscuridade já no século XVII, o seu nome foi redescoberto nos arquivos dois séculos depois e restaurado à fama na década de 1930. Desde então, Giuseppe Arcimboldo tem sido visto como um precursor da vanguarda e do modernismo.

Vrienden, biografen en bewonderaars

Hoewel hij geen biografische geschriften achterliet, zorgde Arcimboldo ervoor dat zijn leven werd opgetekend door zijn Milanese vrienden Paolo Morigia (1525–1604), Giovanni Paolo Lomazzo en Gregorio Comanini, die teksten produceerden die meer weg hebben van hagiografieën dan van objectieve biografieën. Desalniettemin zijn het waardevolle informatiebronnen die ons helpen om de mythe te begrijpen die Arcimboldo zelf heeft helpen creëren. Nadat hij al in de zeventiende eeuw in de vergetelheid was geraakt, werd zijn naam twee eeuwen later herontdekt in de archieven en in de jaren 1930 weer beroemd. Sindsdien wordt Giuseppe Arcimboldo gezien als een voorloper van de avant-garde en het modernisme.

HISTORIA
DELL'ANTICHITA`
DI MILANO,
DIVISA IN QVATTRO LIBRI,

DEL R. P. F. PAOLO MORIGIA MILANESE,
dell'Ordine de' Giesuati di San Girolamo.

Nella quale si racconta breuemente, & con bell'ordine da quante nationi questa Città è stata signoreggiata, dal principio della sua fondatione sino l'anno presente M D X C I.

Et chi primieramente diede il Battesimo a' Milanesi, col numero de gli Arciuescoui, Santi, Chiese, Monasterij, discipline, case pie, & Scuole.

Con l'antichità, e nobiltà di molte famiglie, & huomini Illustri, così nell'armi, come nelle lettere, & altre professioni; insieme con altre cose degne di memoria, auenute non solo in questa Città, ma anco in diuerse parti del mondo, di tempo, in tempo.

Con due copiosissime Tauole, vna de i Capitoli, l'altra delle cose Notabili.

CON PRIVILEGI.

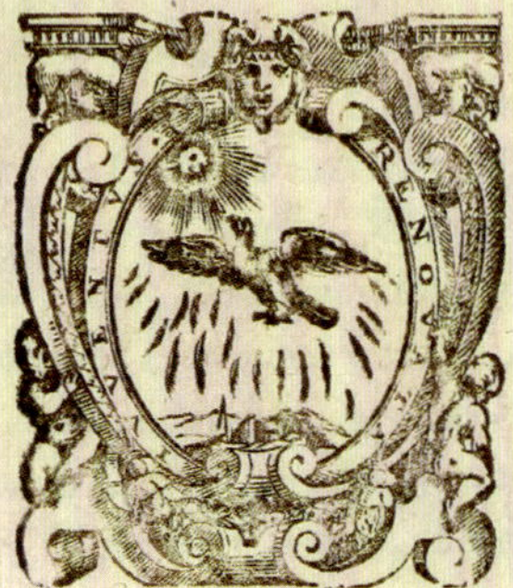

IN VENETIA, Appresso i Guerra. M D X C I I.

Frontispiece to *Historia Dell'Antichità Di Milano, Divisa In Qvattro libri*

Frontispice de *Historia Dell'Antichità Di Milano, Divisa In Qvattro libri*

Frontispiz zu *Historia Dell'Antichità Di Milano, Divisa In Qvattro libri*

Frontispicio de *Historia Dell'Antichità Di Milano, Divisa In Qvattro libri*

Frontispício de *Historia Dell'Antichità Di Milano, Divisa In Qvattro libri*

Frontispice van *Historia Dell'Antichità Di Milano, Divisa In Qvattro libri*

1592

Fede Galizia (1578-1630)

Paolo Morigia

c. 1592-95, Oil on canvas/Huile sur toile, 88 × 79 cm, Pinacoteca Ambrosiana, Milano

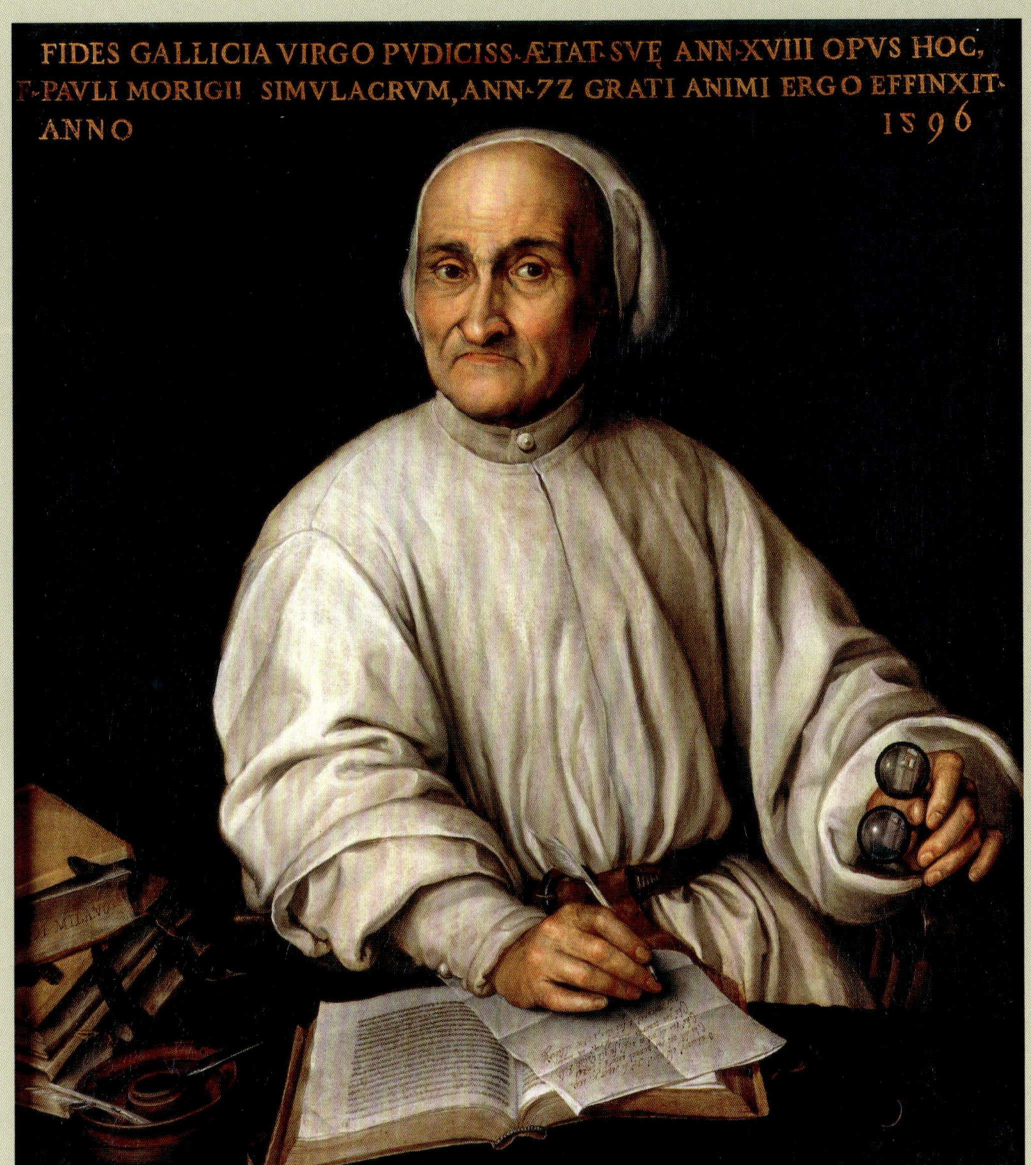
FIDES GALLICIA VIRGO PVDICISS· ÆTAT· SVĘ ANN· XVIII OPVS HOC,
F· PAVLI MORIGII SIMVLACRVM, ANN· 72 GRATI ANIMI ERGO EFFINXIT·
ANNO 1596

Recommended Literature

Sylvia Ferino-Pagden et Shinsuke Watanabe (dir.), *Arcimboldo: Nature in Art*, cat. exhibit. of The National Museum of Western Art in Tokyo (19 June-23 September 2017), Tokyo, The National Museum of Western Art, 2017.

Thomas DaCosta Kaufmann, *Arcimboldo: Visual Jokes, Natural History and Still-Life Painting*, Chicago/London, The University of Chicago Press, 2009.

Werner Kriegeskorte, *Arcimboldo*, Köln, Taschen, 2000.

Giancarlo Maiorino, *The Portrait of Eccentricity: Arcimboldo and the Mannerist Grotesque*, University Park, The Pensylvannia State University Press, 1991.

Littérature recommandée

Sylvia Ferino-Pagden, *Arcimboldo*, Paris, Gallimard, collection « Découvertes », 2007.

Sylvia Ferino-Pagden (dir.), *Arcimboldo (1526-1593)*, cat. expo. du musée du Luxembourg à Paris (15 septembre 2007-13 janvier 2008) et du Kunsthistorisches Museum à Vienne (12 février-1er juin 2008), Milan, Skira Editore, 2007.

Jean-Hubert Martin (dir.), *Une image peut en cacher une autre. Arcimboldo, Dalí, Raetz*, cat. expo. des Galeries nationales du Grand Palais à Paris (8 avril-6 juin 2009), Paris, Réunion des musées nationaux, 2009.

Claudia Parisi et Anna Horváth (dir.), *Face à Arcimboldo*, cat. expo. du Centre Pompidou-Metz (29 mai-22 novembre 2021), Metz, Éditions du Centre Pompidou-Metz, 2021.

Yann Sordet, *Apparition et disparition du bibliothécaire. Une lecture d'Arcimboldo*, Paris, Institut national d'histoire de l'art, collection « Dits », 2018.

Literatura recomendada

José Luis Merino Gorospe (ed.), *Arcimboldo. Las Floras y la Primavera*, catálogo de la exposición (Bilbao, Museo de Bellas Artes, 8 de noviembre de 2017-5 de febrero de 2018), Palma de Mallorca, Banca March, 2017.